Roma e Vaticano

羅馬、梵蒂岡
深度之旅

潘錫鳳――著

太雅

目錄
C o n t e n t s

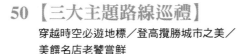

羅馬

梵蒂岡

3

作者序

大羅馬的魅力

　　人生的際遇很奇妙，在第三次隨先生派駐羅馬結束返臺，經過漫長的COVID-19疫情全球大爆發後再度重返羅馬。回想當年初來乍到聽義大利語，對我來說宛如跳動音符般的旋律，出門逛街也是靠著當地人豐富的肢體語言猜出一二，經過旅居羅馬歲月的洗禮，如今已愛上羅馬，甚至連自己的外語名字，還是孩子幫我取自他們喜愛的節目主持人名字呢！

　　「羅馬幾天可以逛完？」我往往被朋友這樣的問題難倒了。

　　其實，羅馬何止是著名的博物館、教堂、雕像和噴泉等歷史遺跡值得逛。走在一條條蜿蜒巷弄，不時飄來各家廚房烹調的羅馬菜香氣；拐個彎，毫不起眼的傳承百年老店靜靜待在那等你上門，還有坐落在大街小巷的美麗廣場穿梭著賣力演出的街頭藝人，以及傳統市場攤位小販的叫賣聲此起彼落……如此隨興閒適的生活氛圍，相信也是堆砌這座永恆之城不可或缺的情感，值得細細品味。

　　為了使讀者更瞭解豐富多元的羅馬和梵蒂岡城國，這本書除了詳盡規畫精彩的路線行程，以及在行程中值得品嘗的美食和人氣的好物推薦外，也另闢篇幅攤開當地人的生活觀察、節慶文化和旅遊中必知的事，讓你入境隨俗像個羅馬人體驗在地生活的魅力！

潘錫鳳
Sonia

作者簡介

潘錫鳳 Sonia Pan

　　旅居歐洲20多年，足跡踏遍20餘國家，經常享受漫步街道巷弄挖寶的樂趣，也熱愛探尋當地人的生活真髓，吸收後再化為文字與人分享。

　　尚未出國前即在文化工作打轉，之後經過長期歐洲文化的薰陶與視野的開闊，曾在《TO GO》、《MOOK》、《TVBS週刊》等發表多篇與旅遊相關的文章，著有《開始到梵蒂岡，朝聖So Easy》、《羅馬、佛羅倫斯、威尼斯、米蘭》、《開始在瑞典自助旅行So Easy》(太雅出版)、《義大利─羅馬》(墨刻出版)、《影響世界的人─拿破崙》(聯經出版) 、《國際禮儀》(啟英文化) 等書。

探索羅馬的成長與蛻變

自從臺北與羅馬及米蘭開啟直航後，每年約有25萬臺灣旅客造訪義大利，體驗此千年國度的藝術與文化，享受世界頂尖美食的饗宴。

「羅馬不是一天造成的」，羅馬的美麗與浪漫不只存在其外表，更蘊釀在更深層次的內涵。很幸運也很高興地看到潘錫鳳女士以多年陪同夫婿派駐義大利羅馬期間之經歷，將義大利羅馬及梵蒂岡的細節景致與點點滴滴的文化累積，有系統地蒐集在書中，使讀者及遊客以最廣泛且深度的方式暢遊歷史古都，飽嘗大街小巷中耐人尋味的人間美食，當在各景點流連忘返之餘，似乎也看到羅馬經過歷史長河洗禮後的雍容與沉穩。

潘錫鳳女士撰寫《羅馬、梵蒂岡深度之旅》的過程十分專業與執著，這也是本書有別於其他旅遊叢書不同之處，細緻與深入是本人讀後之感想。在閱畢掩書之際，腦中仍迴繞各處美景與美食的影像，羅馬已不是我印象中的羅馬，已蛻變為時而羞澀、時而奔放的時代之都。

兼具深度與廣度的梵蒂岡導覽

約在14年前，很榮幸獲Sonia在臺灣贈予《開始到梵蒂岡朝聖So Easy》一書，使本人對教廷這個特別國家有了基本的認識。梵蒂岡城面積儘管只有0.44平方公里，卻是全世界12億天主教徒的信仰中心。書中對於聖彼得教堂、梵蒂岡博物館等知名景點，都有深入淺出的介紹，令人印象深刻。

猶如天主的巧妙安排，沒想到後來本人奉派為中華民國駐教廷大使，有機會進一步實際接觸書內詳述的宗教歷史典故，以及各大教堂的特色種切，常能心領神會。

近日欣聞Sonia的《羅馬、梵蒂岡深度之旅》將再版，這本涵蓋羅馬和梵蒂岡的生活特色、文化慶典、熱門景點，包括教宗如何產生，瑞士衛隊護衛教宗的歷史由來，以及天主教重要景點和平之城「阿西西」。內容豐富，兼具深度與廣度的介紹，相信對有意到羅馬和梵蒂岡旅遊的人士，會是一本非常值得參考的旅遊書，我樂於推薦。

中華民國（臺灣）駐義大利代表處大使

中華民國駐教廷大使　李世明

5

編輯室提醒

臺灣太雅出版編輯室提醒

太雅旅遊書提供地圖讓旅行更便利

地圖採兩種形式：紙本地圖或電子地圖，若是提供紙本地圖，會直接繪製在書上，並無另附電子地圖；若採用電子地圖，則將書中介紹的景點、店家、餐廳、飯店，標示於Google Map，並提供地圖QR code供讀者快速掃描、確認位置，還可結合手機上路線規畫、導航功能，安心前往目的地。

提醒您，若使用本書提供的電子地圖，出發前請先下載成離線地圖，或事先印出，避免旅途中發生網路不穩定或無網路狀態。

出發前，請記得利用書上提供的通訊方式再一次確認

每一個城市都是有生命的，會隨著時間不斷成長，「改變」於是成為不可避免的常態，雖然本書的作者與編輯已經盡力，讓書中呈現最新的資訊，但是，仍請讀者利用作者提供的通訊方式，再次確認相關訊息。因應流行性傳染病疫情，商家可能歇業或調整營業時間，出發前請先行確認。

資訊不代表對服務品質的背書

本書作者所提供的飯店、餐廳、商店等等資訊，是作者個人經歷或採訪獲得的資訊，本書作者盡力介紹有特色與價值的旅遊資訊，但是過去有讀者因為店家或機構服務態度不佳，而產生對作者的誤解。敝社申明，「服務」是一種「人為」，作者無法為所有服務生或任何機構的職員背書他們的品行，甚或是費用與服務內容也會隨時間調動，所以，因時因地因人，可能會與作者的體會不同，這也是旅行的特質。

新版與舊版

太雅旅遊書中銷售穩定的書籍，會不斷修訂再版，修訂時，還區隔紙本與網路資訊的特性，在知識性、消費性、實用性、體驗性做不同比例的調整，太雅編輯部會不斷更新我們的策略，並在此園地說明。您也可以追蹤太雅IG跟上我們改變的腳步。

太雅IG

票價震盪現象

越受歡迎的觀光城市，參觀門票和交通票券的價格，越容易調漲，特別Covid-19疫情後全球通膨影響，若出現跟書中的價格有落差，請以平常心接受。

謝謝眾多讀者的來信

過去太雅旅遊書，透過非常多讀者的來信，得知更多的資訊，甚至幫忙修訂，非常感謝你們幫忙的熱心與愛好旅遊的熱情。歡迎讀者將你所知道的變動後訊息，善用我們提供的「線上回函」或是直接寫信來taiya@morningstar.com.tw，讓華文旅遊者在世界成為彼此的幫助。

太雅旅遊編輯部

內文資訊符號		
$ 價格・費用	http 網址	➡ 前往方法
✉ 地址	@ 電子信箱	⁉ 注意事項
☎ 電話	FAX 傳真	MAP 地圖位置
🕐 營業・開放時間	休 休息・公休日	

地圖資訊符號		
🍴 餐廳	ℹ 旅客諮詢處	⚓ 遊輪・碼頭
🏠 旅館住宿	🚌 巴士・巴士站	🌉 橋
🛍 購物商店	✈ 機場	Ⓜ 地鐵
📷 旅遊景點	🚆 火車	

文化慶典

在義大利和梵蒂岡的天主教國度裡，一年中有三分之一是大大小小的節日，其中也傳統、審美的節慶、宗教具狂歡慶典的地方。主要節日(L'Epifania)和復活節(Pasqua)三大節日，以傳承文化傳統精髓於世世代代。

聖誕節 (Natale)

聖誕節之於天主教立國的義大利和梵蒂岡來說，當然是非常重要且氣氛濃厚的節日。這裡並不時興聖誕夜公司和慶祝，而是家家戶戶在聖誕前夕則是開始必有耶穌誕辰的家庭聚會，精美送餐親好好友，而一般家庭的食物裡都是。聖誕當天大門打上聖誕飾品，當家家慶祝都與大家節飾物擺飾、直到「主顯節」。

吃聖誕麵包

當然人在這個前後通常來一種麵糕為主，上義義的義式義水果(Pandoro)，還是都包裹滿滿的雕花。樣樣也和麵粉的海內外(Panettone)。現在包麵的外型各種早餐外，有的甚至完成可以當百貨。食品滿的麵值。

精彩專題

關於羅馬的生活、慶典、必吃美食與必買伴手禮，以及梵蒂岡的教廷及代表人物等，讓你在暢遊古城前有初步的認識，再一同揭開千年文化的神祕面紗。

一日行程表

本書將各分區中的景點，提供交通方式、各點距離等資訊，串聯成能夠一日遊覽的行程，讓你的旅程更加順暢及省時！

圓形競技場區
Colosseo

這帶為古羅馬帝國的治政軍事中心，其中圓形競技場是歐洲唯一被入選的世界新七大奇景，距離羅馬近2,000年前修複至此地區的建築結構，是羅馬後代子孫最壯觀的治理理建設等，每年吸引數百萬名的遊客一來觀賞。

特別提醒：此區多為露天的漫步不懼的石頭，加了要買一雙好走的鞋子。至於多雲陽氣的地如出了平日就這裡能用不過用氣鞋不過適，相對的，冬天日落得早，適來在下午4點多天色會慢慢暗下來，在日落前1分小時就會停止販售，所以要最想安排行程，以免白跑。

分區導覽

本書將羅馬分為七大區域做導覽，帶你深度探索羅馬文化及古蹟之美。

地圖

在各區地圖上，以數字標出一日行程表之站名順序，並以景點、美食、購物、住宿、車站等方式標示，一目了然。

遊覽順序

依照一日行程表之建議，標出該區遊覽順序，跟著建議順序逐步完成行程，最能深入認識羅馬在地特色及風情。

古羅馬廣場
Foro Romano

這是在古羅馬帝國輝煌時期市民往來頻繁的市集，從事各

古羅馬廣場
Foro Romano

這是在古羅馬帝國輝煌地的活的重要場所。可以看到古羅馬的神廟、政府機關、食堂等的遺跡。曾幾何時改建成市集、神殿、政府機關等，這些大規模的千年遺跡都依然保留完整，雖然現場導覽都要自費，但是在會這本書介紹詳解資訊、再賭得體會的力盡即智引發的想像空間。必能到對照的費用帶子的的變完。

建議多在現前裡都的出的了序曲當場景多了下面，對整個廣場有了解構的認識後，再用3階梯到遠處場景對築等物，這現裡都近2,000年前的羅馬居民過得的愜意生活。

深入解析

擁有豐富文化的羅馬及梵蒂岡，不僅能飽覽噴水池、博物館、美術館、教堂等古蹟之美，館藏的雕像、畫作也不容錯過，本書深入解析建築與展品的特色與必看，帶給你更多旅行的樂趣。

景點、店家資訊

提供詳盡的地址、電話、營業時間、價錢及注意事項等實用資訊。

Data
Largo della Salara Vecchia, 5/6 ┃ 訂票06-39967700 ┃ 搭巴拉丁諾山丘相連一起買╱成地地鐵B線到Colosseo站出口過馬路左轉步行約3分鐘 ┃ 與巴拉丁諾山丘同買 ┃ 與巴拉丁諾山丘同買 ┃ 與通則按核碼嗎 ┃ colosseo.it/area/foro-romano(有中文) ┃ 就這是露天廣場且少有遮陰地方，參觀最好做備防曬或雨衣 ┃ P.61

旅遊中必知的事

　　出國旅遊，最怕摸不清當地的規定和習慣而踩到地雷，到羅馬想要保有人身安全且暢行無阻，最好熟知「看懂重要標示」、「扒手技倆」、「六大禁忌」和「認識專賣店」等入門常識，輕鬆旅遊不再是遙不可及的夢想。

看懂重要標示

在羅馬街道的標示大致以義大利文書寫，熟悉下列和生活息息相關的主要標示，旅行更便利。

M字
地鐵站

i字
遊客服務中心

Polizia
警察局

Farmacia
藥局

PT
郵局Poste的縮寫

Ascensore
電梯，地面樓通常以0標示，2樓為1，依此類推

Passaggio Vietato
禁止通行

Senso Unico
單行道

Uscita
出口

H字
醫院

T字
菸草店TABACCHI符號，通常也販賣車
票、日常雜貨和樂透，與便利商店相似

TAXI
計程車

Acqua potabile
可飲用水。在羅馬路旁所設的小水池通
常是可飲用的，若不能喝會註明「Acqua
non potabile」

area pedonale
行人徒步區

**Prenotazione Pedonale
/Premere**
行人通過馬路的按壓器

Ambulanza / Unità Mobile di Soccorso
救護車

ZTL
(Zona Traffico Limitato)
市中心車輛禁區

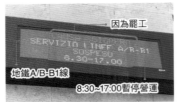

因為罷工

地鐵A/B-B1線

8:30~17:00暫停營運

Bagni/Donne/Uomini
廁所/女士/男士

扒手技倆

羅馬觀光客多,自然也引來猖獗的扒手,要如何防範未然學會自保呢?在熱門景點和搭乘交通運輸工具時,尤其要當心身上的證件和財物,假如不幸被偷也不要慌張,可以就近找警察和駐外單位協助。

一般來說,羅馬除了熱門觀光景點、公車、地鐵、餐廳、機場櫃檯等人多的地方扒手比較多以外,一般來說治安還不錯,只要凡事小心、錢不露白,出門旅遊最好避免穿金戴玉招搖,以免目標太明顯被盯上。

事前預防總比事後補救更重要,出國前最好把貼身的重要證件,如護照、簽證、機票、信用卡、旅行支票和旅行平安保險等影印2份,一份留給家人保管,另一份和正本分開放帶著,另外準備幾張2吋證件照,以備不時之需。

下列是在羅馬、甚至是整個義大利最常見的偷竊技倆,也告訴你如何應對解套,以免成了被宰的肥羊而壞了旅遊興致。

不要接受陌生人的幫忙

在車站或人多的景點,最好不要接受主動上前幫忙的陌生人,有的甚至穿著整齊、脖子還掛著類似識別證的帶子,其實多半是

在特米尼中央車站穿白衣女子主動向前幫忙遊客自動購票機買票,後經巡邏警察驅趕

假的站務員。這些人會主動協助你提行李、拍照、買車票、看車票在哪個車廂和座位等等,這些大多事後要付小費,或是設計你被扒的橋段,別理會,同時看緊自己的隨身行李。

如何解套⇒留意周遭的陌生人,如果有人想藉幫忙之名靠近你,最好揮手說:「No, Grazie!」(不必,多謝啦!)若對方一直糾纏,建議直接離開。

在ATM提款最好有伴同行

一般觀光客、人潮多的ATM自動提款機附近,時而有扒手埋伏,他們通常在角落靜等獵物出現,待時機成熟馬上現身搶走你剛領出來的現金。

如何解套⇒到自動提款機提錢最好有同伴一起彼此照應,或是找附近有警察駐點巡邏的ATM提款比較安全。

手機、錢包不露白

不要將皮夾和手機放在外套口袋或後褲袋，這樣最容易引來小偷扒竊；若放在背包，也最好將包包置於胸前或身體前方，不要離開視線。

如何解套⇒出門在外凡事小心，避免成為扒手覬覦的對象；若被扒後馬上發現，趕緊大聲叫：「Aiuto！Al ladro！」(救命啊！抓小偷！之意，發音「阿尤烏兜！阿了拉德歐！」)

乞討的吉普賽人

在歐洲常見的吉普賽人(Zingaro，英文Gypsy)通常利用聲東擊西的扒竊技倆，假借行乞的手法扒竊。若遇到吉普賽媽媽手中抱小孩，有時還會帶著大一點的小孩乞討，千萬要注意這個小孩，他也許會趁著媽媽纏著遊客時下手偷竊。此外特別提醒你，年輕一代的吉普賽人一改過

在特米尼中央車站還是看得到傳統穿著的吉普賽人

年輕的吉普賽人穿著很像一般遊客(照片提供/導遊Primavera You)

去穿傳統長裙的裝扮，如今已經跟遊客一樣穿著牛仔褲和戴起墨鏡，這就令人更難提防了！

如何解套⇒只要看到陌生人靠近，你就揮手說：「Via！Via！」(走開之意，發音「V呀！V呀！」)遇到像這種情況時，不需懷有任何惻隱之心，盡速離開。

地鐵、巴士的扒手

在人多擁擠的地鐵站，扒手最常用「三明治」的偷竊法，往往車子一到，當你跟著擠上車時，歹徒一前一後把你圍住，趁你不備的時候下手，特別是特米尼中央車站(Roma Termini)、圓形競技場(Colosseo)和西班牙廣場(Piazza di Spagna)地鐵站沿線是竊盜集團最常出沒點，行經或抵達這些地鐵站時要特別提高警覺，務必與行跡可疑的陌生人保持距離。

另外很多觀光客的公車也一樣，例如從總站開往梵蒂岡的64、40號公車扒手最多，最好有座位就趕緊坐下，雙手握好包包，也盡量避免站在車廂門口，扒手多半利用大家擠上擠下時得手。

有的竊賊甚至會設計圈套，這是我自己曾經遭受的慘痛經歷：那一次正是搭64號公車前往梵蒂岡，我在特米尼總站搭車所以有座位，而我為了謹慎，還將背包放在膝蓋上兩手握緊，心想這樣應該萬無一失吧！沒想到「道高一尺，魔高一丈」，站在旁邊的一群竊盜集團便設計將帽子掉在我面前，我也好心低頭撿給他，就在我低頭的那一瞬間，背包裡的小錢包就這樣被扒走了！

開往聖彼得大教堂的64號公車扒手不少

陌生人問路

到歐洲旅遊，你的長相很明顯是個外國人，試想一下，你會在臺北向外國人問101大樓怎麼走嗎？所以，如果有人拿著地圖向你問路，這個人十之八九不單純。無論是主動拿地圖向你問路或無故碰你一下都要特別注意，這些有可能是為了分散你的注意力，讓同夥趁機下手。

如何解套⇒簡單回答：「Non lo so. 或 I don't know.」然後快速離開。

拿地圖問路也是扒手常設計的橋段(照片提供/導遊Primavera You)

便衣警察盤檢

一般在街道巡邏的警察大部分都穿制服，偶爾也會出現2～3人一組的便衣警察，盤查時會出

示警察證件。不過即使便衣警察也不會隨便盤檢你身上是否帶過多現金；若是歹徒偽裝盤查，有可能利用你忙著拿出皮夾或錢包時伺機行動。

如何解套⇒先不理他快速走到人多的地方，假如對方仍然尾隨，你可以用英文要他一起到警察局，或作勢拿出手機撥112或113報警，通常歹徒會因被你識破落荒而逃。

在街道巡邏的警察多半會穿警察制服

被冰淇淋或咖啡弄髒衣服

有時歹徒會假裝不小心將冰淇淋或咖啡弄髒你的衣服，然後表示很抱歉地要幫你擦乾淨，甚至希望你把衣服脫下讓他清理，在這過程就提供歹徒「乾洗」的機會。

如何解套⇒你只有自認倒楣地說：「No, Grazie！」(不必了，謝謝！)

信用卡被盜刷

在義大利有少數惡質的餐廳會利用你刷卡付帳時，偷偷動手腳盜刷(在義大利刷信用卡付帳，通常不會認真核對消費金額)，被害人往往等收到銀行帳單才知道。

如何解套⇒刷卡應核對帳單上的金額再簽名。

機場Check in要注意隨身行李

到機場航空公司櫃檯Check in時要留意隨身的行李，尤其放重要證件和現金的手提包，扒手有時趁你不留意時伺機偷走。這種情況不只發生在義大利，在東歐和北歐機場都曾遇過。

如何解套⇒隨時保持高度警覺，人多的地方要特別注意包包往前背，手提行李也要不離身。

鏡頭特寫

認識維安人員

羅馬維安人員大致分為國家和地方警察(Polizia)、憲兵(Carabinieri)、防恐陸軍等類，若發生被扒事件，可以就近在熱門景點所設的機動報案警車(Stazione Mobile)報案。此外，還有負責調查經濟犯罪的財稅警察(Guardia di Finanza)，他有權要求看你所買的東西收據，所以無論任何消費都要拿收據比較保險。

淺藍色車身的國家警車

熱門景點巡邏的羅馬市警察

熱門景點設有機動報案憲兵車

騎警

防恐陸軍駐點

財稅警察

六大禁忌

天主教立國的義大利和梵蒂岡城國有不少宗教上的忌諱，唯有入境隨俗才能盡情享受出國旅遊的樂趣。要特別留意下列遊客比較常碰到的當地禁忌，以免無意間引人反感而不自知。

1. 進教堂禁穿無袖上衣、迷你裙或短褲

即使在燠熱的夏天，進義大利和梵蒂岡城國的教堂，無論男女，都不能穿短褲、迷你裙和無袖上衣；換句話說，穿著露肩、背、短褲、迷你裙、細肩帶洋裝通通不能進入教堂。

萬一你因此而被擋無法進入，可穿上外套或以絲巾圍起手臂和大腿補救，有些教堂甚至在門口會備有「紙衣」讓你應急，將不該露出的手臂和大腿包起來。

觀光景點前的禁止告示牌

2. 數字13的忌諱

猶大(Giuda)出賣耶穌的《最後的晚餐》裡，12位門徒加上耶穌剛好是13人，所以在天主教的國度也因此非常忌諱「13」這個數字，例如用餐時不能13人同坐一桌、旅館房間和劇院座位號碼也都避免「13」這個數字。

《最後的晚餐》是天主教國家忌諱數字13的由來

3. 觀光勝地禁止飲食

在電影《羅馬假期》(Roman Holiday)裡，女主角奧黛麗赫本(Audrey Hepburn)在西班牙廣場的臺階上吃冰淇淋的經典鏡頭令人印象深刻，也成了遊客模仿的情景；可是依當地的規定，在西班牙階梯、萬神殿和許願池等熱門景點禁止飲食，若違法將會被罰款。甚至2019年8月6日已發布，禁止坐在西班牙階梯，現場有警察巡邏。

羅馬市警察阻止遊客坐在西班牙階梯

4. 拍攝的限制

羅馬有不少博物館和美術館，由於閃光燈的鎂成分對陳列品會造成損壞之虞，因此限制閃光燈攝影，而梵蒂岡博物館裡的西斯汀小堂甚至連無閃光的拍攝也被禁止。

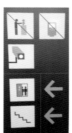
博物館中禁止攝影的告示牌

5. 手勢禁忌

義大利人的肢體語言非常多，其中若朝著別人握緊拳頭，翹起食指與小指像長角('E corn)的手勢，這是很損人的咒罵，意指嘲笑對方被「戴綠帽」了，要小心別犯這個錯誤，否則容易招惹麻煩。

避免使用令人誤會的肢體語言

6. 打翻鹽罐

這也和《最後的晚餐》聖經故事有關。耶穌在遭逮捕的前夕和十二門徒共進最後一餐時預言「你們其中一人將出賣我」的時候，猶大因為心虛而打翻餐桌上的鹽罐，由此延伸到在餐桌上打翻鹽罐會引來有厄運的禁忌；如果真的不小心打翻，當地人會立刻把鹽往左肩頭丟三次來破解。順帶一提，若在餐桌不小心打翻酒杯，當地人多以手沾打翻在桌上的酒往耳後抹一抹，據說會帶來好運呢！

與當地人用餐時需留意餐桌禁忌

認識專賣店

義大利人懂得吃也講究穿著打扮，但是一般人比較習慣到街頭巷尾熟悉的專賣店消費，反而匯集各類商品的百貨公司並不多見。

到義大利旅遊，除了最常見的菸草便利店(Tabacchi)及超級市場(Supermercato)和生活息息相關外，還有不少專賣店名字尾是ria，若能認識幾種是比較常見的專賣店，就能像在地人一樣吃得道地、買得開心。

Prosciutteria 肉類店
賣火腿、香腸等，也兼販售火腿夾麵包、飲品等輕食

Latteria 奶製品店
賣牛奶、優格和各飲品

Pizzeria
披薩店

Salumeria
醃肉熟食店

Gioielleria
金飾店

Argenteria
銀飾店

Gelateria
冰淇淋店

Birreria
啤酒屋

libreria
書店

Trattoria、Osteria、Hosteria 地方風味餐館
有媽媽味道或地方特色的小餐館

Pasticceria 糕餅店
通常賣早餐吃的糕點、麵包和蛋糕，有些店甚至還賣乳酪、醃製品等熟食開胃菜

Fioreria
花店

義大利全國地圖

德國
Germany

奧地利
Austria

匈牙利
Hungary

瑞士
Switzerland

列支敦士登
Liechtenstein

斯洛伐尼亞
Slovenia

克羅埃西亞
Croatia

南斯拉夫
Yugoslavia

米蘭Milano ●

威尼斯
Venezia ●

波士尼亞
Bosnia and
Herzegovina

熱那亞
Genova
●

義大利
Italia

阿爾
巴尼亞
Albania

法國
France

利古里亞海
Ligurian Sea

比薩
Pisa ●

● 佛羅倫斯
Firenze

亞得里亞海
Adriatic Sea

科西嘉島
Corsica

羅馬
Roma
☆

● 提沃利Tivoli

歐斯提亞古城
Ostia Antica

拿坡里 ●
Napoli

薩丁尼亞島
Sardegna

第勒尼安海
Tyrrhenian Sea

西西里島
Sicilia

愛奧尼亞海
Ionian Sea

地中海
Mediterranean Sea

　一提起歷史悠久的古羅馬帝國發祥地「羅馬」，不但是世界著名的歷史文化古城，更是承載著無數夢想與奇蹟的義大利首都。除了有舉世聞名的羅馬競技場、西班牙廣場、萬神殿等壯觀遺跡，更有薈萃大量大師藝術作品的博物館。

　相信世界上沒有哪一個城市可以和羅馬相比擬，這就是它最誘人的地方。

ROMA
羅馬

據記載，羅馬建城已經有**2700**多年的歷史，經過漫長的歲月流轉，羅馬人無論在飲食、穿著和休閒育樂等各方面，已經有一套獨到的生活哲學；這種生活哲學，可以是熱情隨興，也有其用心堅持的一面。

到羅馬旅遊，除了逛景點、吃美食和買特產外，免不了和當地人有所接觸交流，這個單元即是要分享羅馬人的生活百態，讓你在旅遊期間也能融入在地人的生活趣味。

羅馬人的生活

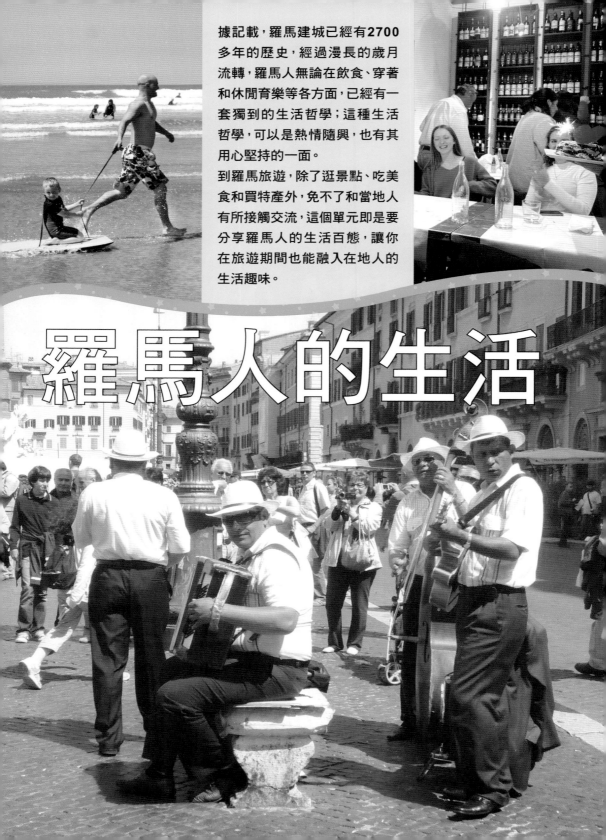

羅馬菜三寶

▲▶橄欖油加上陳年葡萄醋、香料,是生菜沙拉最理想的沙拉醬

　　位於義大利中部的羅馬,因地利之便汲取南北義大利美食特色於一堂。講究食材新鮮、原味烹調的羅馬菜,在義大利的飲食文化占有極重要的影響力,食材中最常使用的橄欖油、乳酪和地中海風味香料,可以說是羅馬菜三寶,少了這三寶,就無法呈現羅馬菜獨特的甘醇風味了。

　　其實細究起來,烹煮道地的羅馬菜何止只有橄欖油、乳酪及香料這三寶呢?番茄、培根、香醇的「巴薩米可醋」(Balsamic Vinegar)等也都是妝點美味的魔術師,但礙於篇幅,只告訴你這三寶在羅馬人餐桌上的重要地位。

橄欖油

　　美國「彭博社」公布2019年全球健康指數報告中(Bloomberg Healthiest Country Index),義大利人在全球169個經濟體中僅次於西班牙,名列第二,主要因素是這兩國國民在膳食上注重養生,多食用營養豐富的地中海新鮮蔬果,搭配瘦肉及魚類,更以健康養生的特級初榨橄欖油(Olio Extra Vergine di Oliva)烹調,也因此心血管疾病比例較低。

　　橄欖樹自古以來即為義大利非常重要的經濟作物。春夏之交是橄欖樹開花的季節,每個

橄欖花和桂花、茉莉同科,清香撲鼻

花序約有10～20朵金黃色小花,和桂花、茉莉同屬木樨科,清香撲鼻。果實可以醃製成不同口味當配酒的小點心,也可和其他食物搭配,增加口味的豐富性。

　　大部分的橄欖都用來提煉橄欖油,橄欖油向來有「地中海的液體黃金」美稱,講究自然原味的羅馬菜,無論是前菜或主菜多以橄欖油料理,既簡單又健康。而冷壓初榨的橄欖油加上陳年葡萄醋、香料,更是生菜沙拉最理想的沙拉醬,淡淡的果香,口感醇厚。

　　橄欖油除了烹調地中海風味佳肴外,還具有保健療效。今年高齡85的鄰居老先生Giovanni告訴我,每天早上喝一小杯的橄欖油,可以預防感冒,姑且不知功效如何,但是看他每天精神抖擻到附近的Bar喝咖啡、找朋友聊天,真是老當益壯;此外據記載,古羅馬人也常用加入草藥的橄欖油來清潔和滋潤皮膚呢!

看懂橄欖油分級和用法

到羅馬超市面對琳瑯滿目的橄欖油品牌和等級,該如何選擇?各類的橄欖油又適合什麼烹調方法呢?下列是市面上最常見的三種等級和用法:

1. **特級初榨橄欖油(Olio Extra Vergine di Oliva)**:橄欖果實經清洗、烘乾後,以冷壓方式過濾製造的最高等級橄欖油,酸度0.8%以下,含有豐富維生素E和酚類物質,適用於涼拌、沾麵包等冷盤調味,此類橄欖油在市面上最常見。
2. **純橄欖油(Olio di Oliva)**:經由第二次冷壓出來經精製過橄欖油,再加入少量的特級橄欖油而成,適用於中高溫烹調。
3. **橄欖粕油(Olio di Sansa di Oliva)**:由橄欖果實經兩次壓榨取得果渣,經萃取提煉出油,再加上首次冷壓橄欖油調味,適合中高溫炒、煎、炸等調理。

乳酪(起司)

義大利是慢食運動(Slow food)的發源地,提倡動物慢慢養、植物慢慢種的永續經營,所以紅酒、巴薩米可醋、乳酪等需要時間慢慢發酵熟成,都是有年分的差別,進而發展出當地有品酒師、品醋師和品乳酪師等專門行業呢!

概括來說,羅馬以北的乳酪以牛奶製作的帕馬森起司(Parmigiano-Reggiano)為主,羅馬以南則多用羊奶製成的佩科利諾起司(Pecorino)。若將這兩種乾酪磨成粉撒在義大利麵或燉飯上,可增加濃郁香氣,在羅馬尤其以培根起司雞蛋麵(Pasta alla carbonara)和黑胡椒起司麵(Tonnarelli cacio e pepe)最為著名。

除了上面兩種乾乳酪外,還有比較常見的軟質乳酪瑞可塔(Ricotta)、莫札瑞拉 (Mozzarella)和馬斯卡彭(Mascarpone)等新鮮起司。Ricotta的義大利文有「re-cook」的意思,這是指將帕馬森或佩科利諾起司做好剩下的乳清,再煮一次成為味道清爽的乳酪,多用於塗抹麵包和製作甜點。

至於莫札瑞拉乳酪在當地最普遍的吃法是單獨或搭配新鮮番茄和羅勒,再撒上橄欖油與鹽巴,即為開胃的前菜;而馬斯卡彭則是喜愛義式經典甜點提拉米蘇(Tiramisù)的主要原料,雖然熱量不低,但是香醇綿密的口感,令人忍不住一口接一口,是義大利媽媽在家常做的拿手點心。

一般家庭在餐桌上會擺上各式起司自取

莫札瑞拉乳酪是清爽開胃的前菜

香料

料理除了食材要新鮮以外，還要有畫龍點睛之效的香料調味，才能烹煮出道地的羅馬菜佳肴，這就像中式烹飪必備的蔥、薑、蒜一樣，能將主菜帶出層次分明的多重口感，風味自然豐富。在羅馬，除了超市有乾燥的罐裝香料，有些園藝店和超市也賣香草小盆栽，買回家放在廚房窗臺開闢小小的香草園，上菜前隨手摘一些撒在上面，味鮮又方便。

香料在羅馬菜的運用上很廣，下列是義大利媽媽比較普遍的用法，你也可以試試：

- **奧勒岡(Origano)**：風乾後的味道比新鮮葉強烈，常撒在披薩或烤蔬菜上。
- **羅勒(Basilico)**：類似臺灣的九層塔，香味獨特，生吃即能呈現完美的風味。在當地通常將羅勒切細後加入橄欖油和奧勒岡等香料做成沙拉醬，可以沾麵包或淋在生菜裡調味，當然也適合加入以番茄為底的菜肴。

海鮮麵撒上新鮮歐芹點綴

- **迷迭香(Rosmarino)**：常被用來加入燉肉去腥，或是在烤肉前用迷迭香醃肉，燒烤後會傳來一股香氣。
- **歐芹(Prezzemolo)**：義大利媽媽常將歐芹放入海鮮料理去除腥味，也常切碎點綴在海鮮熟食上。
- **鼠尾草(Salvia)**：鼠尾草單吃微苦有辣味，適合搭配豬、牛、羊肉等肉鍋裡一起燉煮，可去油膩又幫助消化。

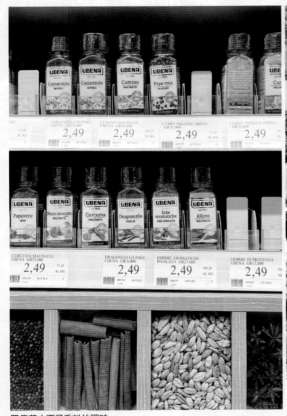

羅馬菜少不了香料的調味

香草小盆栽買回家，上菜前隨手摘一些撒在上面，非常方便

天天過足咖啡癮

幾乎每個家庭廚房
都備有摩卡壺

義大利在16世紀慢慢形成的咖啡文化，完全不同於我們所熟知的美式星巴克咖啡。義大利人在一天各時段所喝的咖啡種類互異，似乎也把喝咖啡當成神聖的膜拜儀式。甚至可以說，義大利的咖啡文化已經昇華成當地人生活習慣的一部分，想碰到不喝咖啡的義大利人，幾乎和簽樂透中第一特獎的機率一樣低。

卡布奇諾搭配可頌麵包是當地人最普遍的早餐

我曾愚蠢地問過義大利朋友：「你一天喝4～5杯咖啡，難道都沒有失眠的問題？」豈料對方竟然回說：「哈哈，我啊……沒喝咖啡才會睡不著呢！」

在當地，幾乎每個家庭都有個摩卡壺，早上醒來的第一件事，就是用摩卡壺煮上一杯香醇的咖啡，在短短幾分鐘的煮咖啡香氣中，開啟一天的活力！

通常義大利人最典型的咖啡生活是這樣開始的，從清晨第一杯濃縮咖啡加上牛奶的卡布奇諾(Cappuccino)或拿鐵咖啡(Caffè latte)，到了下午喝1～3杯瑪奇朵咖啡(Caffè macchiato)或濃縮義式咖啡(Caffè espresso)當飯後提神劑，晚餐飯後再來杯濃縮義式咖啡作為一天「咖啡膜拜儀式」的結尾。現在重點來了，在當地除了早餐外，幾乎不太可能看到義大利人點含有大量牛奶的卡布奇諾和拿鐵咖啡，尤其在餐廳用餐後，喝卡布奇諾是一件很奇怪的事。

在義大利，無論是大城市還是小鄉鎮，一定都可以找到營業時間長的Bar，Bar在這裡指的不是酒吧，而是和居民生活息息相關的咖啡吧，也是喝咖啡聊是非的社交場所。一般在義大利坐下來和站著喝咖啡的收費不同，坐下來喝要加收桌布費，所以當地人習慣站在吧檯(il banco)前喝咖啡，且因義大利有小費文化，所以通常在收銀機點完咖啡並結帳後，到咖啡吧檯將找零的零頭當小費，隨點單收據一起交給服務生或直接壓在吧檯上。

義大利人習慣站在吧檯前喝咖啡

在羅馬怎麼點咖啡？

在義大利的咖啡文化裡，沒有我們所熟悉的香草拿鐵、榛果拿鐵、焦糖瑪奇朵等口味，下列是當地最常喝的基本款，別混淆囉！

- **濃縮義式咖啡(Caffè espresso)**：通常簡稱Espresso，該字在義大利文有「快速的」意思，香醇濃郁，是一般義大利人最常喝的咖啡種類，當地人多直接以「Caffè」來表示。若覺得一小杯濃縮咖啡不過癮，可點雙倍分量的濃縮咖啡(Caffè doppio)。

- **瑪奇朵(Caffè macchiato)**：macchiato有「汙點的」含意，也就是指一杯咖啡中有白色點點的牛奶，適合覺得濃縮咖啡太苦的人，以少許牛奶去掉一些咖啡的苦味，多為中午過後點的咖啡。

- **卡布奇諾(Cappuccino)**：這是由1/3Espresso＋1/3熱牛奶＋1/3綿密的奶泡的1：1：1完美比例的卡布奇諾，若要增加口感多在上面撒巧克力粉而非肉桂粉。

- **半濃縮咖啡(Caffè lungo)**：lungo是「長的」之意，意思是水量比標準Espresso多

一點；反之，如果希望濃度更高的咖啡，可以點使用雙份咖啡量的Caffè ristretto(窄的)或Caffè corto(短的)。

- **烈酒濃縮咖啡(Caffè corretto)**：這是加了幾滴如格拉巴酒(Grappa)烈酒的Espresso，普遍受到年紀長的義大利男士喜愛，適合在餐後點飲。

- **拿鐵咖啡(Caffè latte)、拿鐵瑪奇朵(Latte macchiato)**：這兩種很類似，基本上做法多以2/3杯的熱牛奶裡，加入1/3的濃縮咖啡，一般在早餐才會喝的。特別提醒你，義大利文的latte是牛奶的意思，所以到義大利的Bar點一杯拿鐵(latte)，給你的可是一杯牛奶喔！

- **無咖啡因咖啡(Caffè decaffeinato)**：雖是無咖啡因，味道其實和一般的濃縮咖啡大同小異，只是少了咖啡因，讓過敏或無法入眠的人也可以享受喝咖啡的樂趣。

◀Espresso是一般義大利人最常喝的咖啡種類

大多數的義大利▶人只有早餐才喝卡布奇諾

隨時來杯咖啡提神是當地人的生活習慣

凡事慢慢來 *(piano piano)*

　　義大利人除了愛開快車外，向來以「緩慢」出名，吃飯慢慢吃，做事急不得，凡事放輕鬆慢慢來，一副即使發生再大的事，天也不會塌下來的樂天本性。

　　旅居羅馬20多年，最常聽到的一句話非「piano piano」莫屬了。英文的piano是指鋼琴，但是在義大利文則有「慢慢來」的意思。羅馬人普遍認為人生必需放慢腳步享受過程，無論在學習或生活上都是如此，像我們所謂的「速成班」，很抱歉，在這裡沒這回事！

　　記得剛到羅馬學義大利文，因為發音和文法與英文全然不同，對於沒學過拉丁文的我來說，光是要發R這個舌頭彈音就得練習很久，也因此和義大利文老師或朋友對話時，總是因拗口不順而感到彆扭，不過所獲得的回應十之八九都是要我piano piano。

　　除了學習以外，對平日生活的態度也一樣，我家大樓外牆粉刷工程必需耗費半年的時間，但是慢工出細活，粉刷效果非常好。到郵局繳費或寄信，從排隊抽號碼到完成，往往得花掉一個小時的耐心等待。若和當地好友聚餐也要有心理準備，在享受美食的同時，一定得邊吃邊聊，這是互動關心交流的幸福時刻，所以一頓飯下來兩個小時是正常，甚至更久，吃到天荒地老……

　　羅馬人崇尚慢活人生，享受悠閒放鬆步調的生活，幾乎看不到急忙吃早餐趕著上班，到了中午也不會快速吃午餐後連忙上緊發條回公司上班，反倒是有些人到了下午1～3點吃午餐和小憩片刻後，再喝杯咖啡補足電力，才有辦法接續下午的工作呢！

羅馬人把吃飯當作是與朋友交流的幸福時刻

羅馬人享受悠閒放鬆步調的生活

撒米祝福的婚禮

家庭觀念重的義大利人把結婚當作人生大事，一般以宗教婚禮或民政婚禮形式舉行，並接受出席儀式的親友祝賀和撒米祝福，場面溫馨熱鬧。

在南歐一帶婚禮都有撒米習俗，這是沿襲古希臘一脈相傳的文化。對義大利人來說，稻米象徵豐足興旺，當新人在證婚完畢後，兩人手牽手走出教堂接受來賓祝福時，賓客拿起事前準備好的生白米盡情往新人身上撒，代表觀禮客人對新娘和新郎的滿滿祝福，和臺灣的婚嫁宴客吃米香餅的「吃米香、嫁好尪」有異曲同工之妙。

新人會用5顆白色糖衣扁桃仁(Confetti)放入薄紗或緞帶裝飾袋子(Bomboniera)的傳統喜糖送給賓客，除了5對義大利人來說是個幸運數字外，也有祝福「健康、幸福、財富、多子多孫、長壽」的含義。其實Bomboniera不止用於婚禮，例如嬰兒受洗、結婚周年紀念，以至生日壽宴，主人都會以小禮物贈送給賓客，只是顏色就多樣了，粉紅色為新生女嬰、粉藍色為新生男嬰、銀色則是慶祝銀婚紀念等。

◀不同節慶用不同顏色代表

◀分送賓客Bomboniera的傳統喜糖

製作Bomboniere已有200多年▶
歷史的Confetti Pelino品牌

裝著生米的漂亮小袋子

時尚穿衣術

　　羅馬街頭隨時可以發現不少風格獨特的男男女女，從個人的品味呈現出與眾不同的魅力，在不經意中營造出屬於自己的穿衣術。

　　天生卓越的時尚鑑賞與搭配能力，似乎是義大利人與生俱來的天性，在他們的血液裡宛如隱含對美學敏感的因子，才能孕育出優雅有型的普眾男女，也使得義大利躍居世界時尚精品王國。

　　據我多年在羅馬的觀察，這裡的家庭主婦即使到超市買菜，也會穿著得體的套裝和恰到好處的裝扮，不會匆忙穿著居家服和蹬著拖鞋出門，這讓我想起隔壁的老太太Teresa，只要出門，一定化上彩妝、擦口紅，再戴上淑女帽，她們的衣服不一定是名牌，但是顏色搭配與裁剪得宜。

　　義大利人出門打扮看場合，譬如到歌劇院聽歌劇或參加正式宴會，男士必穿西裝、女士多著套裝或禮服，不太會出現運動服和牛仔褲；海灘褲和比基尼只在海邊度假時才會派上用場；若是上街逛百

衣服不一定是名牌，但是搭配要得宜

貨公司，也不至於穿個夾腳拖或運動短褲就出門。

除了穿著合宜外，在公共場所很少有人邊走邊吃，更不會有穿著睡衣就出家門倒垃圾的行為，因為從小父母常告誡要做到「Bella Figura」，也就是Beautiful Figure，希望能自我要求做好儀容和言行舉止得體。

老夫妻即使只是到公園曬太陽，穿著也不隨便

出自羅馬這個古老時尚之都的Giorgio Armani、FENDI等知名品牌，向來以剪裁細緻、質感舒適、款式高雅為設計主軸，當地人的衣櫃裡只要有一兩件品味出眾的衣款，再巧妙搭配各式如絲巾、墨鏡等配件，即能混搭出個人獨特的品味。

從小培養孩子合宜打扮的能力

貼心提醒

搶購冬夏換季大折扣

在義大利，每年有冬夏兩季全國性的折扣季，由義大利政府與民間企業協商後，折扣日期由每個地方政府在2週前公布，所以各大城市並沒有統一日期的標準。羅馬大致在冬季1月6日主顯節(L' Epifania)的前一天～2月初，夏季約於7月第一個週末～8月。近年來由於受到全球經濟不景氣的影響，有的店家甚至在前一個月底就私底下「偷跑」，逛店時不妨問問店員，有時會有意想不到的收穫。

在折扣季期間，舉凡各大服飾、鞋類，甚至居家用品和家電等，商家在櫥窗貼上大大的Saldi(打折)或Sconti(折扣)，此時下殺5折的誘人促銷方案比比皆是，利用這個機會把即將過季的商品減價出清，消費者也樂於趁機撿便宜，盡情享受購物的樂趣。

折扣期間是添購衣裝的好時機

市區開車大不易

在羅馬為了保護各處的古蹟，大部分的舊城區禁止車輛駛入，市區也有不少路段為交通管制區，在管制時間內，只有公共運輸交通工具和領有通行證的車輛才能通行，否則一旦被路口架設的監視器拍攝到會被罰款。

羅馬市區仍保存許多數百年甚至於上千年的古街道，這些為馬車設計的街道，通常是彎曲狹窄的石板路，無法承受現代交通流量的負荷，必須設定為行人徒步區或車輛限制，否則很容易遭受破壞。

不過仍有不少住在市區的居民和商店有交通送貨的需求，所以羅馬市政府為了有效管控市區交通流量以維護古蹟原貌，以及顧及當地居民的需求，規定除了公眾服務性質的車輛外，當地居民要有正當理由(如在此區內居住或上班)繳以通行年費，擁有羅馬交通管理局(ATAC)所核發的許可通行證，才能在市區自由通行，其他車輛則一律禁止；若沒通行證在市區控管時間內駛入禁區，被路口所架設監視器拍攝到者，將被開單罰款，不要心存僥倖，租車的遊客要特別注意。

紅色空心圓圈是義大利文Zona Traffico Limitato(交通管制區，縮寫ZTL)的標誌，這是限制特定車輛進入的街區，一般租車公司的車輛不會附有ZTL通行證，車內導航也不會規避ZTL管制，如果誤闖管制區，你的租車公司將會接到不少罰單，待回國後你也會陸續收到從信用卡扣款的罰單，屆時恐怕讓你欲哭無淚！

羅馬目前有些ZTL是全天禁止的，有些則在某些特定時段限制外車進入，入口告示牌都會注明。通常特定的控管時間：週一～週五06:30～18:00、週六14:00～18:00，其他時間一般車輛可自由進出。

其實羅馬的公車、地鐵都很方便，又沒有停車、找路的困擾，比開車方便多了，除非要到郊區或其他城鎮，否則在市區還是建議不用租車。

監視器拍攝中，沒有通行證的　　　監視器關閉，車輛可自由進出
車輛禁止進入

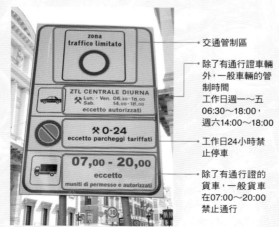

ZTL交通管制區，管制期間是禁止外車進入

交通管制區

除了有通行證車輛外，一般車輛的管制時間
工作日週一～五06:30～18:00，週六14:00～18:00

工作日24小時禁止停車

除了有通行證的貨車，一般貨車在07:00～20:00禁止通行

市區停車要注意告示牌規定

計費停車車種

週一～六08:00～23:00

每小時€1.20

交通管制區中心

被批准的例外

其他收費標準：
-€0.20/15分鐘
-€4.00/連續8小時
-€70.00/1個月

後窗P字的提醒

　　在羅馬開車，有時候前面車輛的後車窗貼個大大的「P」字，是什麼意思呢？原來這是義大利文Principiante(初學者)的縮寫，提醒其他車輛我是新手上路，對駕駛仍不太熟悉，請保持點距離、多多包涵的意思。所以在羅馬街頭開車，就多加留意這些車輛囉！

條條道路通廣場

隨時隨地泡廣場

　　廣場，可以說是羅馬人生活的一部分，是市民聯絡感情的重要場所。無論是陽光普照的湛藍午後，或是街頭藝人音樂輕送、吸引路人駐足旁觀的微涼傍晚，廣場噴泉邊總有畫家作畫賣畫、熱戀中人忘情擁吻、孩子嬉鬧追著鴿群飛舞……

　　羅馬街道不少十字路口一眼望去，是一座廣場呼應另一座廣場，走著走著就會碰上人群聚集的廣場。羅馬人愛熱鬧又健談，若沒有廣場讓他們不時泡在廣場跟朋友閒話家常、聊八卦，想必日子不好過吧！

　　聚集人群的廣場雖然看起來都差不多，但是若仔細分析起來話來，其實每個廣場的性質和功能還是有差別的，譬如像高人氣的西班牙廣場(Piazza di Spagna)，廣場前的破船噴泉和西班牙

階梯，配合周邊樸實樓房和名店商圈，雖然遊客多，氣氛卻頗為浪漫，尤其春天的花季，階梯擺滿姹紫嫣紅的杜鵑，顯得春意盎然特別迷人，很適合朋友相約賞景。

　　至於白天是傳統市集的花田廣場(Campo de' Fiori)，自是攤販叫賣、人們採買蔬果的熱鬧聚集地，廣場四周也有不少露天Bar和餐廳，買菜逛累了，還可以就地和三五好友點個咖啡和小點心開懷暢談，是市民每天的活力泉源。

　　當然，也不能漏掉越晚越美麗的拿佛那廣場(Piazza Navona)。圍繞在17世紀的三座噴泉四周，到處是畫畫、拉琴、吹泡泡的街頭藝術表演，整座廣場展現十足的巴洛克藝術風情，很適合一家大小假日或晚餐後閒適散步的好地方。

不論白天或夜晚，拿佛那廣場總是散發出閒適的氛圍

春意盎然的西班牙廣場特別迷人

上山下海度假去

店家關門張貼夏季暫停營業時間

　　義大利人把個人的休假權利看得很重要，平日工作也是希望能度個好假。當地人的休假是一種可以脫離所有工作和雜務的休假，就好像是電池電力耗盡，必需重新充電才能再出發。

　　義大利人很懂得享受生命，他們認為度假是生活中不可缺少的一部分，而不少家庭在海邊或山上也都有度假小屋。冬季上山滑雪找刺激，到了7、8月夏季，幾乎所有的家庭攜家帶眷去海邊或山上避暑度假，不少店家關起門來張貼告示暫停營業的起迄時間，甚至連藥房也會分區輪流休息，長則整整一個月，短則也有一、兩週，到了這個時候，平時擁擠的街道頓時空蕩蕩，大城市的大街小巷也見不到什麼當地人，絕大多數是外來的觀光客。

　　在我們的觀念裡，度假前必需密密麻麻的規畫行程，然而天生隨性的義大利人卻認為，度假何必把時間排的那麼緊湊，這次沒到的景點，留到下次還有機會，總歸還是那句老話：凡事piano piano。

　　義大利人在度假時大底就是早起吃早餐，去海邊游個泳、沙灘曬個太陽，午餐後又去游個泳或海上運動，再曬個太陽和吃冰淇淋，晚上吃完晚餐到附近市集散步逛逛，整個假期和家人回歸大自然徹底放鬆，一起享受令人難忘的長假。

　　通常義大利人都以擁有古銅色肌膚為傲，所以在假期充分曬黑很重要，對於度完假能有一身健康膚色感到驕傲有面子，這代表你是有錢又有閒；即使因為體力或經濟問題無法出遠門度長假，他們也會想盡辦法在陽臺打赤膊在躺椅上曬成渾身古銅色才過癮呢！

冬季上山滑雪找刺激

回歸大自然徹底放鬆才是義大利人的度假

♪豆知識♪

像「橋」一樣的連假

　　義大利全年約有100多天是節假日，除了固定週末休息2天外，還有民間傳統節日、國家紀念日，更多是宗教節日，而且只要恰逢週四的假，則會自動連假4天，當地人把這種假稱為ponte(橋)，就像橋一樣連起兩端的假日，否則週四放完假還得上個週五一天，之後週六日又要再放假，那多痛苦啊！

　　也許你心裡會產生這個疑問：「這樣事後要補假嗎？」哈哈，別開玩笑了，在這裡只有放假，沒有工作補假這檔事啦……

休假享樂是義大利人的生活一部分

義大利人說話的手勢一把罩

　　義大利人愛說話，說話也一定要有手勢才能完整表達，手勢對他們來說似乎是渾然天成的，不論是男女老幼，說話時都帶有豐富的肢體語言，所以有人開玩笑說，只要把義大利人的手綁起來，對方大概就不會說話了！

　　下列幾種很有意思的手勢表達，是一般義大利人最常用的「通關密語」，學起來，下次和義大利人說話，即是聽不懂也能猜出一二。(感謝Lorenzo Fantera示範)

手掌張開平放且左右搖晃，嘴巴說：「Cosi～Cosi～」意思是：還好啦！

將手背朝外，五根手指置於下巴來回擺動，再配上不屑的臉，有「才不甩你！」或「我一點都不在乎」的意思。

兩手交叉，置於下方那隻手左右擺動，那是表示「我該走了！」

食指指著酒窩位置轉動，並說「Buono!」表示好吃。

雙手合掌，在胸前上下搖晃像拜拜手勢，嘴裡說著「Mama mia!」有「我的天啊，拜託你省省力氣吧！」

手掌心朝下在腰間左右擺動，表示「我肚子餓了」。

五根手指併攏上下搖晃，搭配一副疑惑的臉，口中唸著：「Che fai!」或「Che vuoi!」意思是「你在幹嘛？」、「我聽不懂啦？」若是熟人之間用此手語倒還好；如用於陌生人，則有惱怒、不滿之意。

在義大利和梵蒂岡的天主教國度裡，一年中有三分之一是大大小小的節日，其中最傳統、普及的節慶，當屬具宗教氣息濃厚的聖誕節(Natale)、主顯節(L'Epifania)和復活節(Pasqua)三大節日，以傳承文化傳統精髓於世世代代。

文化慶典

聖誕節 *(Natale)*

聖誕節之於天主教立國的義大利和梵蒂岡城國，當然是非常重要且氣氛濃厚的節日。這裡並不時興聖誕老公公和拉雪橇，而是家家戶戶在聖誕節前幾週就開始血拼買禮物，將組合式的禮籃包裝精美送給親朋好友。而一般家庭也會布置馬槽、聖誕樹和大門掛上聖誕飾品，商家更是競相裝飾五彩繽紛的霓虹掛飾，直到「主顯節」過後才卸下。

也相差懸殊，由€4～20不等；一旦聖誕節過了，商店沒賣完的應節麵包馬上半價出售。

吃聖誕麵包

當地人在這個節日通常吃一種圓桶形麵包，上面撒糖霜的潘朵洛(Pandoro)，或是麵包裡面摻柑橘皮、檸檬皮和葡萄乾的潘內托內(Panettone)，而且包裝的外型也越來越多樣，有的甚至吃完還可以當百寶箱，各品牌的價格

▶在當地屬高檔的
Tre Marie聖誕麵包

▼裡面摻有葡萄乾
的Panettone

看馬槽

　　除了吃聖誕麵包，在各大教堂裡和廣場上還可以看到各式各樣的大型馬槽，其中以聖彼得廣場上所布置的馬槽最壯觀，每年的設計也有變化。這座馬槽在平安夜之前用布幔蓋住，直到24日下午5點左右才舉行開啟儀式，而且馬槽上的耶穌有時會設計成隨著時間長大，到了1月6日主顯節的三賢士來朝時，小耶穌已經不躺在馬槽，而是坐在聖母的腿上了，相當有趣！

聖彼得廣場前的馬槽最壯觀，每年有不同的設計

馬槽上的耶穌會隨著時間長大

參加子夜彌撒

　　教宗在聖彼得大教堂主持隆重的子夜彌撒(凌晨零時～2點)是大家注目的焦點，而隔天聖誕節中午，教宗也會在祝福陽臺朗讀聖誕節文告，之後為在廣場的民眾祈福。

民眾踴躍參加子夜彌撒

♪豆知識♪

傳統年菜

　　義大利人在跨年的年夜飯，通常吃一種大小像綠豆的淺墨綠色小扁豆(Lenticchie) 的年夜菜，相傳這是來自古羅馬時期的習俗以討個好兆頭。因為圓扁的小豆子形狀像錢幣，如同我們所說的招財進寶，吃越多，未來一年財源滾滾。

　　最傳統的年夜菜首推小扁豆搭配豬腳或臘腸，做法是把豬前腳挖空成袋，再填入豬前腿、豬肉、豬皮等絞肉與香料的豬蹄膀香腸(Zampone)，如今為了省事，在超市有已經有煮熟的真空包裝，直接以沸水煮10來分鐘後，剪開包裝袋即可搭配以番茄醬料熬煮的小扁豆，吃起來雖然稍嫌油膩，卻顯得喜氣洋洋。

豬蹄膀香腸搭配扁豆是義大利的傳統年菜
(照片提供／Yang yu Lin)

主顯節 *(L'Epifania)*

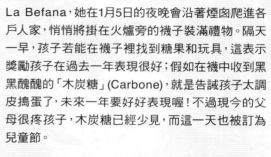

主顯節是聖誕節後的第12天(1月6日),也是聖誕假期的最後一天,對大多數的義大利孩子來說,他們最關心的莫不是貝法娜(La Befana)巫婆送禮物來了嗎?

東方三位賢士找小耶穌

根據《瑪竇福音》(Vangelo secondo Matteo,基督教稱為《馬太福音》)中記載,東方有三位賢士在星星引導下,長途跋涉到伯利恆拜見小耶穌。在義大利民間還由此延伸出另一段溫馨的故事:話說三賢士在途中曾向一位老太太詢問耶穌所在的位置,並請老太太帶路,但是老太太因有事正忙,只替三賢士指點方向。老太太事後後悔也想同去朝拜耶穌,於是準備了一大籃點心出門,卻再也找不到他們。

象徵三賢士來朝的遊行(照片提供／黃雅詩)

不乖的孩子會收到「木炭糖」

老太太為了彌補遺憾,於是心想若能挨家挨戶把籃子裡的點心送給小孩,也許會碰上其中一個孩子就是耶穌。故事演變到後來,老太太成了一位穿破衣、騎著掃把的老巫婆

La Befana,她在1月5日的夜晚會沿著煙囪爬進各戶人家,悄悄將掛在火爐旁的襪子裝滿禮物。隔天一早,孩子若能在襪子裡找到糖果和玩具,這表示獎勵孩子在過去一年表現很好;假如在襪中收到黑黑醜醜的「木炭糖」(Carbone),就是告誡孩子太調皮搗蛋了,未來一年要好好表現喔!不過現今的父母很疼孩子,木炭糖已經少見,而這一天也被訂為兒童節。

孩子將襪子掛在火爐旁,希望得到巫婆的禮物(照片提供/ Yang yu Lin)

主顯節期間,超市推出各種糖果和巫婆木偶

◀義大利兒童節的主角竟是巫婆,想不到吧!

復活節 *(Pasqua)*

每年復活節的日期不定，是屬於變動節日，其換算日期較為複雜，即「該年3月21日(春分)月圓後的第一個週日」，假如滿月剛好碰上週日，則復活節就順延到下一個星期日。

為什麼要用這種方式換算復活節的日期？這是因為耶穌在猶太人的「逾越節」前一天(週五)被釘在十字架上，且在第3天(週日)復活了。由於古猶太人採用陰曆，再轉換成現行的曆法，就成為現今的換算方式了。

嘉年華狂歡(Carnevale)

嘉年華狂歡是義大利一年中最快樂繽紛的節日，除了威尼斯聞名的面具嘉年華外，一般當地小孩在這段時間，總是希望能裝扮美麗帥氣的遊街、逛公園，也會撒五彩碎紙片助興，當然更少不了令人食指大動的甜點。

依照Carnevale的字義來說：「Carne」是肉之意，

「vale」有遠離的意思，換句話說，嘉年華是遠離肉的封齋前狂歡，所以甜點也要吃油膩的炸脆餅(Le Frappe)和炸甜球(Le Castagnole)來「囤積脂肪」，否則接下來是復活節前40天的四旬期(Quaresima)齋戒。

油膩的應景甜點

孩子開心互撒五彩碎紙片

拿橄欖枝保平安

雖然復活節的日期每年不同，不過大抵在3月下旬～4月中之間；而復活節前一週日的「聖枝主日」(Dormenica delle Palme)也是跟著變動。「聖枝主日」在天主教國家是非常重要的節日，當天教友到教堂彌撒，手上也會拿一些祝聖過的棕櫚枝或橄欖枝回家，然後裝飾在門口，以保佑全家整年平安，直到明年的「聖枝主日」前拿到教會燒毀，到主日當天再換上新的。

另外，在復活節前的週四「最後的晚餐」、週五「耶穌受難日」紀念活動，教宗會分別主持莊嚴的彌撒大典以及在圓形競技場(Colosseo)舉行「拜苦路14處」的儀式，義大利的電視也會全程轉播。傳統上，從「聖枝主日」到復活節這一週，當地人稱為「聖週」(Settimana Santa)。

在復活節前一週日，教友到教堂拿橄欖枝回家保平安

吃復活蛋、鴿子形麵包

在復活節前一連串的宗教節慶裡，一般超市、Bar和禮品店到處是五花八門的復活蛋，以及象徵和平的鴿子形麵包(Colombo)，尤其現在的巧克力復活蛋裡面，還藏著小朋友喜歡的玩具(蛋的包裝還注明是給男孩Bambino或女孩Bambina)，讓孩子更期待能收到巧克力蛋的禮物。

◀復活節期間吃鴿子形麵包和復活蛋

其他宗教節日

除了聖誕節、主顯節和復活節外，包含梵蒂岡在內的大羅馬地區還有下列重要宗教節日的紀念活動，通常為國定假日，要注意梵蒂岡和羅馬的博物館、商店也會休假。

日期	節慶名稱	節慶典故
6月29日	羅馬主保節 (Festa di San Pietro e Paolo)	據教會傳統，聖彼得和聖保羅在6月29日瞻禮聯合慶祝，而聖彼得和聖保羅是羅馬的主保聖人，羅馬在這一天放假，也舉辦傳統花節等慶祝活動。 聖保羅是保佑羅馬的聖人▶
8月15日	聖母升天日 (Ferragosto/ Assunzione)	在天主教的教義中，認為聖母離開世間後，其靈體同時被接進天堂，這是關於聖母最神聖的節日，各地教堂在這一天舉辦彌撒慶祝。 聖母在義大利人心目中的地位崇高▶
11月1日	諸聖節(Ognissanti/Tutti i Santi)，隔天是諸靈節(festa dei defunti)*	「諸聖節」是天主教在每年11月的「煉靈月」首日，紀念所有忠誠的聖者；隔天「諸聖節」是追思所有亡者的節日，為亡者的靈魂祈禱，類似我們的清明節。
12月8日	聖母無染原罪節 (Immacolata Concezione)	源自8世紀的12月9日慶祝「安納懷孕馬利亞」節而來，後來節慶的重點對象改為聖母馬利亞，且強調馬利亞從生命開始已不受原罪的玷染，到18世紀初，教宗克萊孟十一世(Papa Clemente XI)訂此節日為整個教會的節慶。 位於西班牙廣場旁的聖母無原罪圓柱▶
12月26日	聖斯德望日 (giorno di Santo Stefano)	紀念基督教會首位殉道者聖斯德望。

*「諸靈節」只有梵蒂岡放假。

身為義大利首都的羅馬，雖然匯集全國各地的名菜，但是羅馬人卻偏好簡單鄉野味，喜好保有原味的當令新鮮食材，這是羅馬人對美食的堅持，也是他們的驕傲；吃，在羅馬是不會令人失望的。

經典美食

如何點餐？

　　義大利人用餐不趕時間，講究按照次序上菜，無論是前菜、主菜或甜點，都各自扮演該有的角色相互搭配，不會讓某道菜成為餐桌上唯一的主角。

　　想從開胃菜到飯後酒吃整套的義大利菜，在分量上是稍多了一點，若吃不完反而跟自己的荷包過不去。最保險的做法，可以先點部分，吃不夠再追點無妨。下列全套點餐步驟，你也可以只選幾樣自己組合。

① 飲料(Bibita)或 開胃酒(Apertivo)

礦泉水有含氣泡與不帶氣泡

　　被帶入坐之後，服務生會送來菜單，並問你要喝什麼，你可以點礦泉水，水還分為帶氣泡(Acqua Frizzante)或不帶氣泡(Acqua Naturale)，也可以請店家推薦開胃酒。

② 前菜(Antipasti)

　　開始點菜，可以先點前菜，一般餐廳這時會先提供麵包(Pane)和長條餅乾棒(Torinesi或Grissini)在桌上。

餐廳會提供切片麵包

③ 第一道菜(Primo Piatto)

　　接下來點各式的義大利麵或燉飯主食，若覺得量太大，也可以2人合點一份。

④ 第二道菜 (Secondo Piatto)

　　這道是肉或海鮮類，當地人習慣用麵包吸飽盤裡的醬汁來吃。

⑤ 配菜(Contorno)

　　一般是什錦沙拉(Insalat)、水煮豆類或烤各式蔬菜等，假如沒點第二道，也可單點配菜。

一般餐館提供各式配菜

⑥ 佐餐酒(Vino)

點完主菜後,可點搭配菜色的紅、白葡萄酒,或是有些餐館提供較便宜的自家釀葡萄酒(il vino della casa),通常是以壺裝,口感也不錯。

▲義大利的紅、白葡萄酒種類多
◀有些餐廳會提供以壺計的自家釀葡萄酒

⑦ 水果或甜點 (Frutta、Dolci)

吃完餐後,服務生會問你要不要點水果或甜點,當然你也可以點冰淇淋或飯後消化酒,最後再以濃縮咖啡完美結束。

誘人的餐廳特製甜點

⑧ 結帳(Conto)

用完餐,請服務生結帳,服務生會把帳單拿過來,有些餐廳在帳單會加上服務費(Servizi)或桌布費(Tovaglia)。至於小費可隨心意給,若餐廳服務你覺得滿意,可斟酌以一人1～2歐元小費,但避免給一堆極小額的零錢。如今多以信用卡或行動支付結帳,有些餐廳服務生會問你給多少小費,直接合計在帳單上。

餐畢,服務生會拿帳單過來結帳

♪豆知識♪

三種餐後消化酒

羅馬人通常在飯後喜歡喝少許烈酒幫助消化,餐廳通常提供三種烈酒供選擇:

1.檸檬甜酒(Limoncello)(圖右)

以酒精和糖泡檸檬皮,酒精濃度約30%,多冰鎮後飲用,主要產地在義大利南部。

2.阿馬羅苦酒(Amaro)(圖中)

是一種帶有苦甘味道的藥酒,酒精濃度約30%,可直接或加冰塊飲用。

3.葛拉帕烈酒(Grappa)(圖左)

利用製造葡萄酒剩下的殘渣蒸餾而成,酒精濃度達40%以上,主要產地在義大利北部。

♪ 豆知識 ♪

羅馬的當季蔬果

這些亞洲較少的應時蔬果新鮮便宜，如果正好當季來不妨多吃。

血橙(Arance Rosse)：1～4月

蟠桃 (Pesca Tabacchiera)：6～8月

蘇打豬毛菜(Agretti)：2～4月

無花果(Fichi)：7～8月

朝鮮薊(Carciofi)：3～4月

牛肝菌菇(Funghi Porcini)：10～11月

櫻桃(Ciliegia)：5～6月

栗子(Castagna)：10～12月

杏子(Albicocca)：5～6月

茴香(Finocchio)：全年

挑動味蕾的記憶
推薦經典美食

羅馬特色菜做法簡單,但味道鮮美。到羅馬除了披薩和千層麵(Lasagna)以外,推薦還有下列經典美食你也可以嘗嘗看。

前菜(Antipasto)

顧名思義,所謂前菜就是開啟接下來美食的胃口。傳統的前菜有冷、熱之分,在羅馬除了各式以橄欖油醃漬的烤蔬菜外,還有幾種最具代表性的開胃菜。

普斯給塔(Bruschetta)

Bruschetta在義大利文的原意為「在炭火上烤」,指的是碳烤過的麵包,用大蒜在麵包上抹一抹,淋上薄薄的初榨橄欖油,是義大利中部非常普遍的前菜。後來為了口感更豐富而加上其他佐料,最常見的有番茄、黑綠橄欖果肉切碎再拌入橄欖油、蒜末和羅勒等香料,就成了這道簡單卻清爽美味的經典前菜。

生肉薄片乾酪 (Carpaccio di Manzo)

生肉薄片通常以生牛肉加上乾酪、芝麻菜(Rucola),牛肉的鮮嫩配上乾酪香和芝麻菜的微苦,風味一絕。

炸什錦(Fritto Misto)

南瓜或節花、朝鮮薊和橄欖等蔬菜裹麵糊炸,一口咬下仍保有蔬菜的原味,是一道外酥內甘甜的多重口感開胃菜。

生火腿佐哈密瓜 (Prosciutto Crudo con Melone)

色澤紅嫩的帕瑪火腿(Prosciutto di Parma)薄片捲上香甜的哈密瓜,是夏天最受歡迎的消暑開胃菜。

羅馬風味朝鮮薊 (Carciofi alla Romana)

以橄欖油、大蒜、香料和鹽烹煮的「羅馬式朝鮮薊」,吃在嘴裡會產生回甘的香甜;另外還有油炸的猶太式的朝鮮薊(Carciofi alla giudia)也很受歡迎。

第一道主菜(Primo Piatto)

第一道主菜泛指麵食(Pasta)和燉飯(Risotto)主食，其中燉飯多風行義大利北部地區，羅馬則以橄欖油、乳酪和香料入菜的麵食著名。

羊乳酪黑胡椒麵(Cacio e Pepe)

越是簡單的美食，出色的口感越不容易表現出來。這道簡單卻經典的羅馬麵食，只用到義大利麵、羊奶起司和黑胡椒三種主要食材，散發一股濃郁的乳酪香。

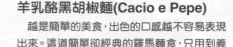

培根乳酪蛋汁麵(Pasta alla Carbonara)

點餐通常只說「Carbonara」，是羅馬常見的經典義大利麵口味，裡面材料包含培根、乾酪、黑胡椒，煮好後放入生雞蛋，趁熱攪拌蛋汁成半熟濃稠狀，吃起來滑嫩順口。

培根番茄吸管麵
(Bucatini all'Amatriciana)

這道源自義大利中部小城鎮的Amatrice，現在已成了到羅馬觀光客必點的特色麵食。以義大利中部特產的豬頰肉培根(Guanciale)和佩科利諾起司(Pecorino)，配上番茄醬汁、辣椒和Q彈有勁的吸管麵，是喜食豬頰肉饕客的最愛。

牛肝菌菇雞蛋麵
(Tagliolini ai Funghi Porcini)

秋天是牛肝菌菇盛產的季節，各餐館大推這道當季菜肴。肥大肉厚的牛肝菌菇含有特殊香氣，是美味的高級菇類食材，滑嫩的口感很適合和雞蛋麵或燉飯搭配。

番茄義式麵餃(Ravioli al Pomodoro)

義大利麵食除了常見的義大利麵和千層麵外，還有以麵皮包裹餡料的麵餃，Ravioli這個字源自於義大利文的avvolgere，有包覆的意思，以酸甜番茄為底的醬料最為普遍。

羅馬風味麵疙瘩
(Gnocchi alla Romana)

傳統的羅馬風味麵疙瘩是以粗粒小麥粉加鮮奶、奶油和起司揉成，將麵糰揉好後攤平，再壓成一塊塊圓形厚片灑上起司粉烤，一般佐蕃茄醬食用。不過一般常見的麵疙瘩，多摻入馬鈴薯、起司，甚至有的會將蔬菜汁揉進麵粉，造型有的像圈圈壓紋的軟木塞，有些像一顆顆小球，在羅馬當地人有「週四吃麵疙瘩」(Giovedi Gnocchi)的習慣。

◀一般在餐廳常見的小圓球麵疙瘩

第二道主菜(Secondo Piatto)

第二道是各種肉類和海鮮主菜,在羅馬當地週六常吃以薄荷、番茄和牛肚一起燉煮的羅馬風味牛肚(Trippa alla Romana)外,另外還有幾種美味的菜色。

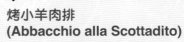

紅燴牛尾
(Coda alla Vaccinara)

以大量西洋芹菜、洋蔥、番茄、葡萄酒及香草等時蔬燜牛尾,牛尾燉煮得軟爛有膠質,是一道非常經典的羅馬菜。

烤小羊肉排
(Abbacchio alla Scottadito)

羅馬人很喜歡烤得鮮嫩的小羊排,食用前擠些檸檬汁,肉質非常鮮美。

炭烤海鮮拼盤
(Grigliata Mista di Pescea)

以鮮蝦、螯蝦、魷魚、墨魚等常見的海鮮拼盤,利用炭烤帶出海鮮既有的鮮甜原味。

羅馬風味香煎小牛肉
(Saltimbocca alla Romana)

Saltimbocc原意是跳到嘴裡,也就是指這道菜好吃到一直往嘴裡送。將小牛肉上方擺鼠尾草和生火腿,入油鍋兩面煎至金黃酥脆,再加入白葡萄酒及奶油調味,是到羅馬必嘗的菜色。

鱈魚排(Filetto di Baccalà)

Baccalà是用鹽漬鱈魚脫水後再風乾,肉質柔軟豐厚,適合裹粉香煎,外酥內嫩。

淡菜湯(Zuppa di Cozze)

這道雖名為湯,其實是一道來自拿波里的國民海鮮料理,將其列入是想提供喜歡海鮮的朋友另一種選擇,是個人在餐廳常點的一道佳肴。

鏡頭特寫

拿麵包做小鞋

上羅馬的餐館,服務人員會端出麵包或酥脆的長條餅乾棒放在餐桌上。當地人通常將這些麵包配著菜一起享用,更喜歡將麵包剝小塊沾盤子裡的醬汁吃,他們稱這個舉動為「做小鞋」(Fare la Scarpetta),將盤中的湯汁精華吃乾抹淨,這也是對廚師手藝的一種讚美呢!

當地人習慣用麵包吸飽盤子裡的醬汁

提拉米蘇(Tiramisù)

Tiramisù有「把我拉起來」的提神意思，是義大利最具代表性的甜點。以拇指餅乾浸濃咖啡和白蘭地或蘭姆酒，加上入口即化的馬斯卡彭乳酪，最後再撒滿微苦的可可粉。

義式奶酪(Panna Cotta)

Panna cotta意指「煮過的鮮奶油」，最早源自義大利北部Piemonte的甜點，如今也時常出現在羅馬各餐廳的甜點菜單上。

糖漬栗子(Marroni Canditi)

風行義大利北部的糖漬栗子口感鬆軟，在採收栗子的秋冬季，羅馬也常看到這款當季甜點。

甜點(Dolce)

融合南北義大利特色的羅馬甜點，尤其是南部各類酥餅在當地很受歡迎。

香酥奶酪煎餅捲(Cannoli)

這是義大利非常有名的油酥點心，起源於西西里島。用香脆的酥皮包裹軟奶酪，在兩側沾滿巧克力屑或者開心果屑，有時也會加蜜餞點綴。

咖啡冰淇淋(Affogato)

Affogato有「淹沒」之意，最傳統的組合是用香草冰淇淋配上現煮的濃縮咖啡，就像香草冰淇淋被濃縮咖啡淹沒一樣，甜中帶微苦，好吃！

千層酥(Sfogliatella)

義大利南部拿波里的傳統甜點，外形很像貝殼，香脆的千層酥裡有鬆軟乳酪、蛋奶凍、杏仁霜等各餡料，表面再撒上一層糖粉，新鮮出爐時更酥脆可口。

Sfogliatella napoletana € 3.00

檸檬綿綿冰(Sorbetto al Limone)

這是以南部生產的檸檬酒(Limoncello)做成的檸檬綿綿冰，比冰沙的質地還綿密，口感酸甜清爽。

鏡頭特寫

羅馬熱門小吃

記得孩子在羅馬上小學期間，每當開車接孩子放學回家時，很多家長會準備只刷上特級初榨橄欖油和海鹽調味的白披薩(Pizza Bianca)，讓放學踢完球的孩子填飽肚子，這種白披薩在超市麵包專櫃可切片稱重計價，很受歡迎。

另外有一種源自古羅馬時代，可說是披薩前身的義大利香料麵包佛卡夏(Focaccia)，只以簡單的橄欖油和香料調味，咬起來Q彈有勁，可以單吃，或是在中間夾起司、火腿或生菜當中午簡餐。

除了麵食鹹點心，還有以莫札瑞拉乳酪夾心的炸飯團(Supplì)也是家裡常備點心，油炸的高溫使夾心奶酪遇熱融化，一口咬下乳酪就會拉絲流出來，外酥內軟非常好吃。

▲只加橄欖油和海鹽調味的原味白披薩

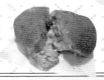
只以橄欖油和香料▶調味的Focaccia

◀一口咬下拉絲的乳酪會流出來

羅馬當地人的購物習慣跟我們不太一樣,這裡除了兩家稍具規模的文藝復興百貨(La Rinascente)以及Upim、Coin、Oviesse等小型百貨店外,在市區主要的購物街幾乎都是獨立品牌的專賣店。這些專門店的櫥窗設計極具巧思,光是window shopping就令人賞心悅目了。

到羅馬旅遊,哪些是必敗的戰利品值得帶回來跟親友分享呢?

熱門伴手禮

人氣美食

咖啡

　　除了金杯(Tazza D'Oro Coffee)和鹿角(Sant'Eustachio II Caffè)等著名專賣咖啡店調配的咖啡外，在一般超市的咖啡種類也很多，如illy、Lavazza和Kimbo都是很受當地人喜愛的品牌。

Amedei、Baci巧克力

　　義大利著名的巧克力有所謂「A牌和B牌」巧克力，A牌是指Amedei，尤其以9號最為搶手；B牌則是名為「親一下」(Bacio)的Baci巧克力，每一顆巧克力內的透明包裝紙有「愛的小箋」，很適合送給心愛的親友。

陳年紅酒醋(Balsamico)

　　最常拿來搭配沙拉的陳年紅酒醋，各品牌在義大利的價差甚多，超市也經常有促銷活動，可以多留意，一瓶單價在€7～8就已經很美味了。

FERRERO巧克力

　　世界知名巧克力品牌FERRERO推出黑巧克力包裹濃縮咖啡的「Pocket Coffee」，輕輕咬下，濃縮咖啡的微苦汁液在嘴裡化開，非常香濃；另一種為酒釀櫻桃巧克力「MON CHERI」，巧克力內裹一顆完整櫻桃和甜酒，這兩種巧克力僅在秋冬季推出，在當地有不少死忠的擁護者，特別推薦給喜歡含酒味口感的朋友。

檸檬甜酒(Limoncello)

　　義大利南部特產的消化酒，冰鎮後飲用濃烈香甜。

乾燥牛肝菌菇(Funghi Porcini)

　　牛肝菌菇是一種歐洲珍貴的菇類，質地肥厚且香氣飽滿，尤其乾燥的香氣更濃，無論用來做義大利麵、燉飯和配菜都很合適。

特色禮品

Bialetti摩卡壺

在義大利各品牌的摩卡壺中，以有兩撇翹鬍子的「Bialetti」最受肯定，其中在瓦斯(電)爐上煮的摩卡壺，既沒電壓的問題且不貴，很合適帶回自用或送人。

宗教禮品

義大利是天主教國家，尤其在梵蒂岡附近有許多宗教禮品店，比觀光區的攤販選擇性更多，適合送給天主教朋友保平安。

Alessi家用品

著重設計品味的義大利人，擅長從日常生活用品變花樣。著名的Alessi家用品兼具實用與美觀，是很討喜的伴手禮。

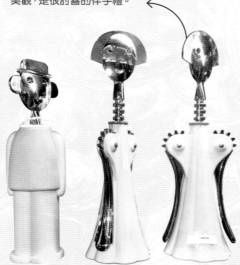

有機保養品

義大利的有機商品雷莉歐(L' ERBOLARIO)口碑極佳，一向是熱門的保養商品，在羅馬有多家分店；另外推薦自1612年在佛羅倫斯創店至今的Officina Profumo-Farmaceutica di Santa Maria Novella修道院保養品，所生產的高級天然保養品種類多，在羅馬也有分店。

48

過季名品購物中心
Castel Romano Designer Outlet

　　這是McArthurGlen集團旗下的一家購物中心，位於羅馬西南方，包括Armani、Boss、Burberry、CK、Coach、Diesel、Etro、Furla、Guess、Michael Kors、Missoni、Tommy Hilfiger、Zegna、Salvatore Ferragamo、Valentino、Versace、Woolrich等百餘家店。過季價格是原價的7～5折，若逢冬夏折扣季，還會往下約30%折扣，很吸引人；不過由於是過季商品，有時難免會有瑕疵，購買時要特別注意。

　　購物中心內約10家餐廳、咖啡店進駐，逛累了可以歇歇腳、祭祭五臟廟，也設有客戶服務和退稅中心，可多加利用。

✉ Via Ponte di Piscina Cupa, 64 /00128 RM

☎ (06)505-0050

➡ 1.面對特米尼中央火車站(Stazione Termini)右側的馬路Via Giovanni Giolitti,48，設有開往購物中心的車班，來回票€15，10歲以下免費，可現場或線上購票。

來回班次時刻表：

前往	09:00	10:00	11:00	12:00
回程	16:00	17:00	18:30	19:30

2.地鐵B線EUR Fermi地鐵站設有開往購物中心的車班，來回票€10，10歲以下免費，可現場或線上購票。

來回班次時刻表：

前往	10:00	11:00	13:00	15:00	17:00
回程	12:00	14:00	16:00	18:00	19:00

🕐 10:00～20:00

🌐 www.mcarthurglen.com

❓ 1. 購物中心有專車接送服務，單趟4人往返€120，5～8人每人往返€25，可撥(39)392 8749179洽詢

2. 從2024年2月1日起，在同一家店購物消費滿€70即可辦理退稅

1.退稅服務／**2**.星巴克也進駐購物中心／**3**.中央車站附近設有巴士往返／**4**.客戶服務站／**5**.購物中心一隅／**6**.逛累了，餐廳設有舒適的露天用餐區

在進入各小區探訪前，若能先將包含梵蒂岡城國的廣義羅馬理出3條主題路線，讓你對這座千年古城有一個概括的認識，再對照分區導覽的單元(P.54)，深入熱門景點，相信更容易掌握漫遊羅馬的樂趣了！

三大主題路線巡禮

穿越時空
必遊地標

春天花團錦簇的西班牙廣場

羅馬有不計其數的神廟、競技場、浴場等文物古蹟，是世界上唯一在市中心仍保有這麼龐大祖先遺留下來的智慧結晶。在有限的時間裡，假如不知如何探索這座穿越千年的露天歷史博物館，建議先把下列地標優先排入行程，再對照頁碼看詳細的景點介紹，規畫出最適合自己的行程。

從羅馬南邊且位於地鐵站旁的**圓形競技場**(Colosseo，P.62)為起點，體驗歐洲唯一入選新七大奇景的壯觀，以及同一張票參觀的**古羅馬廣場**(Foro Romano，P.67)和**巴拉丁諾山丘**(Colle Palatino，P.65)，整個露天參觀景點要走不少路，若腳力夠，還可往西到**真理之口**(Bocca della Verità，P.88)，伸手進大理石海神浮雕之口測謊試膽量。

隔天一早，搭地鐵到羅馬最高檔的購物街**西班牙廣場**(Piazza di Spagna，P.133)，再順著往南走到人聲鼎沸的**特雷維噴泉**(Fontana di Trevi，P.116)，丟枚硬幣許願下回還會到羅馬。之後繼續往西走，到西元2世紀留存下來，也是歷代建築師靈感來源的**萬神殿**(Pantheon，P.122)，探索這座僅靠著圓形天窗的唯一自然光源，如何屹立千年而不墜。還有附近噴泉、餐廳圍繞的**拿佛那廣場**(Piazza Navona，P.105)，沉浸在噴泉與畫家合奏

現今為國立博物館的聖天使古堡

出最典雅的美景。

接著向西走，穿過臺伯河到**聖天使古堡**(Castel Sant'Angelo，P.98)，看看這座城堡如何由陵墓、堡壘、監獄轉變成為現今國立博物館；而面對古堡西邊通往梵蒂岡城國的協和大道，有我國駐教廷大使館飄揚的國旗，沿著大道繼續走到底，就是最神聖的天主教國度─**梵蒂岡城國**(Stato della Città del Vaticano，P.184)，值得花一整天來朝聖大教堂和博物館了！

萬神殿屹立千年而不墜

圓形競技場展現羅馬帝國的輝煌

登高攬勝
城市之美

從艾曼紐二世紀念堂觀景臺望向古羅馬帝國遺跡

　　假如喜歡由高處望向大自然景觀，羅馬也有幾處能登高望遠的絕佳觀景地點，無論從聖彼得大教堂登往米開朗基羅設計的圓頂，以360度環繞梵蒂岡花園和羅馬市景。接著走到附近的聖天使古堡博物館，拾級而上高臺城垛，俯瞰羅馬最美麗的一座聖天使橋，橋兩旁的10尊天使立像，彷彿天天看顧如織的行人穿梭其間。

　　另外立於羅馬交通樞紐威尼斯廣場旁的艾曼紐二世(Vittorio Emanuele II)紀念堂，爬上階梯到後方開放的觀景露臺，一眼望去也有另番風景。到了傍晚，從西班牙廣場臺階頂端或漫步到賓丘公園(Giardini del Pincio)的眺望臺，更是羅馬賞夕陽餘暉的最佳熱門點，絢爛的紅霞美景為一天畫下完美句點。

西班牙廣場階頂眺望賞夕陽紅霞▶

▼由城垛俯瞰羅馬最美麗的一座聖天使橋，美不勝收

美饌名店
老饕嘗鮮

▲誘人的甜點，令人垂涎三尺

假如你是個熱愛美食，喜歡以味蕾體驗異國風味美食，羅馬也不會令人失望。幾處熱門景點周邊小巷隱藏著Q彈披薩、咖啡香和綿密不膩的冰淇淋名店，而且價格親民，是老饕的美食天堂。

漫步萬神殿附近，遠遠傳來咖啡香的金杯咖啡和鹿角咖啡，無論何時總是擠滿遊客大排長龍；繼續往眾議院方向走，只見人手一球冰淇淋，原來鄰近就是以前教宗若望保祿二世最愛的喬立提冰淇淋店(Gelateria Giolitti)，1900創店至今走過一世紀，親嘗過才知道不是浪得虛名。

還有曾出現在電影《羅馬假期》經典畫面的西班牙廣場，附近的古希臘咖啡館(Antico Caffè Greco)和巴賓頓茶館(Babington's Tea Room)兩家百年老店，在上世紀都曾是文人墨客聚會場所，充滿古典藝文風華，不妨抽出時間坐下來感受這股氛圍。

喬立提冰淇淋店即使夜晚還是人潮絡繹不絕

秤重披薩味美價廉

坐在古希臘咖啡館露天座椅看著人來人往購物血拼

巴賓頓茶館緊鄰西班牙廣場旁，位置奇佳

穿梭在羅馬街道，彷彿搭時光機回到過去，隨手俯拾的石頭，往往都是歷經千年風霜，更別說無數名家匯集的建築、雕塑和繪畫等膾炙人口的藝術就更珍貴了。羅馬不是一天造成的、條條道路路通羅馬，都是人們對這座永恆之城的讚美，到羅馬旅遊，不妨讓自己入境隨俗當個羅馬人，一如西方諺語「When in Rome, do as the Romans do.」親炙這塊土地的歷史脈動，來一場穿越古今之旅吧！

七大分區導覽

特米尼中央車站區
(Stazione di Roma Termini)

西班牙廣場區
(Piazza di Spagna)

萬神殿區
(Pantheon)

拿佛那廣場區
(Piazza Navona)

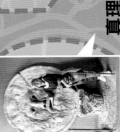

圓形競技場區
(Colosseo)

真理之口區
(Bocca della Verità)

跨臺伯河區
(Trastevere)

梵蒂岡

羅馬分區簡圖

城市風情

被臺伯河南北貫穿的羅馬，不僅是今日義大利的首都，也是古羅馬帝國的發源地，擁有2500年悠久的歷史，古城區的神廟、教堂、競技場、浴場、凱旋門等傲人的文物古蹟依然端然聳立，約占全羅馬市區面積的1/3以上，分別於1980、1990年被聯合國教科文組織列為世界文化遺產，是目前世界歷史建築物最多的城市。

矗立豐富文物古蹟的羅馬

與大師相遇

隱藏在羅馬大街小巷的教堂和廣場，漫步其間，往往出其不意與藝術大師相遇，讓人驚喜。爬上市政府前的卡比多利歐廣場，出自米開朗基羅之手的地面幾何圖形完美呈現，原來米開朗基羅不只是雕刻與繪畫的藝術家，更是才情洋溢的建築師！想看巴洛克風格的光影大師卡拉瓦喬真跡嗎？只要走進人民聖母大教堂和法國聖路易教堂，投幣點亮燈，在層層明暗光影對比下，神祕又充滿戲劇張力的畫作令人感動……若你是個藝術愛好者，羅馬會是開啟你的藝術與靈感之地。

出自米開朗基羅之手設計的地面幾何圖形

跟著電影去旅行

羅馬交錯的街道、古蹟或廣場都有屬於自己的傳奇故事，這些故事更串起無數的經典電影，像《賓漢》(Ben-Hur) 拍攝戰車大賽的大競技場、《羅馬假期》的真理之口和西班牙廣場、《甜蜜的生活》(La Dolce Vita)取景的維內多街道，以及緊張懸疑的《天使與魔鬼》(Angels and Demons)中的拿佛那廣場、萬神殿和聖天使古堡……假如你是個電影迷，你也可以跟著電影的腳步在羅馬追夢探尋。

◀結合電影到羅馬旅行也是不錯的點子

全球獨一無二的兩國之都

除了舉世聞名的壯觀遺跡、藝術殿堂和電影鋪陳的景點，位於羅馬城市西邊的教廷所在地梵蒂岡城國(Stato della Città del Vaticano)，是全世界天主教徒的心靈庇佑國度，讓精彩又充滿魅力的羅馬一躍為全球獨一無二的兩國之都。

梵蒂岡城國是位於羅馬臺伯河左岸的獨立國家

行程規畫與購票建議

羅馬適合旅遊季節約在4～11月之間，其中7～8月有時北非熱浪來襲，氣溫會高達攝氏40度，而且暑期旅遊人潮也多，羅馬旅館房價普遍較淡季來得高；不過因夏季天天黑得晚，博物館開放時間比較長，有更多的時間可安排行程是為其優點。

七大路線走法的行程規畫

羅馬城和梵蒂岡城國豐富多樣的古蹟與藝術，有人說即使一生也看不完。想在有限時間內暢遊羅馬，除了考量各熱門景點走法的順路且不匆忙，還得慮及展覽的開放時間限制，依個人經驗規畫出七大路線，每條路線以一天時間從容玩得盡興，所標示的路線可依你預約參觀時間更動，如由北而南改為由南而北、由東到西也可變成由西向東的動線。

購票建議

在羅馬的熱門景點，有些一定得透過網站預約才能參觀，有些是人潮多，最好事前預約，否則千里迢迢到此旅遊卻耗在排隊的時間很划不來。

基本上，在羅馬預約參觀的訂票網站以www.coopculture.it和www.tosc.it兩大系統最普遍，網路預訂費多為€1～2。以下是羅馬超人氣的兩大景點預約購票建議：

熱門景點	訂票預約網站	預約狀況	注意事項
圓形競技場 Colosseo	ticketing.colosseo.it	1. 個人可現場排隊購買一般門票，但是人潮多，建議事先網路預約以節省時間 2. 必須參加導覽或全體驗(Full Experience)行程，才能參觀管制區的地下層、地面表演平台(Arena)和頂層	1. 此為聯票，24小時內還可參觀古羅馬廣場(Foro Roman)和巴拉丁諾山丘(Celle Palatino) 2. 未滿18歲免費 3. 每個月的第一個週日免費 4. 現場購票處位於維納斯和羅馬神廟(Tempio di Venere e Roma)、Largo della Salara Vecchia兩處，售完為止
波各澤美術館 Galleria Borghese	www.tosc.it	必須透過預約才能參觀	1. 一天開放10場時段 2. 未滿18歲免費，但仍須付預訂費和服務費 3. 每個月的第一個週日免費，仍須上網預約

每月首週日免費參觀景點

義大利政府除了在每個月的第一個週日開放免費參觀屬於國家的各景點，全國假日如4月25日解放日、6月2日國慶日也免費開放，而區域性如4月21日羅馬建城紀念日，也會免費開放羅馬國家景點，若時間剛好配合可善加利用；雖是免費，但仍需現場領票入場，所以熱門點最好安排提早到，以免人多排隊耗時。

http cultura.gov.it/domenicalmuseo

熱門景點	原票價	說明
圓形競技場、巴拉丁諾山丘、古羅馬廣場 (Colosseo / Colle Palatino / Foro Romano)	€16	見P.62、65、67
卡比托博物館(Musei Capitolini)	€13	見P.84
卡拉卡拉浴場(Terme di Caracalla)	€8	見P.91
國立聖天使堡博物館 (Museo nazionale di Castel Sant'Angelo)	€13	見P.98
四座國立羅馬博物館(Museo nazionale Romano)	€8(聯票)	見P.104
史帕達美術館(Galleria Spada)	€6	見P.110
波各澤美術館(Galleria Borghese)	€15(含預訂費€2+服務費€2)	需線上預約才能參觀，見P.139
朱利亞別墅—國立艾特魯斯哥博物館 (Museo nazionale Etrusco di Villa Giulia)	€12	見P.142
巴貝里尼宮(Palazzo Barberini)	€12(與科西尼美術館聯票)	見P.159
科西尼美術館(Galleria Corsini)	€12(與巴貝里尼宮聯票)	見P.170
歐斯提亞古城(Ostia Antica)	€18	見P.176
艾斯特別墅(Villa d'Este)	€15	見P.178
哈德連別墅(Villa Adriana)	€12	見P.180

*1.上述景點平日未滿18歲即免費入場。2.票價是浮動的，有時會因額外展覽加價或因出借展品而短暫減價。3.資料時有異動，請事前上網確認。

羅馬地鐵圖

西班牙廣場

特米尼中央火車站

卡拉卡拉浴場

圓形競技場

梵蒂岡博物館

聖彼得大教堂

Mₐ Linea A線
M_B Linea B線
M_C Linea C線
C 虛線部分表示延長路段修建中

路線與車站

M_C Monte Compatri Pantano
Graniti
Finocchio
Bolognetta
Borghesiana
Grotte Celoni
Due Leoni-Fontana Candida
Torre Angela
Torre Gaia
Giardinetti
Torrenova
Torre Spaccata
Torre Maura
Alessandrino
Parco di Centocelle
Mirti
Gardenie
Teano
Malatesta
Pigneto

Mₐ Anagnina
Cinecittà
Subaugusta
Giulio Agricola
Lucio Sesto
Numidio Quadrato
Porta Furba-Quadraro
Arco di Travertino
Colli Albani
Furio Camillo
Ponte Lungo
Re di Roma
S. Giovanni
Amba Aradam
Lodi

M_B Rebibbia
Ponte Mammolo
S.M.del Soccorso
Pietralata
Monti Tiburtini
Quintiliani

M_B1 Jonlo
Tiburtina
S.Agnese Ambelliano
Libia
Conca d'Oro
Bologna
Policlinico
C.Pretorio
Termini
V.Emanuele
Manzoni

M_C Clodio-Mazzini
Ottaviano
S. Pietro
Chiesa Nuova
Valle Aurelia
Cipro
Risorgimento
Cornelia
Baldo degli Ubaldi
Battistini

Barberini
Repubblica
Spagna
Flaminio
Lepanto
Venezia
Cavour
Colosseo
Circo Massimo
Piramide
Garbatella
Basilica S.Paolo
Marconi
EUR Magliana
EUR Palasport
EUR Fermi

M_B Laurentina

Mₐ Battistini

圓形競技場區
Colosseo

這裡為古羅馬帝國的政治和經濟中心，其中圓形競技場是歐洲唯一被入選的世界新七大奇景，很難想像近2,000年前即有如此傑出的建築結構，是羅馬後代子孫最感驕傲的雄偉殿堂，每年吸引數百萬名的遊客一睹風采。

特別提醒，此區多為露天的高低不平鵝卵石路，除了需要一雙舒適的鞋子，若夏季豔陽高照也別忘了帶遮陽帽和墨鏡；相對的，冬天日落得早，通常在下午4點多天色會慢慢暗下來，在日落前1個小時就會停止售票，所以要拿捏好時間，以免白跑。

一日行程表

出發
↓
🚇 地鐵B線到Colosseo站出口
↓
🚶 250公尺／徒步約3分鐘
↓
❶ 圓形競技場
↓
🚶 450公尺／徒步約6分鐘
↓
❷ 巴拉丁諾山丘
↓
🚶 300公尺／徒步約4分鐘
↓
❸ 古羅馬廣場
↓
🚶 250公尺／徒步約3分鐘
↓
❹ 帝國廣場
A.凱撒廣場→(300公尺／徒步約4分鐘)→**B.圖拉真市場和帝國廣場博物館**→(300公尺／徒步約4分鐘)→**C.奧古斯都廣場**→(220公尺／徒步約3分鐘)→**D.涅爾瓦廣場**
↓
🚶 500公尺／徒步約7分鐘
↓
❺ 聖彼得鐵鏈教堂
↓
🚶 850公尺／徒步約12分鐘
↓
❻ 拉特朗聖克雷門特大教堂
↓
🚶 750公尺／徒步約10分鐘
↓
❼ 拉特朗聖約翰大教堂
↓
回程
↓
🚶 300公尺／徒步約4分鐘到地鐵A線San Giovanni站

威尼斯廣場

圖拉真市場和
帝國廣場博物館

凱撒廣場

奧古斯都廣場

Via dei Fori Imperiali

Via Nazionale

Via Panisperna

Via Baccina

Ce Stamo a Pensà

④ 帝國廣場

涅爾瓦廣場

Via Leonina

Via Cavour

Largo della
Salara Vecchia

售票處

③ 古羅馬廣場

Via dei Fori Imperiali

Via Cavour

La Dolce Vita

Colosseo

⑤ 聖彼得
鐵鏈教堂

Via in Selci

Via della Sette Sale

Via del Monte Oppio

Parco del Colle Oppio

Via Giovanni Lanza

Via Sforza

Via Merulana

V. Emamaele

Via Napoleone III

Via Giovanni Giolitti

Via Principe Umberto

Via Principe Eugenio

Via Bixio

Via Carlo

Viale Manzoni

Via Mecenate

Via Merulana

Via Ruggero Bonghi

⑥ 拉特朗聖克雷門特大教堂

Via Labicana

Manzoni

Via Emanuele Filiberto

Via Matteo Boiardo

Via Galilei

Via di S. Giovanni in Laterano

Via dei Santi Quattro

Via di Santo Stefano Rotondo

聖階和至聖小堂

拉特朗宮

⑦ 拉特朗聖約翰
大教堂

San Lituania

Villa Lituania

Via Umberto Biancamano

Viale Carlo Felice

Viale Castrense

Viale Giovanni

Via Magna Grecia

Via Sannio

Via Farsalo

Via del' Amba Aradam

Via Ipponio

Via Gallia

① 圓形競技場

入口安檢

售票處 $

君士坦丁凱旋門

Via Celio Vibenna

Via Claudia

Parco
del Celio

Via Capo d'Africa

Via Annia

Via della Navicella

② 巴拉丁諾山丘

Via di S. Teodoro

Via dei Cerchi

Via di S. Gregorio

大競技場

Circo Massimo

Viale Aventino

Viale delle Terme di Caracalla

Viale delle Terme di Caracalla

真理之口

好口福餐廳

圓形競技場
Colosseo

展現力與美的建築

　　這座前後費時8年才完工的競技場(也稱鬥獸場)，外觀揉合希臘列柱和羅馬拱門的樣式，是古羅馬建築最宏偉壯麗的典型代表，為西元72年維斯巴西安諾(Vespasiano)皇帝動用由耶路撒冷征服來的猶太奴隸施工，直到西元80年由繼位的兒子提圖(Tito)完成。

　　Colosseo在義大利文有「巨像」之意，也許是取自原先這裡有座巨大的尼祿(Nero)皇帝雕像。競技場其實是呈橢圓形，長短直徑分別是189和156公尺，外牆分4層高約近50公尺，繞一圈長達527公尺，有80個入口拱門，場內可以容納5萬多人。

　　競技場鋪有地板的平臺為表

Data

✉ Piazza del Colosseo 📞 訂票06-39967700(09:00～17:00) ➡ 搭地鐵B、B1線到Colosseo站出口過馬路；也可搭3、8號電車到Parco Celio站，或搭51、75、85、87、117、118號公車到Colosseo站，夜間公車(MB)請查詢官網www.atac.roma.it(有英文) 🕐 依季節日落時間而更動，請查詢官網 休 1／1、12／25 💲 1.一般票(參觀1、2層)€16，18～25歲歐盟居民優待票€2，未滿18歲免費，此為聯票，包含相連的巴拉丁諾山丘和古羅馬廣場，有效期24小時；2.一般票(含語音導覽)€22，優待票€8，未滿18歲€6，有效期24小時；3.完整體驗(Full Experience)管制區行程€22，包含表演平臺(Arena)、地下層(Sotterranei／Underground)或搭電梯到第三層通往頂層全景(Attico)，有專人帶領，有效期2天；4.另有義英西語專人解說團行程，須上網預約 http colosseo.it/zh-hans，訂票ticketing.colosseo.it(每筆預訂費€2) ❓ 1.假日人多，排隊安全檢查、買票很耗時，除了網路預訂，也能事前在遊客中心購買羅馬旅遊卡Roma Pass，可選此景點免費參觀，仍須上網預約時間，若不選此為免費參觀點，票價也有折扣優惠，還可以省排隊時間；2.完整體驗行程結束後，可繼續參觀一般票的1、2層；3.每月第一個週日免費參觀1、2層(不開放管制區)，往往大排長龍，時間有限者不建議；4.需安檢，禁帶外食、玻璃瓶罐、自拍棒、大背包和行李箱 MAP P.61

位於維納斯和羅馬神廟附近的售票亭

進入後，領取語音導覽櫃檯

演和鬥獸的地方，表演區底下有不少密室和通道，可以堆放道具和關猛獸，而且還具備輸水道，能調節進水和排水功能以舉行海戰表演節目。平時場內多為露天，若遇天雨或酷熱時，則會從頂端伸展出巨型遮篷。

外觀揉合希臘列柱和羅馬拱門的樣式

表演區底下有不少密室和通道

羅馬 圓形競技場區

羅馬 真理之口區

羅馬 拿佛那廣場區

羅馬 萬神殿區

羅馬 西班牙廣場區

羅馬 特米尼中央車站區

羅馬 跨臺伯河區

梵蒂岡 熱門景點

科林斯式柱形

愛奧尼克式柱形

多立克式柱形

可能因移除原有支撐
鐵拖座而留下的坑洞

文藝復興時期，挖走不少
石材興建教堂和橋梁，以
致外牆缺了一大角

下面三層皆有拱
廊環圍，原本每
一層的拱門被不
同的柱形支撐

外觀

內牆由磚頭和
混凝土砌成

長半徑入口是角
鬥士和運走人獸
屍體專用道

短半徑入口是專供皇親
貴族和元老高官進出

階梯式的座位區隔
不同的社會階層

內景

平臺下面是錯綜複雜的走道、
升降梯和獸籠密室

鋪有地板的平臺

寬敞的走廊方便疏散群眾

63

帝國榮耀的象徵

　　無論是格鬥士的生死互搏，或是人獸、猛獸之間的廝殺格鬥，雖然殘忍血腥，但對當時的羅馬人而言卻是令人熱血沸騰的娛樂節目和帝國榮耀的象徵。這種由皇帝主持的格鬥競賽雖是免費提供民眾觀看，但是進場路線和看臺區嚴守階級劃分，必需遵守規定入座。在80個入口拱門中，南北向的短半徑兩個入口是專供皇親貴族和元老高官進出，兩個東西向的長半徑入口則是鬥士和運走人獸屍體專用，其餘76扇拱門則給一般民眾使用。基本上，看臺區的樓層越高則階

仰頭看競技場的石牆，彷彿還能聽到當年群眾的嘶聲吶喊

由三座拱門構成的君士坦丁凱旋門，是羅馬現存凱旋門中最晚建成的

級越低。

　　之後因受地震天災和缺於保護，到了中世紀競技場已嚴重受損；接著文藝復興時期，多位教宗為了興建教堂和橋梁，這裡又成了採石場，很多石頭被取走當新建築的建材，以致形成外牆缺了一大角。

羅馬現存最新的一座凱旋門

　　位於競技場旁的君士坦丁凱旋門(Arco di Costantino)，是西元315年為了慶祝君士坦丁大帝3年前在密爾維歐橋(Ponte Milvio)擊敗政敵馬森齊歐

拱門上方八面圓盤浮雕和長柱上八尊蠻族人像，都取自之前皇帝的建築

(Massenzio)大軍而興建的。

　　凱旋門前仍留有圓形的噴水池遺址，三個拱門上的浮雕裝飾多取自早期如圖拉真(Traiano)、哈德連(Adriano)等皇帝的建築物，也因此保存了羅馬帝國重要時期的雕刻，這也是羅馬現存三座凱旋門中最晚建成的一座。

鏡頭特寫

羅馬建築的三大柱形

　　從西元1世紀的帝國時期起，羅馬人開始模仿古希臘的建築風格，其中在建築設計上的柱形，主要發展出簡單橫紋柱頭的多立克(Dorico)、雙渦形柱頭的愛奧尼克(Ionico)和飾有地中海植物莨苕葉(Acanthus mollis)形的科林斯(Corinzio)等三種樣式，這也是現今仍看得到許多過去羅馬建築遺留下來的古典柱形裝飾。

多立克式　　愛奧尼克式　　科林斯式

飾有地中海植物莨苕葉形的科林斯式柱頭　　雙渦形柱頭的愛奧尼克式柱頭

羅馬｜圓形競技場區

羅馬｜真理之口區

羅馬｜拿佛那廣場區

羅馬｜萬神殿區

羅馬｜西班牙廣場區

羅馬｜特米尼中央車站區

羅馬｜跨臺伯河區

梵蒂岡｜熱門景點

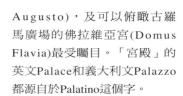

巴拉丁諾山丘
Colle Palatino

　　從君士坦丁凱旋門正前方的Via di San Gregorio路直走約5分鐘，即到達這座古羅馬發源地的山丘，也是傳說中「母狼餵乳」的地方，現在仍留有據說是西元前8世紀羅馬建城的羅慕路斯小屋(Casa Romuli)。

　　西元前63年羅馬帝國開國君

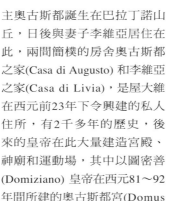

主奧古斯都誕生在巴拉丁諾山丘，日後與妻子李維亞居住在此，兩間簡樸的房舍奧古斯都之家(Casa di Augusto) 和李維亞之家(Casa di Livia)，是屋大維在西元前23年下令興建的私人住所，有2千多年的歷史，後來的皇帝在此大量建造宮殿、神廟和運動場，其中以圖密善(Domiziano) 皇帝在西元81～92年間所建的奧古斯都宮(Domus

Augusto)，及可以俯瞰古羅馬廣場的佛拉維亞宮(Domus Flavia)最受矚目。「宮殿」的英文Palace和義大利文Palazzo都源自於Palatino這個字。

　　在奧古斯都宮旁還有一座圖密善運動場(Stadio di

1.奧古斯都宮附近的圖密善運動場／2.羅慕路斯小屋／3.經過2千多年的奧古斯都之家，仍依稀看出牆壁的壁畫／4.奧古斯都宮標示／5.奧古斯都宮是帝國時期歷任皇帝的私人行宮

Data

✉ Via di San Gregorio, 30　☎ 訂票06-39967700　➡ 地鐵B、B1線到Colosseo站出口過馬路，往左沿著競技場外圍走到凱旋門再左轉；或搭3、8號電車到Parco Celio站；也可搭C3、51、75、81、85、87、118號公車到San Gregorio站，入口就在旁邊　🕐 同圓形競技場　🈺 1／1、12／25　💲 與圓形競技場聯票　http colosseo.it/area/palatino(有中文)　❓ 奧古斯都之家和李維亞之家，購買圓形競技場完整體驗(Full Experience)或Forum Pass Super套票可免費參觀　MAP P.61

Domiziano)，周圍有走廊和皇帝的看臺。到了2世紀掌權的塞維羅(Settimio Severo)，又將奧古斯都宮擴建浴場和足以全覽大競技場的塞維羅宮(Domus Severiana)。

山丘靠近古羅馬廣場上方，法內澤(Alessandro Farnese)樞機主教於16世紀委請當時羅馬建築界大師維尼奧拉 (Jacopo Barozzi da Vignola)興建一座法內澤花園(Orti Farnesiani)。花園採文藝復興古典風格設計，有坡道階梯相連和兩座對稱的方形鳥園，四周遍植橘子樹、玫瑰園與灌木叢，是全歐洲首座私人植物園。

仍可見八角噴泉遺跡的佛拉維亞宮

足以全覽大競技場的塞維羅宮

16世紀法內澤樞機主教興建的美麗花園

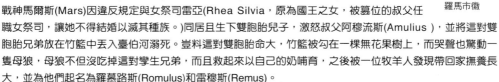

羅馬　圓形競技場區

羅馬　真理之口區

羅馬　拿佛那廣場區

羅馬　萬神殿區

羅馬　西班牙廣場區

羅馬　特米尼中央車站區

羅馬　跨臺伯河區

梵蒂岡　熱門景點

古羅馬廣場
Foro Romano

　　這是在古羅馬帝國輝煌時期市民往來頻繁的市集，從事各種宗教、政治和商業活動，四周神廟、法院、政府機關、會堂和打勝仗的紀念拱門林立。這些大規模的千年遺跡雖然因歷盡風霜而顯得殘破，但是若拿這本書的解說對照，再發揮想像力復原斷垣殘壁的建築，必能對眼前的景物賦予新的感受。

　　建議你先從前面提過的法內澤庭園觀景臺往下俯瞰，對整個廣場有了梗概的認識後，再下階梯到廣場按圖索驥細看，即能重現近2,000年前古羅馬居民在這裡的繁榮盛況。

從法內澤庭園觀景臺俯瞰古羅馬廣場的視野極佳

法內澤庭園觀景臺

Data

📧 Largo della Salara Vecchia, 5/6 ☎ 訂票06-39967700 ➡ 與巴拉丁諾山丘相連一起參觀；或搭地鐵B線到Colosseo站出口過馬路右轉步行約3分鐘 🕐 與巴拉丁諾山丘同 🈺 與巴拉丁諾山丘同 💲 與圓形競技場聯票 http colosseo.it/area/foro-romano(有中文) ⁉ 此區是露天廣場且少有遮蔭地方，參觀最好自備墨鏡或帽子遮陽 MAP P.61

古羅馬廣場全景

農神廟(Tempio di Saturno)
有8根圓柱矗立的農神廟,其歷史要追溯到西元前5世紀。農神是當時備受尊崇的統治社會平等富庶之神,很受人民的愛戴。旁邊的3根圓柱,為提圖皇帝紀念已逝父皇維斯巴西安諾,並將神化所建立的神廟。

塞維洛凱旋門(Arco di Settimio Severo)
西元203年,塞維洛皇帝為慶祝和卡拉卡拉(Caracalla)、爵塔(Geta)兩個兒子遠征波斯安息國凱旋歸來而建,現在我們所看到拱門上描繪遠征凱旋的英姿浮雕多已被侵蝕了。

喙形演講臺(Rostri)
凱撒在西元44年去世前所建造,是當時雄辯家向群眾發表演說的講臺,因講臺飾有擄獲敵船艦首的鳥喙形金屬撞角,所以名為「喙形演講臺」,目前仍能看出整個基址遺跡的輪廓。

元老院(Curia)
古羅馬主要的議會組織,由羅馬市民選約300名元老聚集於此辯論和審議國家大事。曾經多次修建,目前所看到由紅磚頭砌成的外觀,是西元1930年以3世紀戴克里先皇帝修建過後為基礎的復原建築。

聖路(Via Sacra)
這條貫穿整座廣場最重要的路,是古羅馬時期在重要活動遊行必經之路,更是通往位在卡比托山丘上(Colle Capitolino)朱比特神廟(Tempio di Giove)祭天酬神的主要道路。

凱撒神廟(Tempio del Divo Giulio)
這是西元前42年奧古斯都為了紀念2年前養父凱撒被暗殺所造的神廟,此地也是凱撒遺體火葬的地方,如今只剩下一片紅磚牆基址廢墟和後來加蓋的屋頂。

卡斯托與波路伽神廟(Tempio di Castore e Polluce)
有3根凹槽柱身和科林斯柱頭的神廟,應是西元前5世紀末,因天神朱比特(即希臘神話宙斯)的雙胞胎兒子卡斯托(Castore)和波路伽(Polluce)幫羅馬人抵抗外族入侵而興建,而這對精於馬術和航海雙胞胎也因此成了羅馬的守護神,在羅馬市政府和總統府前的廣場都有此雙子雕像。

朱利亞大會堂(Basilica Giulia)
長方形的朱利亞會堂曾經是帝國時期的法院,西元前54年由凱撒(Giulio Cesare)下令興建,在西元前44年遇刺身亡後,他的養子奧古斯都執政才完成;不過因多次被大火燒毀,如今只見基石遺址。

羅馬：圓形競技場區

羅馬：真理之口區

羅馬：拿佛納廣場區

羅馬：萬神殿區

羅馬：西班牙廣場區

羅馬：特米尼中央車站區

羅馬：跨臺伯河區

梵蒂岡：熱門景點

艾米利亞大會堂(Basilica Aemilia)

始建於西元前2世紀，是古羅馬商業交易中心，也是一座原有16個拱門的矩形列柱大集會廳，據傳在西元410年遭受外族西哥德人(Visigoti)入侵洗劫羅馬城時摧毀殆盡。

維納斯和羅馬神廟(Tempio di Venere e Roma)

帝國時期的羅馬人對創城雙胞胎的祖母維納斯十分尊崇。位於從法內澤庭園觀景臺往下俯瞰的最右邊的這座神廟，供奉羅馬神祗和愛神維納斯是西元135年哈德連皇帝委託大馬士革的建築師阿波羅多洛斯(Apollodoro di Damasco)設計，由繼承的安東尼皇帝於141年完成。9世紀因地震被摧毀，17世紀在神廟遺址新建Santa Francesca Romana教堂。

安東尼與法斯提納神廟(Tempio di Antonino e Faustina)

這座正面有6根17公尺高的柯林斯圓柱神廟，原是羅馬五賢君之一的安東尼‧庇歐(Antonino Pio)在西元141年為了紀念亡妻法絲提納所建，後來皇帝駕崩也被奉祀在此神廟。到了7世紀，傳說聖人羅倫佐(San Lorenzo)在此被處死而改成米蘭達的聖羅倫佐教堂(San Lorenzo in Miranda)。

羅慕路斯神廟(Tempio di Romulus)

這座仍保留4世紀青銅門的圓頂神廟，是馬森齊歐皇帝為了紀念他早夭的兒子羅慕路斯所建的，到了6世紀被後方Santi Cosma e Damiano教堂合併，裡面有不少宗教題材的壁畫。

灶神貞女之家 (Casa delle Vestali)：

一旦被選為灶神女祭司，必需終身貞潔住進附屬於神廟的灶神貞女之家，以保象徵國運昌隆的聖火燃燒不滅。現存遺址仍可看到約50間房間、中央庭院有水池和一排貞女雕像。

灶神聖火神廟(Tempio di Vesta)

相傳這是羅馬王政時期第二任國王努瑪‧龐皮利歐(Numa Pompilio)於西元前7世紀下令興建，由20根柯林斯式圓柱廊圍成的圓形神廟，供奉神話中天神朱比特的姊妹、終身童貞掌管灶火的女神維斯塔(Vesta)，而守護「維斯達火神」是羅馬古老的重要祭拜儀式，由精挑細選的6位女祭司執行。

馬森齊歐大會堂(Basilica di Massenzio)

原為馬森齊歐皇帝興建，但因後來敗給君士坦丁被廢除王位，於西元315年由君士坦丁繼續完工，所以也稱為君士坦丁大會堂(Basilica di Costantino)。會堂的3座半圓形拱頂和拱頂內的八角藻井非常壯觀，是此區規模最大的建築。

提圖凱旋門(Arco di Tito)

圖密善皇帝於西元81年兄長提圖駕崩繼位時，為了紀念兄長在10多年前隨父王征服耶路撒冷而建造的，拱門內側兩幅浮雕即敘述當年提圖皇帝站在馬車上，帶領軍隊和戰利品凱旋歸來，是現存羅馬最古老的凱旋門。

夜遊古羅馬遺址

古羅馬遺址的日夜景致大異其趣，主辦單位為了滿足遊客，推出夜遊活動「圓形競技場之夜」(Luna sul Colosseo)，由導遊帶領解說競技場表演平台和地下通道的歷史，輔以投影片讓你身歷其境看格鬥士和猛獸如何進入通道、互搏廝殺，因屬非常態活動，請事先上網或致電確認。

📞 預約06-39967700(09:00～17:00)
🕐 依季節不同而更動，詳情請查詢官網。導覽約60分鐘，
目前有分義、英、西語
💲 €25
🌐 colosseo.it/visite-guidate/luna-sul-colosseo

為了安全起見，政府在主要景點全天派有軍警駐點

另有一番味道的古羅馬遺址夜景

歐洲博物館之夜

義大利政府除了在每個月的第一個週日免費開放博物館外，有些特別的日子也會開放參觀，例如3月8日國際婦女節當天開放女性免費進入。自2005年起，全歐洲博物館為了促進對歐洲文化遺產的認同，會在5月中旬的週六舉辦「歐洲博物館之夜」(Notte europea dei musei)，以象徵性€1門票開放參觀，約從晚上20:00開始到午夜。看看博物館在迷人的夜色襯托下，是多麼令人難忘！

🌐 www.museiincomuneroma.it/it/mostra-evento/notte-dei-musei

▲在月色和燈光襯托下，景色迷人
◀熱門景點總是大排長龍，最好提早到，以免人多耗時

羅馬｜圓形競技場區

羅馬｜真理之口區

羅馬｜拿佛那廣場區

羅馬｜萬神殿區

羅馬｜西班牙廣場區

羅馬｜特米尼中央車站區

羅馬｜跨臺伯河區

梵蒂岡｜熱門景點

帝國廣場
Fori Imperiali

當古羅馬廣場發展過密而無法再增加新建築時，凱撒和後來的幾位皇帝由此延伸出幾座廣場，分別坐落在帝國廣場大道(Via dei Fori Imperiali)的兩旁，統稱「帝國廣場」。這片廣場原與古羅馬廣場相連，後來被墨索里尼(Benito Mussolini)在1932年開闢的帝國廣場大道分開，目前出土的有凱撒廣場、圖拉真市場和帝國廣場博物館、奧古斯都廣場和涅爾瓦廣場等，廣場前也豎立該皇帝的雕像，很好辨認。

1.涅爾瓦廣場／2.圖拉真市場和帝國廣場博物館／3.凱撒廣場／4.奧古斯都廣場／5.帝國廣場全景

Data

✉ 4座露天廣場位在圓形競技場和威尼斯廣場之間的Via dei Fori Imperiali兩旁 ➡ 地鐵B、B1線到Colosseo站出口右轉往威尼斯廣場方向步行約5分鐘；或搭51、85、87、118號公車到Fori Imperiali站 ☎ 訂票06-39967700 ⏰ 從帝國大道旁參觀沒有時間限制；若購買Forum Pass Super套票，可參觀巴拉丁諾山丘、古羅馬廣場、帝國廣場等露天考古區(不含圓形競技場)，自購買日起有效期30天，參觀各考古區每1天內完成 休 與巴拉丁諾山丘同 $ 全票€16，18～25歲歐盟居民優待票€2，未滿18歲免費，預訂費€2 http www.sovraintendenzaroma.it，訂票colosseo.it/zh-hans/tickets/forum-pass-super-門票 MAP P.61

帝國廣場旁的數個廣場

※凱撒廣場
Foro di Cesare

凱撒大帝於西元前54年下令興建，是帝國廣場的首座廣場。從帝國大道旁望向這座廣場，可清楚辨識西元前46年所建造維納斯神廟(Tempio Venere Genitrice)的平臺和3根科林斯式的圓柱。這裡曾經也有成排的商店，不過在西元1世紀被火燒毀，如今只見一地的散石和殘柱。

※奧古斯都廣場
Foro di Augusto

位在凱撒廣場對街的奧古斯都廣場，是西元前42年為了慶祝奧古斯都在腓立比(Battaglia di Filippi)一役戰勝刺殺凱撒的元老院議員布魯托(Bruto)和卡西歐(Cassio)，建造以供奉復仇戰神(Marte Ultore)的羅馬式神廟，現址仍留有平臺、圓柱和斷裂的臺階。

※涅爾瓦廣場
Foro di Nerva

在奧古斯都廣場右邊的涅爾瓦廣場，最早由圖密善皇帝興建，到西元97年涅爾瓦在位時落成。廣場邊緣殘存一座婦女的主保神密涅娃(Minerva)神廟，兩根科林斯式圓柱的屋簷有美麗的橫飾帶，刻繪女神和婦女學習縫織等家務的浮雕。這座廣場右邊原本還有一座維斯巴西安諾皇帝在西元70年建造的和平廣場(Foro della Pace)和宮殿，只不過現已幾乎全埋在帝國大道底下了。

1.凱撒廣場中維納斯神廟的3根科林斯式圓柱／2.奧古斯都廣場裡供奉復仇戰神的神廟遺址／3.涅爾瓦廣場遺址／4.密涅娃神廟上美麗的浮雕

❋圖拉真市場和帝國廣場博物館
Mercati di Traiano e Museo dei Fori Imperiali

Data

✉ Via IV Novembre,94 ☎ 06-0608(09:00～19:00) ➡ 地鐵B、B1線到Colosseo站出口右轉往威尼斯廣場方向步行約10分鐘；或搭H、64、70、117、170號公車到Nazionale-Quirinale站下車，再徒步過圓環，約需3分鐘 ⏰ 09:30～19:30(18:30前售票)，12/24、12/31、1/1營業時間不同，請查詢官網 休 5/1、12/25 💲 €13(額外展覽加價)，語音導覽€7 🌐 www.mercatiditraiano.it，訂票museiincomuneroma.vivaticket.it(預訂費€1) 🗺 P.61

戰功彪炳的圖拉真皇帝在古羅馬帝國版圖擴張達到頂峰後，也想大興集會廣場和市場，委大馬士革的建築師阿波羅多洛斯設計建造。廣場排列整齊的圓柱廢墟中，在西側的圖拉真圓柱(Colonna Traiano)最為突出，由18塊大理石砌成高30公尺的柱身，精美刻畫皇帝在2世紀初征服達契亞 (Dacia，今羅馬尼亞)的戰功，環繞23圈的2千多位浮雕人物和城牆、橋梁、船隻等行軍戰鬥場景栩栩如生，於西元113年落成。依據古幣描繪，柱頂應原為圖拉真雕像，目前所看到的是16世紀新立上的聖彼得雕像。

後方曾是古羅馬購物中心的市場比廣場還早興建，呈圓弧形的市場多達150間店鋪、辦公室和食堂，每一家店面都是方形造型，舉凡日常生活必需品，像蔬果、海鮮、香料等應有盡有。

1

3

2

旅行小抄
帝國廣場遊客資訊站
Tourist Infopoint
(Fori Imperiali)

　　由涅爾瓦廣場往圓形競技場地鐵站的方向走，途中經過的帝國廣場遊客資訊站，提供免費的旅遊諮詢和販售紀念品、旅遊書，中庭設有咖啡座和洗手間，是遊客歇腳、蒐集資料的好去處。

✉ Via dei Fori Imperiali
⏰ 每天9:30～19:00(夏季延長至20:00)
🌐 www.turismoroma.it

遊客資訊站入口

提供免費的旅遊諮詢和購票

1.圓柱上的旋轉畫浮雕，人物刻畫細微生動／**2**.圖拉真雕像／**3**.市場上層店面的走廊採光明亮／**4**.呈圓弧形的3層樓市場

4

聖彼得鐵鏈教堂
Basilica di San Pietro in Vincoli

這座在5世紀興建的教堂，因珍藏曾綑綁過聖彼得的鐵鏈而得名。據傳說，這條從耶路撒冷帶回的鐵鏈和聖彼得在羅馬被囚禁的鐵鏈最後竟神奇般的串成一條，現今保存在主祭壇下方的聖物盒。

由於這座教堂是教宗儒略二世(Giulio II)的家族教堂，當這位在文藝復興最具權力的教宗過世，米開朗基羅為其陵寢在1513～1515年雕刻《摩西像》(Mosè)，無論是手臂上的脈絡、捲曲飄然的鬍鬚或面帶憤怒長角的神情，刻畫十分傳神，反而成為這座教堂聞名的鎮堂之作。

Data

✉ Piazza San Pietro in Vincoli,4A
☎ 06-97844952 ➡ 地鐵B、B1線到Cavour或Colosseo站再徒步4～6分鐘；或搭75、117號公車到Cavour-Annibald站再徒步2分鐘 🕐 上午08:00～12:30，下午4～9月15:00～19:00、10～3月15:00～18:00 🌐 www.lateranensi.org/sanpietroinvincoli ❓ 除了直屬宗座的城外的聖保羅、聖彼得、拉特朗聖約翰、聖母等四大教堂外，一般羅馬的教堂多設午休時間，要避開此時段參觀 🗺 P.61

◀ 右腋夾著「十誡」、頭部長角的摩西，怒視的神情栩栩如生

這條鐵鏈因曾綁過聖彼得而顯得珍貴

主祭臺下安奉的聖彼得鐵鏈盒

74

羅馬：圓形競技場區

羅馬：真理之口區

羅馬：豪佛那廣場區

羅馬：萬神殿區

羅馬：西班牙廣場區

羅馬：特米尼中央車站區

羅馬：跨臺伯河區

梵蒂岡

熱門票點

教堂左側門的入口毫不起眼　　　教堂前的迴廊圓柱已有800多年的歷史

拉特朗聖克雷門特大教堂

Basilica di San Clemente al Laterano

由愛爾蘭道明會(Irish Dominican)管理的這座教堂，最早是獻給西元88～97年第四任教宗聖克雷門一世(San Clemente I)所建的教堂，是至今羅馬、甚至全義大利，很難看到一座教堂裡有三個樓層分別代表不同時期的宗教遺址，這也是聖克雷門特教堂的特別之處。

教堂前的迴廊圓柱和地面層的大殿為12世紀的建築，其中祭壇上半圓形精美的動物與12位使徒鑲嵌畫、祭壇前專屬聖詠團大理石座位，以及左側聖凱德琳小堂(Cappella di Santa Caterina)溼壁畫都非常別緻，

是此層參觀的重點。

面對大殿的右手邊是進入參觀地下教堂和神廟的入口。在此購票後，依指標走階梯到下層，這裡光線微弱步行要小心，且因地下陰暗潮溼散發一股霉味。這是1857年由愛爾蘭道明會的穆洛利(Mullooly)神父開挖埋在地底下的4世紀教堂，走道兩旁放置一些石棺和石匾，牆上也有11世紀的溼壁畫。

循著路線再往下一層到1～2世紀敬奉波斯神祇密特拉(Mitra)的異教廟宇，現在只剩幾間空房和一座刻有密特拉神屠殺牛隻的浮雕祭壇。此層可以聽到淙淙流水聲和看到清澈的泉水，這是在羅馬帝國時期即已開鑿完備，以供應浴場、噴泉的下水道。

教堂的正門多用於舉辦宗教活動，參觀入口由教堂左側門進入，這裡通常有人站著要錢，請別以為這是教堂收費，教堂是免費參觀的，地下出土文物門票則是在堂內購票。

門口張貼教堂是免費參觀，地下出土文物門票在堂內購買，請不要給站在入口的人錢

Data

✉ Via Labicana,95 ☎ 06-7740021 ➔ 地鐵B、B1線到Colosseo站出口左轉沿著Via Labicana直走約6分鐘；也可搭3、8號電車或51、85、87號公車到Labicana站，再步行約2分鐘 🄲 週一～六09:00～12:30(12:00前入場)，14:00～18:00(17:30前入場)；週日、假日12:00～18:00(17:30前入場) 💲 地面層教堂免費，地下一、二層出土文物(Scavi)€10，26歲以下持有國際學生證、未滿16歲€5(未滿16歲由父母陪伴則免費) 🅗🅣🅣🅟 www.basilicasanclemente. com ⁉ 教堂內禁止拍照和錄影 🅜🅐🅟 P.61

75

拉特朗聖約翰大教堂
(義譯拉特朗聖若望大教堂)
Arcibasilica Papale San Giovanni in Laterano

↳ 拉特朗聖約翰大教堂 　　↳ 拉特朗宮 　　↳ 聖階和至聖小堂

　　這是羅馬四座特級宗座大教堂中最古老的一座，為羅馬主教(由教宗兼任)座堂，有世界天主教母堂之稱，也是基督宗教獲得羅馬帝國承認後所興建的第一座教堂。直到1309年教宗克萊孟五世(ClementeV)被迫將教廷遷到法國的亞維儂(Avignone)前，這裡一直是教廷的重心。教堂屬梵蒂岡管轄，但為了讀者順路規畫，於此一併介紹。

教堂廣場的祝福涼廊和洗禮堂

　　這是首位基督徒皇帝君士坦丁將岳父拉特朗的別墅送給教宗，教堂和教堂右側的教宗住所

拉特朗宮(Palazzo del Laterano)約於西元313年興建。沿著拉特朗宮外圍走到拉特朗聖約翰廣場(Piazza di San Giovanni in Laterano)，仍可見教堂右側出口原有的楣梁和一對鐘樓，2層拱廊的上層被稱為「祝福涼廊」(Loggia delle Benedizioni)，是西元1300年宣布首屆禧年的地點。

　　廣場中央有一座羅馬最古老的方尖碑，以及羅馬首座八角形洗禮堂(Cappella del Battistero)，這座洗禮堂的歷史可追溯到君士坦丁時代，曾經過多次修復。目前堂內仍保留中央穹頂的八個圓窗，下方有聖洗池，外牆仍可見歷代重修所封閉的窗戶痕跡，是基督世界洗禮堂的典型樣式。

羅馬｜圓形競技場區

羅馬｜真理之口區

羅馬｜拿佛那廣場區

羅馬｜萬神殿區

羅馬｜西班牙廣場區

羅馬｜特米尼中央車站區

羅馬｜跨臺伯河區

梵蒂岡

熱門景點

1.有天主教母堂之稱的拉特朗聖約翰大教堂／2.上層的「祝福涼廊」是首屆宣布禧年的地點／3.洗禮堂外牆仍可見歷代重修所封閉的窗戶痕跡／4.聖年才會開啟的聖門／5.喬托13世紀初的名畫／6.金碧輝煌的殿頂飾有教宗牧徽／7.哥德式的祭壇華蓋／8.幽靜的修院迴廊裡庭院／9.修院迴廊室內展示

教堂內殿的三大特色

教堂經過多次的重整和擴建，目前外觀是出自18世紀建築師Alessandro Galilei之手，正面樓頂端設有欄杆，欄杆上是耶穌和兩旁宗徒的雕像，內部以17世紀波洛米尼(Borromini)巴洛克風格設計最知名。

✤喬托著名的壁畫

教堂大門右側是聖年才能開啟的「聖門」，進教堂的右側有一幅文藝復興開創大師喬托(Giotto)壁畫，畫裡描述前面所提的1300年教宗博理法裘八世(Boniface VIII)在祝福涼廊宣布首次禧年的場景。

✤教宗祭壇

教堂平面屬於長大於寬度的「拉丁十字」型，左右延伸兩翼耳殿。在十字交叉處，有一座尖頭的哥德式祭壇華蓋，周圍12幅宗教畫作是畫家Barna da Siena在1368年的作品。祭壇後的環形殿以大理石圓條交錯圖案裝飾，穹頂為金色底的鑲嵌裝飾優美，下方則是教宗的座椅。

✤修院迴廊(Chiostro)

位在面向祭壇的左側有一座中世紀的修院迴廊，想進入迴廊參觀需在此購票。此迴廊和城外聖保羅大教堂迴廊相似，也是由華沙雷托(Vassalletto)家族約於1236年設計興建完成。迴廊四周成雙的螺旋石柱點綴著鑲嵌畫裝飾非常典雅，牆壁上則掛著教堂各種殘缺的石雕遺物。

Data

✉ Piazza San Giovanni in Laterano, 4 ☎ 06-69886433 ➡ 地鐵A線到San Giovanni 站出口步行4分鐘；或搭電車3號，公車16、81、85、87、186、650、850到Piazza San Giovanni站 🕐 07:00～18:30(冬天～18:00)，修院迴廊09:00～18:00，博物館10:00～17:30，洗禮堂07:00～12:30，16:00～19:00 💲 教堂、洗禮堂免費，修院迴廊€4(+語音導覽€6)，博物館€4 http www.vatican.va/various/basiliche/san_giovanni/index_it.htm MAP P.61

| 散步延伸 |

聖階和至聖小堂
(Scala Santa e Sancta Sanctorum)

　　教宗西斯都五世(Sisto V) 在1586年修建拉特朗聖約翰大教堂時,將原與拉特朗宮相連的聖階(Scala Santa)與原屬教堂的小堂移到現在隔著馬路的現址。從那時起,聖階和至聖小堂為天主教友特別崇敬的朝聖點。

　　相傳「聖階」是耶穌受難時,進入比拉多(Praetorium)總督府受審時走過的28級臺階,後來由君士坦丁大帝的母親海倫納(Elena)在西元326年從耶路撒冷把臺階運回羅馬。虔誠的朝聖者跪行登28級臺階通往至聖小堂,以紀念基督當年經過這臺階接受審判;非信徒可從聖階右側臺階上去抵達至聖小堂。

　　至聖小堂是當年教宗的私人小堂,存放一些珍貴聖物,尤其被安置在祭臺後面飾有浮雕的銀匣中,據說是非人所畫的《耶穌聖像》,是現存聖像畫中極為神聖的一幅。小堂有2根石柱支撐詠經席的楣簷,上面寫著世上無比神聖之所(NON EST IN TOTO SANCTIOR ORBE IOCUS)。

✉ Piazza St. Giovanni in Laterano, 14
☎ +39 329 751 111　　➡ 同拉特朗聖約翰大教堂
🕐 1. 聖階:平日06:00～14:00、15:00～18:30(4～10月延後30分鐘),週末、假日
　　07:00～14:00、15:00～18:30(4～10月延後30分鐘)
　 2.至聖小堂:平日09:00～13:30、15:00～17:15,週末、假日15:00～17:15
💲 聖階免費,至聖小堂€4,6～17、65歲以上優待票€3;加上語音導覽€6,優待
　　票€5
http www.scala-santa.com/index.php/en　　MAP P.61

可透過鐵欄窗口向古老小堂默禱

所有人往下出口的階梯　　　　　　　　跪行的聖階　　　　　　　　非信徒向上行走的階梯

羅馬：圓形競技場區

羅馬：真理之口區

羅馬：拿佛那廣場區

羅馬：萬神殿區

羅馬：西班牙廣場區

羅馬：特米尼中央車站區

羅馬：跨臺伯河區

梵蒂岡：熱門景點

美食推薦
圓形競技場區

◀好吃的蝦仁炒粿條

▼花生醬搭配的沙嗲串燒

餐廳陳設簡單明亮，也有露天用餐區

好口福餐廳
(Court Delicati)
馬來西亞風味料理

來自馬來西亞華裔的小楊，在羅馬聯合國農糧組織(FAO)旁經營這家餐廳已經30多年，常客幾乎是當地人。個人推薦香濃花生醬或沙茶醬搭配的沙嗲(Satay)串燒、蝦仁炒粿條，都十分開胃，滋味酸甜的鳳梨炒飯也滿受歡迎。

✉ Viale Aventino,39-41-43 ☎ 06-5746108 ➡ 搭地鐵B線到Circo Massimo站；也可搭3、8號電車，或是75號公車到Aventino站 🕐 週二～日12:00～15:00，19:30～23:00 休 週一 MAP P.61

La Dolce Vita
濃郁奶香的自製冰淇淋

一整面牆掛滿獎狀和名人簽名照，看得出店家用心經營的品質。濃郁奶香的自製冰淇淋，在每種口味的冰淇淋上放該口味的水果，讓看不懂義大利文的遊客方便辨認，個人推薦草莓、無花果、開心果和椰子口味，還吃得到果肉香。

吃得到果肉香的冰淇淋店　　每種口味的冰淇淋上放該口味的水果

✉ Via Cavour, 306 ☎ 06-88922877 ➡ 由圓形競技場往Via Cavour走約4分鐘 🕐 12:00～20:00(夏季～23:00) 💲 依選杯大小，一客約€2.5～4.5 MAP P.61

Ce Stamo a Pensà
拿坡里街頭小吃

以「我們還在想」為店名頗具噱頭，老闆來自拿坡里。店面小，座位不多，所以店門口總是大排長龍，老闆有時會送來迷你炸披薩慰勞大家辛苦排隊。

▲千層茄子加上滿滿的乳酪

店內有半開放式廚房，可以看到做菜的過程。若喜歡重口味，推薦夾有厚厚火腿的帕尼尼(Panini)，若吃蔬食，可選千層茄子(Parmigiana di melanzane)。

▲這是老闆慰勞大家辛苦排隊的小點心，好吃

◀門口總是大排長龍

✉ Via Leonina 81 ☎ 06-69363154 ➡ 從圓形競技場地鐵站往北走約9分鐘；或搭地鐵B線到Cavour站，再步行約4分鐘 🕐 週一～四09:00～01:30、週五09:00～02:00、週六10:00～02:00、週日09:00～01:00 💲 第一道、第二道主食€9～13 MAP P.61

真理之口區
Bocca della Verità

這一區呈由北而南走向，從位處車水馬龍的威尼斯廣場和市政府旁的卡比托博物館開啟行程，經過因電影《羅馬假期》而聲名大噪的真理之口，有時間可以沿山坡到馬爾他騎士團別墅看鑰匙孔奇景；接著再往南走，有1800年歷史的卡拉卡拉浴場遺跡，以及被列為世界文化遺產、在羅馬規模僅次於聖彼得大教堂的城外聖保羅大教堂，一路精彩。

一日行程表

出發
↓
🚌 搭公車到Piazza Venezia站
↓
🚶 150公尺／徒步約2分鐘

❶ 威尼斯廣場
↓
🚶 250公尺／徒步約3分鐘

❷ 卡比托博物館
↓
🚶 400公尺／徒步約5分鐘

❸ 馬切羅劇場
↓
🚶 500公尺／徒步約7分鐘

❹ 真理之口
→(800公尺／徒步約10分鐘)→**鑰匙孔**
↓
🚶 750公尺／徒步約9分鐘

❺ 大競技場
↓
🚶 950公尺／徒步約12分鐘

❻ 卡拉卡拉浴場
↓
🚇 4.2公里／搭地鐵
🚶 ＋徒步約14分鐘

❼ 城外聖保羅大教堂

回程
↓
🚶 550公尺／徒步約7分鐘到地鐵B線Basilica San Paolo站

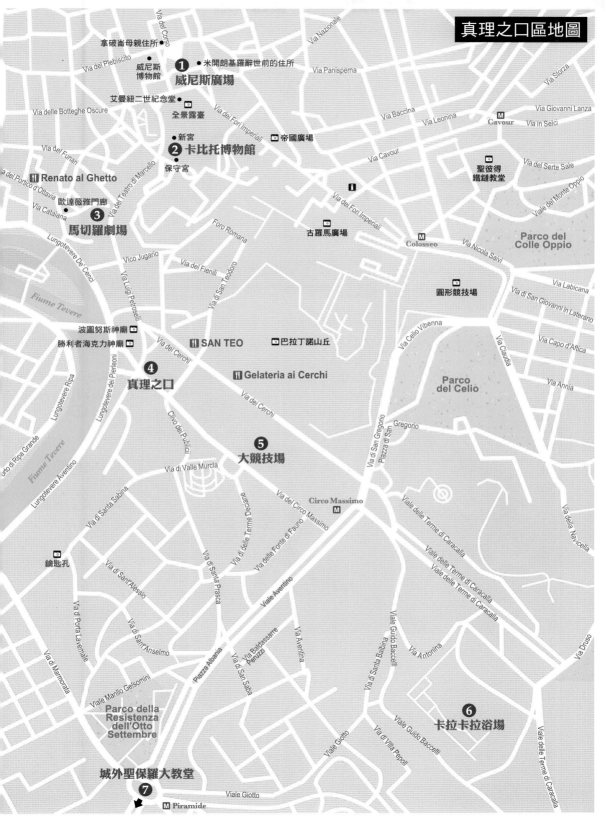

拿破崙母親住所
Via del Corso
Via del Plebiscito
威尼斯
博物館
①
威尼斯廣場
• 米開朗基羅辭世前的住所
Via Panisperna
Via Nazionale
Via Sforza
Via Giovanni Lanza
Via delle Botteghe Oscure
艾曼紐二世紀念堂
全景露臺
Via dei Fori Imperiali
Via Baccina
Via Leonina
Cavour Ⓜ
Via in Selci
新宮
②
卡比托博物館
帝國廣場
Via dei Funari
保守宮
Via Cavour
聖彼得
鐵鏈教堂
Via del Serte Sale
Via del Portico d'Ottavia
🍴 **Renato al Ghetto**
Via dei Fori Imperiali
ℹ
Viale del Monte Oppio
Via Cataiana
歐達薇雅門廊
Via del Teatro di Marcello
③
馬切羅劇場
Foro Romana
古羅馬廣場
Parco del Colle Oppio
Lungotevere De' Cenci
Vico Jugario
Via del Fienili
Colosseo Ⓜ
Via Nicola Saivi
Via Labicana
Via di San Giovanni in Laterano
Fiume Tevere
Via Luigi Petroselli
Via di San Teodoro
圓形競技場
Via Capo d'Aftica
波圖努斯神廟
勝利者海克力神廟
Via del Cerchi
🍴 **SAN TEO**
巴拉丁諾山丘
Via Celio Vibenna
Via Claudia
Via Annia
Lungotevere dei Pierleoni
④
真理之口
🍴 **Gelateria ai Cerchi**
Via dei Cerchi
Parco del Celio
Clivo dei Publici
Via di San Gregorio
Piazza di San Gregorio
Lungotevere Ripa
Via di Santa Sabina
Via di Valle Murcla
⑤
大競技場
Circo Massimo Ⓜ
Viale delle Terme di Caracalla
Lungotevere Aventino
Via delle Terme Deciane
Via del Circo Massimo
Viale delle Terme di Caracalla
Via della Navicella
鑰匙孔
Via di Sant'Alessio
Via di Santa Prasca
Via delle Fonte di Fauno
Viale delle Terme di Caracalla
Via di Druso
Via di Porta Lavenale
Viale Aventino
Via Aventina
Viale Guido Baccelli
Via Antonina
Via di Sant'Anselmo
Via di San Saba
Via di Baldassarre Peruzzi
Via di Santa Balbina
Via di Mamorata
Piazza Albania
Viale Guido Baccelli
⑥
卡拉卡拉浴場
Viale Manllo Gelsomini
Parco della Resistenza dell'Otto Settembre
Viale Giotto
Via di Villa Pepoli
Viale delle Terme di Caracalla
城外聖保羅大教堂
⑦
Viale Giotto
Ⓜ **Piramide**

威尼斯廣場
Piazza Venezia

紀念無名英雄的忠烈祠

　　這座廣場是羅馬市區交通最繁忙的樞紐，廣場四周過去多為王公貴族的豪宅，還有一座白色大理石打造的維托利歐・艾曼紐二世紀念堂(Monumento a Vittorio Emanuele II)，這是為了彰顯1870年義大利統一後的首任國王維托利歐・艾曼紐二世，1885年請建築師Giuseppe Sacconi設計，到1911年開幕啟用，但是整個工程到1935年才完工。目前紀念堂內有免費的展覽區，而面向紀念堂左側入口的「復興運動中央博物館」，除了展示義大利獨立運動紀錄，也會不定期舉行特展，需門票。

　　紀念堂中央的騎馬銅像即是完成統一大業的國王艾曼紐二世，正面立著16根科林斯式圓柱，兩邊方形堡頂上各雕著勝利天使站在由4匹馬拉著的雙輪戰車(Quadriga)，頗為壯觀。堂前聖壇燃著火炬為國捐軀的無名英雄紀念碑，有兩名持槍衛兵站哨守護，每小時有換崗儀式，且每年6月2日義大利國慶日，總理在紀念碑主持紀念活動。

展覽文藝復興藝術的威尼斯宮博物館

　　面對紀念堂右邊文藝復興樣式的威尼斯宮(Palazzo di Venezia)，是威尼斯樞機主教巴伯(Pietro Barbo，後被選為教宗保祿二世)在1455～1464年所建；到16世紀中葉，教宗庇護四世(Pio IV)授於威尼斯共和國當大使館之用。第二次大戰期間，這裡曾是法西斯主義創始

義大利統一後的首任國王艾曼紐二世騎馬銅像

兩名持槍衛兵站哨守護紀念碑，每小時有換崗儀式

Data

✉ 維托利歐·艾曼紐二世紀念堂、復興運動中央博物館：Piazza Venezia，威尼斯宮博物館：Via del Plebiscito, 118 ☎ 06-69994211 ➡ 搭H、C3、30、44、60、63、64、70、81、83、85、87、118(假)、160、170號公車到Piazza Venezia(Ara Coeli)站 ⏰ 紀念堂09:30～19:30(18:45前進入)，威尼斯宮博物館09:30～19:30(18:45前售票) 休 12/25 💲 紀念堂免費；聯票(復興運動中央博物館+威尼斯宮博物館+全景露臺)€17，18～25歲歐盟公民優待票€4，未滿18歲免費，預訂費€1，效期7天；每月第一個週日免費 http vive.cultura.gov.it/it/vittoriano ❓ 1.開放時間隨季節調整；2.威尼斯廣場為羅馬交通樞紐，加上周邊地鐵施工，交通壅塞 MAP P.81

羅馬｜圓形競技場區

羅馬｜真理之口區

羅馬｜臺伯那廣場區

羅馬｜廣神殿區

羅馬｜西班牙廣場區

羅馬｜特米尼中央車站區

羅馬｜越臺伯河區

梵蒂岡｜熱門景點

15世紀初期文藝復興樣式的威尼斯宮

文藝復興早期宗教繪畫

人墨索里尼的辦公室，他經常在2樓窗口向群眾發表演說，而今大樓為展覽文藝復興早期繪畫、雕塑、陶器等藝術的「國立威尼斯宮博物館」。

緬懷名人故居

在廣場5號的波拿巴宮(Palazzo Bonaparte)為17世紀的建築，2樓轉角的綠色木柵陽臺，曾經是拿破崙(Napoleone Bonaparte)失意時，教宗庇護七世(Pio VII)給予他的母親Maria Letizia Ramolino在1818年到羅馬避難的住所，並在此度過餘生；而藝術大師米開朗基羅也住過廣場24號，並在此與世長辭，不過遺體運回家鄉佛羅倫斯，所居住的房子目前也不存

在了，只留市政府在牆上注明大師曾在此過世的標記。

拿破崙母親曾住過的綠色陽臺

牆上寫著米開朗基羅大師在此過世

｜散步延伸｜

全景露臺(Terrazza Panoramica)

艾曼紐二世紀念堂後方設有免費的觀景露臺，露臺角落設有咖啡館，可以邊享用香醇的咖啡邊全覽四周古羅馬遺跡。若覺得不過癮，還可搭付費升降梯到80公尺高的堂頂，以360度遠眺羅馬市中心全景和近觀艾曼紐二世紀念堂頂的四馬雙輪車雕像。

🄲 同紀念堂
➡️ 同紀念堂
🄲 全景電梯09:30～19:30(18:30前進入)，夏季(～9/16)週五、六09:30～22:30(21:45前進入)
🄢 同紀念堂，電梯前有聯票販賣櫃檯
MAP P.81

在觀景露臺排隊搭電梯上堂頂，遠眺羅馬全景

從觀景露臺盡攬四周的古羅馬遺跡

卡比托博物館
Musei Capitolini

世界首座對外開放的博物館

在羅馬七丘中，卡比托山丘(Colle Capitolino)雖是最小的一座，卻與羅馬歷史發展息息相關，一直是羅馬政治和宗教活動的中心。自12世紀以來，這裡即為中世紀元老院(Senato相當現在的參議院)駐所，現為羅馬市政府辦公室。1538年，教宗保祿三世(Paolo III)委請米開朗基羅設計廣場和四周的建築群，直到1564年米開朗基羅過世，後繼建築師大致仍遵照米開朗基羅的構想建造。

到廣場必需先爬一段斜坡階梯，梯頂左右兩側各有羅馬守護神的孿生兄弟雕像，而階梯左側則是通往建於1258年的天壇聖母大教堂(Basilica di Santa Maria in Aracoeli)的124級陡坡階梯。廣場地面放射狀的幾何圖形和文藝復興時期建築群的正面，都是出自米開朗基羅之手，而廣場上是五賢君之一的奧雷利歐(Marco Aurelio)騎馬青

銅像是複製品，西元2世紀的真品已移至保守宮內，是古羅馬時期唯一留存至今的銅像，彌足珍貴。

目前除了羅馬市政府的元老宮(Palazzo Senatorio)不開放參觀外，左右兩側的保守宮和新宮雙子大樓合稱為「卡比多博物館」，從1471年教宗西斯都四世(Sisto IV)將幾座青銅雕像送給羅馬而開啟收藏，到了1734年教

3 4
5 6

1.階梯頂端的孿生兄弟雕像是羅馬守護神／2.市政府前廣場的地面幾何圖形是出自米開朗基羅的構想／3.位在陡坡上的天壇聖母大教堂／4.羅馬市政府所在地的元老宮／5.新宮／6.保守宮

宗克萊孟十二世(Clemente XII)宣布對外開放，館內典藏珍貴的希臘和羅馬雕塑與著名繪畫。

卡比多博物館

※保守宮
Palazzo dei Conservatori

一進入這座博物館，庭院展示從古羅馬廣場的馬森齊歐大會堂(Basilica di Massenzio)移來

4世紀君士坦丁大帝的頭、手殘石巨像，光是由高達260公分頭部即可想像原雕像的巨大，而且巨腳也呈現血管的刻畫，十分逼真。

由於參觀這2棟博物館，需從保守宮進入，由地下道通往新宮出口，為了參觀整座博物館的順序，建議先上樓參觀，之後再下樓通往地道到新宮。

樓上1樓主要展示雕像，著名的有《拔刺男孩》(Spinario)，這件約為西元前1世紀的青銅像，表現出男孩專注拔腳上的刺；隔壁室是象徵羅馬的《卡比托母狼》(Lupa Capitolina)青銅雕像，相傳為西元前5世紀艾特魯斯哥(Etrusco)人所作(但有專家認為是11～12世紀作品)，下方吃奶的孿生兄弟因雕塑風格和母狼不同，推測應是15世紀加上的，以上兩座青銅雕像都是15世紀教宗西斯都四世所捐贈。再往裡面走，奧雷利歐皇帝騎馬青銅像真品、在艾斯奎山發現約西元前1世紀的維納斯像(Venere Esquilina)、4世紀君士坦丁的青銅頭像、西元前2世紀的海克力銅像(Ercole)和朱比特神廟(Tempio di Giove Capitolino)遺跡等都是參觀重點。

▲《好運》(La Buona Ventura)是卡拉瓦喬1595年的寫實名作

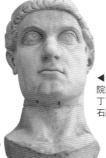

▲母狼餵乳雕像已經是羅馬的表徵

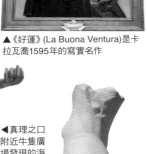

◀真理之口附近牛隻廣場發現的海克力銅像

◀保守宮庭院的君士坦丁頭、腳巨石雕像

▲《拔刺男孩》銅雕是保守宮的著名作品

羅馬．圓形競技場區
羅馬．真理之口區
羅馬．拿佛那廣場區
羅馬．萬神殿區
羅馬．西班牙廣場區
羅馬．特米尼中央車站區
羅馬．跨臺伯河區
梵蒂岡．熱門景點

背對奧雷利歐皇帝騎馬青銅的右前方出口，可以通往另一側2樓陳列15～16世紀的繪畫藝廊，收藏卡拉瓦喬(Caravaggio)和提香(Tiziano)等人畫作。

頂樓會舉辦不定期的特展，旁邊也設咖啡館、洗手間供遊客休憩，別忘了到後面戶外的觀景臺，可以遠望馬切羅劇場全景和博物館庭院，景色宜人。

參觀完回到地面樓再下階梯通往地下通道，通道半途右邊有階梯上元老宮後方觀景廊

道，這也是俯瞰整個古羅馬廣場全景的絕佳點，旁邊立著解說看板可對照。

✣新宮Palazzo Nuovo

依照指標走過展示石棺浮雕的彎曲地下道到新宮，上了地面樓的庭院，有一尊據說是河神臥像馬佛里歐(Marforio)。沿著樓梯上1樓，表情痛苦的《垂死的高盧人》(Galate morente)雕像，是羅馬人仿自西元前3世紀希臘雕刻家艾皮哥諾

(Epigono)的原作。

接序的展示廳還有2世紀仿希臘複製品的《紅色農牧之神》(Fauno rosso)雕像；接下來大廳中央的「睡眠中的人獸像」也是複製品中的佳作。隔壁的「哲人廳」是18世紀羅馬仿製希臘哲學家、詩人，如荷馬(Omero)和蘇格拉底(Socrate)半身像。緊接著是歷代帝王胸像的「帝王廳」，如奧古斯都、卡拉卡拉皇帝都名列在內。

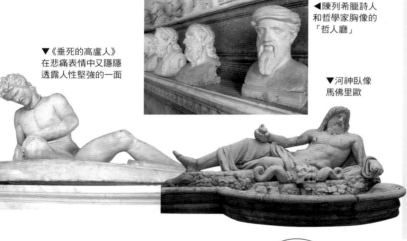

◀陳列希臘詩人和哲學家胸像的「哲人廳」

▼《垂死的高盧人》在悲痛表情中又隱隱透露人性堅強的一面

▼河神臥像馬佛里歐

Data

✉ Piazza dei Campidoglio,1 ☎ 06-0608(09:00～21:00) ➡ 同威尼斯廣場 ⏰ 09:30～19:30，12/24、12/31、1/1營業時間不同，請查詢官網(售票到前1/1小時) 休 5/1、12/25 💲 €13，6～25歲、65歲以上歐盟居民€9.5，6歲以下免費，語音導覽€7 🌐 www.museicapitolini.org，訂票museiincomuneroma.vivaticket.it(預訂費€1，有英文) ❓ 1.參觀卡比多博物館要從面對市政府右側的保守宮買票進入，再經由地下道通往新宮，最後由新宮出口；2.館內可拍照，但禁錄影、攜帶三腳架和閃光燈；3.禁帶雨傘和大背包、禁飲食和抽菸 🗺 P.81

鏡頭特寫

特殊意義的字母

約於西元前6世紀，羅馬卡比托山丘曾有一座供奉具有保護城市的天神朱比特神廟(Tempio di Giove Ottimo Massimo)，代表羅馬神話的眾神之王，當時許多國家重大的宗教儀式都在這裡舉行，所以這座山和神廟則象徵羅馬擁有「世界之首」的權威，而「首都」的英文「Capital」即是源自此地名「Capitolino」。

若眼尖的遊客一定會發現，在羅馬公共建築的紋飾城徽中常出現「SPQR」四個字母，這是由拉丁文Senatus、(元老院) Populusque(人民)、Romanus(羅馬)縮寫而來，亦即以「元老院與羅馬人民」來代表羅馬市政府。

SPQR是羅馬市政府的代表符號

保守宮裡的朱比特神廟遺跡

羅馬．圓形競技場區

羅馬．真理之口區

羅馬．拿佛那廣場區

羅馬．萬神殿區

羅馬．西班牙廣場區

羅馬．特米尼中央車站區

羅馬．跨臺伯河區

梵蒂岡．船門景點

馬切羅劇場
Teatro di Marcello

這座羅馬帝國僅存的古劇場建築可容納上萬人觀眾，始於凱撒下令興建當時最大的劇場，西元前44年凱撒遇刺身亡後，由奧古斯都接續完成，並於西元前13年落成，隔年正式開幕，還以早逝的外甥兼女婿馬切羅命名紀念，後來建造的圓形競技場也以此參考建造；目前除了夏季舉行古典音樂會，平日並不開放參觀。

劇場旁邊聳立的3根科林斯式圓柱，原是西元前431年興建的阿波羅神廟(Tempio di Apollo Sosiano)，居民時常向這尊象徵醫藥之神的希臘阿波羅神祇祈願，並舉行祭祀慶典，以防止瘟疫蔓延。

沿著劇場和神廟圓柱遺址

已經有2千多年歷史的馬切羅劇場

Data

✉ Via del Teatro di Marcello和Via del Portico d'Ottavia交叉口 ➡ 搭H、C3、30、63、81、83、160、170、628、716號公車到Teatro Marcello(Ara Coelic)站 🕐 除了舉辦活動，平日並不對外開放，只能看外觀 **MAP** P.81

間的下坡道，還有一座奧古斯都為姐姐 (即馬切羅的媽媽) 興建的歐達薇雅門廊(Portico d'Ottavia)。因緊鄰臺伯河的關係，到了8世紀，這裡又成為新建「在魚市的聖天使教

堂」(Chiesa di Sant'Angelo in Pescheria)的前廊，四周是熱鬧的魚市場，也是至今仍保留中世紀街道的古老猶太人區(Ghetto)起點，如今沿街有不少猶太人美食的餐廳。

劇場旁的阿波羅神廟遺留下來的3根圓柱

能想像在中世紀這裡是人聲鼎沸的魚市場嗎？

科斯梅汀聖母堂樸實的祭壇華蓋和唱詩班席位　　兩座羅馬至今保存共和時期最好的神廟

真理之口
Bocca della Verità

相傳西元1世紀的古代海神面孔大理石浮雕「真理之口」，推測原為水道孔蓋或古羅馬噴泉的局部，於17世紀被安置在「科斯梅汀聖母教堂」(Basilica di Santa Maria in Cosmedin)門廊外牆。中世紀以來盛傳，若說謊的人將手伸進口中會被咬住，後來經過電影《羅馬假期》的宣傳，如今名氣已超過教堂，遊客經常大排長龍只為將手伸入試膽量。

科斯梅汀聖母堂建於6世紀，坐落在古羅馬神廟和市場的遺蹟上，曾多次修建，也是尊崇拜占庭文化的希臘人群聚教堂，教堂名稱中的Cosmedin即是希臘文的「修飾、美麗」之意。內部鑲嵌螺旋柱和地板、祭壇華蓋和大理石圍著的唱詩班席位皆樸實精美；教堂的門廊和鐘樓增建於12世紀，為目前羅馬最高的中世紀鐘樓。

教堂前廣場有兩座羅馬共和時期(約西元前3～2世紀)的小神廟，圓形的直徑約有15公尺、由20根科林斯式圓柱圍成的勝利者海克力神廟(Tempio di Ercole Vincitore)，應是當時供奉羅馬神話中朱比特之子大力士海克力，是羅馬現存最古老的大理石神殿，因和古羅馬廣場的灶神聖火神廟相似，也被稱為火神廟；而立著愛奧尼克式圓柱的長方形波圖努斯神廟(Tempio di Portunus)，推測是奉祀掌管河川港口的男神波圖努斯，也稱為命運男神廟(Tempio della Fortuna Virile)，是少有結合希臘和羅馬式的建築，這兩座神廟在中世紀都曾被改為教堂而得以保存下來。

為希臘人群聚的教堂，後來增建的鐘樓為羅馬現存最高的中世紀鐘樓

羅馬　圓形競技場區

羅馬　真理之口區

羅馬　拿佛那廣場區

羅馬　萬神殿區

羅馬　西班牙廣場區

羅馬　特米尼中央車站區

羅馬　跨臺伯河區

梵蒂岡　熱門景點

在古羅馬時期，這裡曾是買賣牛隻的市場，所以也被稱為牛隻廣場(Foro Boario)。而聳立在廣場邊緣的4世紀賈諾拱門(Arco di Giano)，在四面交錯的大理石拱門內，提供當時居民做生意或休息乘涼的場所。

採自由捐贈

將手伸入「真理之口」試膽量

Data

✉ Piazza della Bocca della Verità, 18 ☎ 06-6787759 ➡ 搭44、83、170、716、781號公車到Bocca della Verità站 ⏰ 09:30~17:50 💲 拍照前自由捐獻(捐獻箱上貼有各國國旗，也有臺灣) MAP P.81

┃散步延伸┃

鑰匙孔(Il Buco della Serratura)

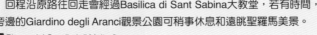

從真理之口往大競技場(Circo Massimo)方向的對街小山丘，有個特別的「鑰匙孔」，由小小的鑰匙孔望去，竟然不偏不移看到聖彼得大教堂圓頂，加上門內「馬爾他騎士團別墅」庭院兩旁翁鬱樹木拱門襯托下，就像幅美麗的風景畫。

回程沿原路往回走會經過Basilica di Sant Sabina大教堂，若有時間，旁邊的Giardino degli Aranci觀景公園可稍事休息和遠眺聖羅馬美景。

由鑰匙孔看聖彼得大教堂

✉ Piazza dei Cavalieri di Malta,3

➡ 搭C3、51、81、85、87、118、160、628、715號公車到Greca站，再沿旁邊叉路的Via di S. Sabina街走約5分鐘

MAP P.81

馬爾他騎士團別墅

排隊看鑰匙孔奇景

大家努力透過鑰匙孔取景

▲外形很像現代田徑運動場的大競技場

大競技場
Circo Massimo

位於巴拉丁諾(Palatino)和阿文提諾(Aventino)兩座小山之間谷地的大競技場,是西元前5世紀設有木製座椅給貴族觀看四馬雙輪戰車比賽的場地,長600公尺、寬140公尺的外形,看起來很像現代的田徑運動場。帝國時期,奧古斯都建造皇帝觀看比賽的包廂,並在中央的分隔屏豎立埃及方尖碑(1587年被教宗西斯都五世移至人民廣場),據記載競技場曾立有7顆木蛋和7隻銅海豚來計算戰車圈數。

在奧古斯都之後的皇帝,如圖拉真、卡拉卡拉、君士坦丁繼續擴建,君士坦丁之子君士坦丁二世又增加一座更高的方尖碑(16世紀也被移往拉特朗聖約翰廣場)。據說當賽事盛況時,瘋狂加油的觀眾曾高達15～20萬人,直到6世紀日趨沒落。

羅馬市政府推出40分鐘虛擬實境體驗(VR),包含中文等6種語言,介紹競技場的歷史、設施和建築,還設計一場戰車比賽,伴隨吶喊聲讓你身歷其境,是有趣的體驗。

Data

✉ Via del Circo Massimo ☎ 06-0608 ➡ 搭地鐵B、B1線到Circo Massimo站;或搭C3、51、75、81、85、87、118、160、628號公車到Aventino(Circo Massimo)站 ⏰ 考古區:週二～日冬季09:30～19:00;夏季09:30～16:00;12/24、12/31 09:30～14:00(最後進入於關閉前1小時);虛擬實境體驗:週二～日10:00～16:00(最後進入14:50),集合點在競技場東南方考古區 ⊘ 週一、1/1、5/1、12/25 💲 考古區免費,虛擬實境體驗(Circo Maximo Experience)€13 http 訂票museiincomuneroma.vivaticket.it MAP P.81

鏡頭特寫

清涼飲水池

在羅馬街頭巷尾常有俗稱「大鼻子」(Nasone)的飲用小池,水龍頭上方有一個小孔,只要從水龍頭出口輕輕壓住,水會從上面小孔噴出來,尤其盛夏酷熱,若能隨時補充清涼泉水,令人暑意全消。

在羅馬,無論是廣場雕刻精美的噴泉,或是公共浴場的用水,甚至是路旁供人飲用的水,都得靠從數十公里外郊區引水到城市的技術建設。據記載,古羅馬城到了西元前4世紀已成為稍具規模的城市。隨著人口激增和城市不斷擴張,對水的需求自然日益增加。為了解決城市用水問題,西元前312年,羅馬城興建首條輸水道,之後陸續開鑿,主要的水道高達11條之多。

一般水

免費提供飲用水

氣泡水

Acqua a erogazione gratuita
Water for free

NATURALE
Still

FRIZZANTE
Sparkling

acea

一般水取用容量按鈕

氣泡水取用容量按鈕

免費飲水機還區分有否含氣泡

卡拉卡拉浴場
Terme di Caracalla

古羅馬浴場保留最完整的卡拉卡拉浴場，是卡拉卡拉皇帝約於212～216年間興建，一直到6世紀被外來的哥德人破壞水管前，這座可以同時容納1,500人以上使用的浴場，是古羅馬人熱愛的健身兼交誼活動場所。

整座浴場占地極廣，在華麗裝飾的穹頂和迴廊裡，除了冷、溫、熱三溫式的浴場外，還包括按摩室、蒸汽室、健身區、演講廳、圖書館、販賣部和運動場等設施一應俱全，令人不得不佩服羅馬老祖先在建築和開鑿水道這方面的高度智慧。

壯觀的斷垣殘壁在夏季又搖身一變為露天歌劇表演，提供羅馬市民坐在雄偉的古老浴場前觀賞著名的歌劇戲碼，以天然舞臺布景再加上動人的劇情和氣勢磅礴的音樂，在一輪明月高掛漆黑的星空陪襯下，真是一場獨一無二的饗宴。

Data

✉ Viale delle Terme di Caracalla, 52 ☎ 348-4781402，訂票06-39967700 ➜ 地鐵B線到Circo Massimo站；或搭118、628號公車到Terme di Caracalla 站，過馬路約步行約2分鐘
🕐 週二～日依季節日落時間而更動，售票至關閉前1小時

3/1～3/31	09:00～17:30
4/1～8/31	09:00～19:15
9/1～9/30	09:00～19:00
10/1～10/28	09:00～18:30
10/29～2/29	09:00～16:30

🚫 週一 💲 €8(展覽加價)，未滿18歲免費 http cultura.gov.it/luogo/terme-di-caracalla，夏季歌劇表演(6～8月)www.operaroma.it/news/il-caracalla MAP P.81

1、2.卡拉卡拉浴場是古羅馬保留最完整的公共浴場／3.浴場在夏季舉行露天歌劇表演(照片提供／黃雅詩)／4.現場復原圖勾勒千年前的豪華公共浴場／5.浴場四周殘留美麗的鑲嵌畫

羅馬 圓形競技場區
羅馬 真理之口區
羅馬 拿佛那廣場區
羅馬 萬神殿區
羅馬 西班牙廣場區
羅馬 特米尼中央車站區
羅馬 跨臺伯河區
梵蒂岡 熱門景點

世界文化遺產的城外聖保羅大教堂

城外聖保羅大教堂
(義譯城外聖祿大教堂)
Basilica Papale San Paolo fuori le Mura

在羅馬若要來一趟重點教堂巡禮，首推隸屬教廷的四座特級宗座大教堂，除了位於梵蒂岡城國的聖彼得大教堂，還有拉特朗聖約翰大教堂、偉大聖母大教堂，以及被列為世界文化遺產的城外聖保羅大教堂。

城外聖保羅大教堂為羅馬第二大教堂，相傳是聖保羅在西元61年被砍頭殉道埋葬之地，後人為其立小堂紀念，直到君士坦丁大帝下令將小堂擴建為大教堂，祭壇下方即是聖保羅的陵墓。之後經過幾次擴建整修，卻於1823年遭到大火吞噬付之一炬，現今教堂則是依原樣重建，於1854年竣工啟用。

教堂前的四方庭院

庭院四周由150根石柱圍繞成ㄇ字形的走廊，中央矗立一座聖保羅右手持劍、左手握經書的雕像，神情凜然。教堂正面上方的19世紀鑲嵌畫，主要依歷史先後描繪，由下往上分為3部分。

上層：耶穌位在中間為人類祝禱，聖彼得和聖保羅分坐兩旁

中層：正中央丘陵上臥著一隻羔羊，代表解救人類的基督，而旁邊有耶穌誕生地白冷城(Betlemme，也譯為伯利恆)和受難地耶路撒冷

下層：《舊約》裡的四大先知

庭院的聖保羅雕像

庭院有150根石柱

Data

✉ Piazzale di San Paolo, 1

📞 06-69880800 ➡ 搭地鐵B線或23、271號公車到San Paolo站 ⏰ 07:00～18:30，修院迴廊09:00～17:30 💲 教堂免費；修院迴廊€4，65歲以上、學生優待€3

http www.basilicasanpaolo.org

⁉ 1.禁穿無袖、短褲、短裙；2.拍攝禁閃光燈、禁錄影、禁飲食；3.進入教堂需排隊安檢，出口設有盥洗室、禮品店和Bar MAP P.81

入口立著教堂平面圖和相關資訊

教堂內殿的五大特色

　　教堂由80根圓柱分成4排，天花板有各種「花」樣的鍍金藻井，細看每朵花的花樣都不同，而中央是教宗庇護九世(Pio IX)的鍍金牧徽，這代表教堂重建後是由他祝聖啟用的。

各種花樣的鍍金藻井

教宗庇護九世的鍍金牧徽

教宗庇護九世的鍍金牧徽

80根圓柱分成4排

歷任教宗圓框畫像

✳特色1：歷任教宗畫像

　　在圓柱頂端的牆垣上，排列著歷任教宗的圓框畫像。在燭臺右上方有燈光照明的，為現任教宗方濟各(Papa Franciscus)，畫像之下立著教堂排列歷任教宗平面圖，以及各教宗的牧徽。

現任教宗方濟各的畫像有燈光照明

歷任教宗牧徽

羅馬｜圓形競技場區

羅馬｜真理之口區

羅馬｜拿佛那廣場區

羅馬｜萬神殿區

羅馬｜西班牙廣場區

羅馬｜特米尼中央車站區

羅馬｜跨臺伯河區

梵蒂岡｜熱門景點

✽特色2：巴斯卦燭臺

教堂中央為教宗祭壇，祭壇上方有哥德式祭壇華蓋，祭壇下的墓窖據傳為聖保羅的陵墓。在祭壇的右前方，有一座名為「巴斯卦」(Pasqua，復活節之意)的12世紀燭臺，造型別緻，是安傑羅(Nicolo di Angelo)和華沙雷托(P. Vassalletto)所雕。

12世紀的燭臺　　教宗祭壇和祭壇華蓋　　信徒在祭壇下聖保羅陵墓前寫祈禱意向

✽特色3：左右翼油畫

內殿的左右兩翼正中央各有一幅大油畫，左翼的「聖保羅歸化」油畫旁有兩座小堂，其中唯一逃過那場火災的是名為「十字架」的小堂；右翼的「聖母加冕」油畫旁也有兩小堂。值得注意的是，歷任教宗畫像就是從這面牆垣上方，由左而右依序排列，而首位教宗聖彼得位在最前面。

右翼「聖母加冕」油畫　　聖彼得的圓框畫像居歷任教宗首位

✽特色4：環形內殿鑲嵌畫

這是1220年威尼斯畫家設計的鑲嵌畫，畫裡耶穌坐在寶座，由右至左分別是聖安得烈(Sant'Andrea)、聖彼得、聖保羅和聖路加(San Luca)等四位宗徒。

金碧輝煌的鑲嵌畫

✽特色5：修院迴廊(Chiostro)

在右翼角落的出口可通往修院迴廊。這座迴廊相傳是13世紀的華沙雷托家族所設計完成，花園四周圍繞各式樣的石柱，如五彩鑲嵌的螺旋形、六角和八角形石柱，非常雅緻，被譽為中世紀最美的修道院迴廊。

迴廊展示各出土文物　　迴廊漂亮的花園

羅馬　圓形競技場區

羅馬　真理之口區

羅馬　拿佛那廣場區

羅馬　萬神殿區

羅馬　西班牙廣場區

羅馬　特米尼中央車站區

羅馬　跨臺伯河區

梵蒂岡　熱門景點

美食推薦

`真理之口區`

SAN TEO

新鮮的手工甜點和咖啡

▼好吃的可頌麵包一個才€1

乾淨舒適的空間　　各式手工甜點

　　隱身在真理之口後方角落的這家手工甜點、冰淇淋和咖啡店,店面小不起眼,若不注意很容易錯過。店裡無論是咖啡、可頌麵包、三明治、各口味

的馬卡龍和手工蛋糕都非常美味,是遊客逛累四周廣大遺跡的體力補給站,而且價格合理,一杯卡布奇諾和可頌麵包只要€2.3,還可以順道上洗手間休息,服務人員也非常友善,十分推薦。

✉ Via di San Teodoro, 88　☎ 06-69920945　➡ 位於面對真理之口的左方,步行約3分鐘　🕐 週二~日07:00~19:00　🈺 週一　💲 一杯卡布奇諾€2.5、一份甜點€3.5　MAP P.81

Renato al Ghetto

羅馬傳統猶太料理

好吃的炸綜合海鮮

　　在馬切羅劇場的歐達薇雅門廊附近,16世紀時因臨近地勢低窪的臺伯河淹水區,被劃分為猶太人隔離區,至今仍保存許多遺址,也是現今猶太人經營的特色料理聚集地。
　　羅馬猶太家庭常將朝鮮薊放入油鍋炸得酥脆,再以鹽巴和胡椒簡單調味,這道猶太式炸朝鮮薊 (Carciofi alla giudia)日後成為經典菜肴,可說是必點前菜。

露天用餐區座無虛席

薄脆口感的猶太式炸朝鮮薊是招牌菜

✉ Via del Portico Ottavia, 5/6　☎ 06-47545830　➡ 搭H、C3、30、63、81、83、160、170、628、716號公車到Teatro Marcello (Ara Coelic)站,再走約6分鐘　🕐 12:00~23:00　http www.renatoalghetto.com　MAP P.81

Gelateria ai Cerchi

水果味香濃的冰淇淋

　　在大競技場附近沒什麼地方可遮蔭,炎炎夏日可以進來休息點杯冰淇淋消暑,各種水果口味冰淇淋奶油成分較低,口感也比較清爽,推薦堅果、芒果、草莓和香瓜口味,水果味香濃、口感綿密。該店的生乳包(Maritozzo)也值得一嘗。

古樸的外觀

推薦各類水果口味冰淇淋較清爽

✉ Via dei Cerchi, 61　☎ 320-6952974　➡ 由真理之口朝大競技場方向走約3分鐘,位於大競技場旁　🕐 11:00~19:00　💲 依杯大小€2.5~5　MAP P.81

拿佛那廣場區
Piazza Navona

出發
↓
🚌 搭公車到Piazza Pia站
↓
🚶 90公尺 / 徒步約1分鐘

❶ 國立聖天使古堡博物館
↓

🚶 600公尺 / 徒步約8分鐘

❷ 拿破崙博物館
↓

🚶 250公尺 / 徒步約3分鐘

❸ 阿爾登普斯宮（國立羅馬博物館）
↓

🚶 200公尺 / 徒步約2分鐘

❹ 拿佛那廣場
↓

🚶 200公尺 / 徒步約2分鐘

❺ 巴拉克古代雕塑博物館
↓

🚶 250公尺 / 徒步約3分鐘

❻ 花田廣場
↓

🚶 250公尺 / 徒步約3分鐘

❼ 史帕達美術館
回程
↓

🚶 350公尺 / 徒步約5分鐘到 Corso Vittorio Emanuele 公車站

位於羅馬精華路段的拿佛那廣場區，從靠近梵蒂岡的聖天使古堡為起點，經過最高法院橫跨橋到拿破崙博物館，不遠即是四周餐廳圍繞和遊客如織的拿佛那廣場，最後再延伸到熱鬧的

花田廣場傳統市集，體驗一般市民買菜、買花的平日生活一面，附近斑駁靜巷被瀉下的光影灑落一地，很適合閒適散步。

羅馬最高法院

❶
國立聖天使古堡博物館

Piazza Pia

ella conciliazione

Fiume Tevere

聖天使橋

Lungotevere Tor di Nona

Via del Coronari

Via di Panico

Via del Governo Vecchio

Corso Vittorio Emanuele

Via dei Banchi Vecchi

Fiume Tevere

Lungotevere del Sangallo

Via del Pellegrino

Via di Monte Brianzo

拿破崙博物館
❷
Via dell'Orso

Via Giuseppe Zanardelli

Via di Parione

Via della Scrofa

❸
阿爾登普斯宮
（國立羅馬博物館）

GROM

Via di S. Giovanna d'Arco

海神噴泉

法國人的
聖路易教堂

Via del Salvatore

拿佛那廣場 **❹**

四河噴泉

參議院
(Palazzo Madama)

Via di S. Maria dell'anima

Pizzeria Da Baffetto

Frigidarium

Corso del Rinascimento

Via degli Staderari

摩爾人噴泉

Via di S. Pantaleo

Officina
Profumo-
Farmaceutica
di Santa
Maria Novella

Via di Pasquino

巴斯魁諾雕像

Via del Teatro Valle

Corso Vittorio Emanuele

Piazza della
Cancelleria

❺
巴拉克古代
雕塑博物館

Via dei Baullari

Via del Cappellari

Via di Monserrato

Via Giulia (朱利亞街)

Forno Campo
de'Fiori

Via di Paradiso

❻ 花田廣場

Vicolo del Gallo

Via del Monte della Farina

Via del Chiavari

法國大使館

Via della Corda

Alice

Via dei Giubbonari

Vicolo delle Grotte

Via dei Balestrari

❼
史帕達美術館

Via dell'Arco del Monte

I dolci di
Nonna Vincenza

Lungotevere dei Tebaldi

Lungotevere della Farnesina

Porte Sisto

Lungotevere dei Vallati

Via delle Zoccolette

國立聖天使古堡博物館

Museo Nazionale di Castel Sant´Angelo

Data

✉ Lungotevere Castello, 50 📞 總機06-6819111，現場票務06-6896003，預訂06-32810 ➡ 搭49、280、492、913號公車到Crescenzio站，再走約3分鐘 🕐 週二~日09:00~19:30 (18:30前售票) 🚫 週一、1/1、12/25 💲 €13(展覽加價)，18~25歲歐盟公民優待€2，未滿18 歲免費 🌐 www.castelsantangelo.beniculturali.it，訂票www.tosc.it(預訂費€1) ❓ 1.每月 第一個週日免費；2.拍照禁閃光和使用自拍器、三腳架 🗺 P.97

外觀呈上圓下方的古堡

建於123~139年的聖天使古堡，原是哈德連皇帝為家族所建的陵墓，皇帝在落成的前一年過世，骨灰即被安置在此。271年奧略里安諾(Aureliano)皇帝在外圍又加了一道牆而成了有防禦功能的堡壘，到了11世紀又被當監獄使用。

在歷史上，教宗有多次受威脅的避難事件，因此1277年建了一座從古堡和梵蒂岡相通的密道，以應教宗危急時的臨時避難之地。

像迷宮的4個樓層

20世紀初，古堡以「國立聖天使堡博物館」名稱對外開放，也不定期舉辦特展。堡內一共有7層，主要參觀的景點有4層，參觀動線館方有時會更動。

❋底層

此為參觀的入口，你必需爬一段坡道，坡道也可以通向哈德連墓室以及中世紀當監獄的場所。

❋第二層

往上爬到第二層比較明亮，這裡有一座曾為彈藥儲藏處的「榮譽中庭」(Cortile d'onore)，庭院中除了大大小小的石頭砲彈外，還有之前立在堡頂受損的聖彌迦勒天使(San Michele Arcangelo)石雕像。由於這裡也曾是教宗的避難所，所以中庭外有為教宗修建的房間，牆上還留有一些壁畫。

古堡原是皇帝的陵墓

1. 由古堡即可看到
梵蒂岡的聖彼得大
教堂／2. 榮譽中庭
／3. 典雅的保祿三
世涼廊／4. 坐在露天
咖啡座望向美麗的
景致／5. 華麗的保
祿廳／6. 總領天使
聖彌迦勒收劍入鞘
雕像／7. 寬度足以
讓馬車通行的密道
／8. 密道通往聖天
使古堡

羅馬：圓形競技場區

羅馬：真理之口區

羅馬：拿佛那廣場區

羅馬：萬神殿區

羅馬：西班牙廣場區

羅馬：特米尼中央車站區

羅馬：跨臺伯河區

梵蒂岡：熱門景點

✤第三層

這裡除了有名家設計的幾座涼廊外，還有古堡內最華麗的保祿廳(Sala Paolina)，是當初教宗保祿三世(PaoloIII)的會議廳，廳內牆上的溼壁畫，主要描述亞歷山大大帝和本名也是亞歷山大的教宗保祿三世生平。建議你在此層涼廊附設的露天咖啡座點杯咖啡休息，眺望貫穿羅馬的臺伯河，欣賞眼前如畫的美景。

✤第四層

這一層有圓形大廳(Sala Rotonda)收藏1752年教宗本篤十四(Benedict XIV)請比利時雕刻家佛舍菲特(P. A. Verschaffelt)所做的天使銅像原模，以代替損壞的大理石雕像。

高臺城垛上的彌迦勒天使像

參觀完室內再往上走一小段階梯，即能到達堡頂高臺城垛，以360°的視野俯瞰整個羅馬。城垛上安置的聖彌迦勒天使雕像，

源自西元590年羅馬瘟疫流行，教宗帶領民眾遊行祈禱，正當朝朝古堡前進時，教宗忽然看見堡頂顯現收劍入鞘的總領天使聖彌迦勒，教宗認為這正是瘟疫即將結束的徵兆，後來瘟疫果然停止了。教宗為了紀念天使的顯現，於是在堡頂立上這座天使石雕像，只不過石像不好保存，前後經過5次大理石雕像卻都損壞，目前所看到的銅雕即是前面提到的佛舍菲特的作品。

與梵蒂岡相通的密道

丹·布朗(Dan Brown)在暢銷小說《天使與魔鬼》(Angels & Demons)中，對梵蒂岡與聖天使古堡之間相通的高牆廊道頗多著墨。教宗曾多次避難事件，其中1527年教宗克萊孟七世(ClementeVII)在羅馬被查里五世(Carlo V)領軍的神聖羅馬帝國軍隊洗劫的「羅馬之劫」(Sacco di Roma)事件是最著名的例子，迫使教宗利用這個看起來像高牆的密道逃到古堡。

在危急時，城牆密道的上方

可供教宗坐在馬車上通行，而在車道的下方還有一條密閉通道，通道壁上留有兼具採光和通風功能的長條洞口。

羅馬最美的橋

古堡正前方的這座原以哈德連皇帝之名厄里奧(Elio)命名的橋，當初是為了直通陵墓於136年興建的，直到14世紀才因橋上兩側的天使石像改名為「聖天使橋」，被讚為羅馬最美的一座橋。

橋上兩側共有12尊雕像，除了聖彼得和聖保羅外，其他10座都是天使手上拿著耶穌受難刑具的雕像。其中只有手拿雕有「INRI」(那札勒的耶穌─猶太人的王之意)和荊棘冠冕的天使雕像是雕刻大師貝尼尼親手參與，其他雕像則為其弟子依老師設計的圖案完成的。不過，在橋上的前述兩座雕像都是複製品，真品保存在靠近西班牙廣場的Basilica di Sant'Andrea delle Fratte教堂，有興趣可參考官網www.santandreadellefratte.it。

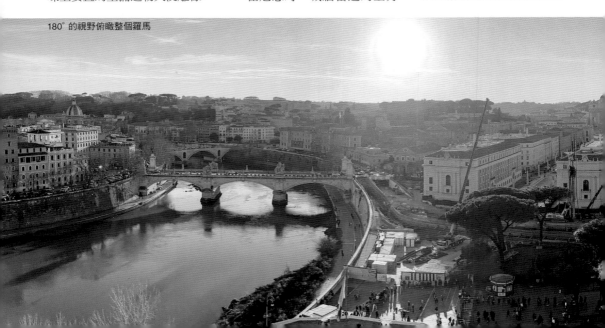

180˚的視野俯瞰整個羅馬

聖天使橋是羅馬最美的一座橋

▲▲貝尼尼親手雕刻的兩座天使雕像，現存Basilica di Sant'Andrea delle Fratte教堂

羅馬｜圓形競技場區

羅馬｜真理之口區

羅馬｜拿佛那廣場區

羅馬｜萬神殿區

羅馬｜西班牙廣場區

羅馬｜特米尼中央車站區

羅馬｜跨臺伯河區

梵蒂岡｜熱門景點

▶◀ 玩·家·帶·路

聖天使古堡的仲夏之夜(Notti d'Estate a Castel Sant'Angelo)

近年來，古堡在夏季時而推出仲夏之夜，邀請音樂家在星空下與你共度美麗的夜晚，不過此並非常態舉辦，請先上網確認。

💲 線上確認www.ticketone.it/artist/notti-estate-castel-sant-angelo

http www.castelsantangeloestate.it

⁉️ 有夜間公車n70可以運用

聖天使古堡謎樣的夜晚

拿破崙博物館
Museo Napoleonico

與羅馬最高法院(Corte Suprema di Cassazione)臨河相對的拿破崙博物館，位於16世紀Primoli宮底層，由年輕時曾在巴黎的拿破崙家族成員Giuseppe Napoleone Primoli隨拿破崙王朝的衰落到羅馬

1.拿破崙博物館位於臺伯河旁／2.寶琳娜廳／3.拿破崙妹妹寶琳娜房間的畫像和波各澤美術館的寶琳娜雕像

定居，並開始收藏拿破崙家族相關藝術品，於1927年捐贈給羅馬市政府。

館內分12個廳，主要陳列家族成員的畫像、宮廷禮服、家具、掛毯和居家擺飾等，其中在拿破崙妹妹寶琳娜(Paolina)廳的畫像，若和波各澤美術館收藏的卡諾瓦的寶琳娜雕像相較，仔細看兩者還頗為相似。

Data
✉ Piazzale di Ponte Umberto, 1　📞 06-0608、櫃檯06-6874240　➡ 搭30、70、81、87、492、628號公車到Zanardelli站　🕐 週二~日10:00~18:00，12/24、12/31、1/1時間不同，請查詢官網(最後進入於30分鐘前)　🚫 週一、5/1、12/25　💲 免費，義、英、法語音導覽€5　http www.museonapoleonico.it　❓ 拍照禁閃光燈，提供洗手間可利用　MAP P.97

🗨 旅行小抄

8家免費的羅馬市立博物館

羅馬市政府開放拿破崙博物館在內的8家市立博物館免費參觀，有興趣可前往參觀。

📞 06-0608　➡ 參考網站www.turismoroma.it
🕐 週二~日，各館開放時間略有不同，請上各官網查詢　🚫 週一、5/1、12/25

1. 拿破崙博物館Museo Napoleonico
2. 巴拉克古代雕塑博物館 Museo di Scultura Antica Giovanni Barracco
3. 城牆博物館 Museo delle Mura(南邊城門Porta San Sebastiano)
   http www.museodellemuraroma.it
4. 馬克森別墅Vill di Massenzio(阿庇亞古道Via Appia Antica)
   http www.villadimassenzio.it

5. 羅馬共和國博物館暨加里波底紀念館Museo della Repubblica Romana e della memoria Garibaldina
   http www.museodellarepubblicaromana.it
6. 卡羅比洛蒂博物館 Museo Carlo Bilotti
   http www.museocarlobilotti.it
7. 彼得卡諾尼卡博物館 Museo Pietro Canonica
   http www.museocanonica.it
8. 帕齊農莊博物館Museo di Casal de' Pazzi
   http www.museocasaldepazzi.it

羅馬 圓形觀技場區

羅馬 真璍之口區

羅馬 拿佛那廣場區

羅馬 萬神殿區

羅馬 西班牙廣場區

羅馬 特米尼中央車站區

羅馬 跨臺伯河區

梵蒂岡 熱門景點

阿爾登普斯宮
(國立羅馬博物館)
Palazzo Altemps (Museo Nazionale Romano)

博物館入口

庭院曾為宴會場地

阿爾登普斯樞機主教(Marco Sittico Altemps)在1568年買下這棟15世紀Girolamo Riario貴族宮殿後翻修重建，用大量古代雕刻收藏品布置中庭和階梯走道。到了18世紀，宮殿庭院成為上階層舉辦奢華的宴會場地，之後經過多人易手，1982年由國家遺產文化部接手修復，於1997年成立博物館對外開放。

目前珍貴的古典雕刻多陳列在第二層，以西元前5世紀的希臘雕刻《盧多維西寶座》(Trono Ludovisi)三面浮雕、壁爐廳(Salone del Camino)中央立著2世紀複製希臘雕刻家Epigono在西元前230～220年的《高盧人與妻同歸於盡》(Galata suicida)雕像、描繪戰爭場景的3世紀大盧多維西石棺(Sarcofago Grande Ludovisi)深浮雕，以及約在160～180年複製西元前4世紀的古希臘神話中的酒神(Dioniso)群雕都值得細看；另外有400多年歷史的涼廊，以花葉彩繪頂篷和牆壁溼壁畫顯得典雅。

◀與《垂死的高盧人》同一位雕刻家的作品《高盧人與妻同歸於盡》

勾勒戰爭場景的大盧多維西石棺，人物表情生動

◀以花葉彩繪的涼廊

《盧多維西▶寶座》的側面浮雕

Data

✉ Piazza di S.Apollinare, 46 ☎ 06-684851 ➡ 同拿破崙博物館 🕐 週二～日09:30～19:00 (18:00前入館) 休 週一、12/25 💲 €8，18～24歲歐盟公民優待票€2，未滿18歲免費，每月第一個週日免費 http www.museonazionaleromano.beniculturali.it ❓ 1.若在7天之內想參觀其他3座國立羅馬博物館，可買聯票€12；2.需安檢，背包、提袋要放寄物櫃 MAP P.97

旅行小抄

4座國立羅馬博物館聯票

在7天之內可參觀下列4座博物館聯票€12，預約電話、開放時間、網址都相同。

1. 馬西莫宮(Palazzo Massimo)
✉ Largo di Villa Peretti, 2(特米尼車站附近)

2. 戴克里先浴場(Terme di Diocleziano)
✉ Via E. De Nicola, 78(背向特米尼中央車站前的五百人廣場右前方)

3. 阿爾登普斯宮(Palazzo Altemps)
✉ Piazza di S.Apollinare, 46(拿佛那廣場附近)

4. 巴爾比地穴(Crypta Balbi)
✉ Via delle Botteghe Oscure, 31(銀塔廣場Largo di Torre Argentina附近)

➡ 搭30、40、62、64、70、81、492、628號公車到Argentina站
http 各遊客資訊站或網路預訂www.museonazionaleromano.beniculturali.it(預訂費€2)

左／右：戴克里先浴場庭院和出土文物展

第4站

拿佛那廣場
Piazza Navona

街頭藝人和畫家擺攤熱點

有羅馬最美廣場之稱的拿佛那廣場，無論白天或夜晚人潮總是川流不息，這裡也是街頭藝人和畫家賣畫的高人氣景點。據說這原是西元86年圖密善皇帝下令興建橢圓形的圖密善運動場(Stadio di Domiziano)。這座開放式的橢圓形競賽場到了17世紀巴洛克風行時期，由於當時的教宗依諾謙十世(Innocenzo X)宅邸也在廣場旁，他希望這座廣場有個嶄新的風格，所以委任貝尼尼(G.L. Bernini)和博洛米尼(F. Borromini, 1599～1667)等大師設計裝潢宮殿、教堂和噴泉，

即是廣場目前所呈現的景觀。

擬人化的四河噴泉和曲線設計的教堂

廣場上有3座裝飾華麗的巴洛克式噴泉，以居中貝尼尼於1651年完成的四河噴泉(Fontana dei Quattro Fiumi)最受矚目。貝尼尼以4位肌肉粗壯擬人化的雕像來表現當時世界四大洲中的四條河，並利用椰子樹和生動的動物穿梭其間來展現世界各地的風景，以彰顯教廷在當時已知四大洲的影響力。伸出雙臂迎向天國之鑰、三重冠冕和象徵教宗依諾謙十世的牧徽是

歐洲的多瑙河、手持船槳斜身側坐為亞洲的恆河、非洲的尼羅河以一塊布蒙頭掩面表現，以及坐在一堆錢幣、單手高舉來表現南美洲的普拉特河(Rio de la Plata)。在群雕的正中央豎立一座方尖碑，碑頂上有隻代表聖靈的鴿子啣著橄欖枝。

Data

✉ Piazza Navona ➡ 搭30、70、81、87、492、628號公車到Senato或Rinascimento站，再走約1分鐘；有夜間公車n70、n201、n913 🅿 廣場上賣畫的攤位很多，若想買畫，有議價空間 MAP P.97

噴泉對面的「競賽場的聖阿格妮絲教堂」(Sant'Agnese in Agone)，是教宗依諾謙十世在1652年委貝尼尼的競爭對手博洛米尼設計，以紀念4世紀在此殉教的聖女阿格妮絲。博洛米尼擅長以曲線變化來呈現建築的空間動感，是一座巴洛克風格濃厚的教堂。

藝術家相輕的趣聞

四河噴泉裡象徵非洲尼羅河的蒙頭掩面巨人，一說是當時的人還不知道尼羅河充滿神祕，不知其源頭在哪裡；另有一說認為貝尼尼不喜歡對手所建的教堂，故意把尼羅河的頭遮起來，以諷博洛米尼所設計的教堂慘不忍睹。還有南美洲普拉特河單手向上頂住的巨

人，是貝氏暗指擔心對面的教堂會崩塌；而博洛米尼也不遑多讓的在教堂正面立一座聖阿格妮絲雕像，似乎向貝尼尼心裡喊話：「別擔心，教堂保證很穩啦！」不過這種傳說是無具體的根據，因為噴泉在教堂動工前一年就已經完成了。

兩側噴泉雕像各異其趣

在廣場的南北兩端各有一座噴泉。南邊的《摩爾人噴泉》(Fontana del Moro，Moro是黑人之意)，由米開朗基羅和維尼奧拉的學生波爾塔(Giacomo della Porta)，在1575年設計4位海神信使的人魚特里同(Tritone)吹著海螺，而中間肌肉糾結的摩爾人大戰海豚雕像則為貝尼尼於1653年添上的，不過廣場

為複製品，真品已移至波各澤美術館(Galleria Borghese)。北邊的《海神噴泉》(Fontana del Nettuno)也是波爾塔在1574年完成，當初設計沒有雕像，如今噴泉四周圍著海馬、仙女和小天使是1873年雕刻家Gregorio Zappal 的作品，中間的海神和章魚搏鬥則是為了平衡廣場南面的摩爾人噴泉雕像，由雕刻家Antonio della Bitta於1878年加上。

1.廣場擺滿賣畫攤位／2.《摩爾人噴泉》是貝尼尼晚期設計的作品／3.《海神噴泉》後來陸續加上雕像／4.以曲線呈現空間動感的「競賽場的聖阿格妮絲教堂」／5.貝尼尼的《四河噴泉》表現出他精湛的技藝／6.暗指擔心對面教堂會崩塌的單手頂住的巨人／7.象徵非洲尼羅河的蒙頭掩面巨人／8.象徵亞洲恆河的巨人雕刻

┃散步延伸┃

為市井小民發聲的雕像

羅馬有幾尊為市井小民對統治者提出批評發聲的雕像，如多利亞・潘菲里美術館附近的《勞動者》(Il Facchino)、卡比托博物館新宮的《河神》(Marforio)、西班牙廣場狒狒街(Via del Babuino)的狒狒噴泉中的《狒狒》(Il Babuino)等都是羅馬會說話的雕像，其中尤以拿佛那廣場摩爾人噴泉附近的《巴斯魁諾》(Pasquino)雕像最著名。這尊雕像應是西元前3世紀希臘風格的出土文物，於1501被遷移現址。

在皇權統治時代，市民的言論並不自由，傳說在16世紀附近一名機智的鞋匠(也有說是理髮師或裁縫) 巴斯魁諾生性率直，他將對統治當局不滿的

有什麼話，由他替你發聲

評論，寫成諷刺詩文張貼在這尊雕像下方，批評言論讓市民感同身受，使得這座雕像聲名大噪，也引起其他人效法，雕像便成言論自由的最佳傳聲筒象徵，讓人民藉此暢所欲言。

(左)臉部已受損的《勞動者》雕像／(右)《狒狒》雕像的原形是羅馬神話半人半羊西勒諾(Silenos)，但被嫌長得太醜，像一隻狒狒，最後反而以此為名

聖阿格妮絲雕像

南美洲普拉特河單手向上頂住的巨人

羅馬──圓形競技場區

羅馬──真理之口區

羅馬──拿佛那廣場區

羅馬──萬神殿區

羅馬──西班牙廣場區

羅馬──特米尼中央車站區

羅馬──跨臺伯河區

梵蒂岡──熱門景點

巴拉克古代雕塑博物館
Museo di Scultura Antica Giovanni Barracco

這棟建於16世紀的美麗宮殿館藏頗豐，由1886年擔任參議員的貴族Giovanni Barracco收藏，並於1904年贈羅馬市政府。

博物館不大，分兩層樓9個展示廳。從西元前27世紀的古埃及雕刻，到希臘、艾特魯斯哥(Etrusco)、羅馬中世紀藝術雕塑。一樓以埃及和美索不達米亞藝術為主，二樓則為展示希臘和羅馬藝術，約有400件藏品。

Data
✉ Corso Vittorio Emanuele, 166A
☎ 06-0608(09:00～19:00) ➡ 搭46、62、64、916號公車到Corso Vittorio Emanuele (Navona)站，再步行1分鐘 🕐 週二～日10:00～16:00(15:30入場)，12/24、12/31 09:00～14:00(13:30前入場) 休 週一、5/1、12/25 💲 免費 http www.museobarracco.it ⁉ 地下室有免費的洗手間可利用 MAP P.97

1.西元前13世紀黑花崗岩的法老塞提一世(Sethi I)頭像／2.博物館外觀／3.一樓展示廳／4.梵蒂岡聖彼得大教堂的西元12世紀馬賽克鑲嵌／5.西元前1世紀殯葬裝飾品的木乃伊面具／6.二樓展示廳

羅馬：圓形競技場區

羅馬：真理之口區

羅馬：拿佛那廣場區

羅馬：萬神殿區

羅馬：西班牙廣場區

羅馬：特米尼中央車站區

羅馬：跨臺伯河區

梵蒂岡：熱門景點

第6站

花田廣場
Campo de' Fiori

貼近當地人生活的市集

　　15世紀時曾為羅馬市中心的花田廣場，位於拿佛那廣場的南邊。在白天，廣場擺滿各種賣花卉蔬果、乾貨食材和生活日用品的攤販，四周有餐廳、披薩店和咖啡館，人潮川流不息。這座廣場沒有建教堂，在羅馬是很特別的，而且在這麼喧鬧的市集，很難想像過去卻曾是公開執行死刑之處，廣場

中央還立著一尊因思想不容於當時反宗教改革而被視為異端的哲學家布魯諾(G. Bruno)雕像，以紀念他在1600年於此地被處以火刑。

　　緊鄰廣場的古老街道兩側傳統商鋪林立，而且周遭仍保留過去以職業命名的街名，如鎖匠路(Via dei Chiavari)、製帽路(Via dei Cappellari)、裁縫路(Via dei Giubbonari)等，以及過去是貧民窟的猶太區(Ghetto)，至今還有濃厚的中世紀古風。

文藝復興建築環繞

　　廣場附近有不少文藝復興時期的大廈，其中以16世紀樞機主教法內澤(A. Farnese，1534年被選為教宗保祿三世)委任米開

朗基羅等名家參與設計的法內澤宮(Palazzo Farnese)最宏偉，目前是法國大使館駐所，並不開放參觀。宮殿後面的朱利亞街(Via Giulia)是羅馬一條靜謐雅緻的街道，還有一座當初米開朗基羅為了連接法內澤宮和河對岸的法內澤別墅所造的拱道，但終因無法達成而作罷。

1.廣場中矗立著被視為異端的哲學家布魯諾紀念雕像／2.廣場四周餐廳是老饕常去的地方／3.花田廣場白天是熱鬧市集／4.目前是法國大使館的法內澤宮

Data

✉ Piazza Campo de' Fiori ➡ 搭46、62、64、916號公車到Corso Vittorio Emanuele (Navona)站，再步行約3分鐘 **MAP** P.97

史帕達美術館
Galleria Spada

美術館坐落於同名的16世紀的宮殿，建築以羅馬名人雕像、飾帶和花卉點綴，為羅馬著名的文藝復興建築風格代表之一，由史帕達樞機主教(B. Spada，1594～1661)在1637年買下。館內分4個房間，主要展示17～18世紀巴洛克名家繪畫，大多為這位樞機主教的私人收藏，館方提供包括英文在內的說明書，方便遊客參觀對照。

美術館結束參觀後，別忘了在售票處旁可通往中庭花園，這裡有史帕達樞機主教於1653年，委博洛米尼以總長8公尺逐漸加高地板以及縮小牆體和拱頂，創出實際長度4倍以上的深邃柱廊視覺假象，且在遠端盡頭放上60公分的雕塑來加強效果，頗具趣味。

1

Data

✉ Piazza Capo di Ferro, 13 ☎ 售票06-6832409，06-6874896 ➡ 搭46、62、64、916號公車到Corso Vittorio Emanuele (Navona)站，再步行約5分鐘 ◷ 週一、三～日08:30～19:30(19:00前售票) 休 週二、1/1、12/25 $ €6，18～25歲歐盟公民優待票€2，未滿18歲免費 http galleriaspada.cultura.gov.it，訂票www.ticketone.it/artist/galleria-spada(預訂費€1) MAP P.97

2

3

4

5

1.以羅馬名人雕像、飾帶和花卉點綴的史帕達宮／2.視覺景象是實際長度的4倍以上／3.第一室正中央即為史帕達樞機主教的畫像／4.柱廊視覺假象的中庭花園／5.館內各廳展示

110

羅馬 圓形競技場

羅馬 真理之口區

羅馬 拿佛那廣場區

羅馬 萬神殿區

羅馬 西班牙廣場區

羅馬 特米尼中央車站區

羅馬 跨臺伯河區

梵蒂岡 熱門景點

▲南瓜花披薩
適合素食朋友

▲披薩盒子有
濃濃乳酪香

Pizzeria Da Baffetto

餅皮香脆的窯烤披薩

名為「小鬍子」的Baffetto披薩店，小小店內白牆上掛滿舊照片，除了創始人，當中不乏名人與第二代老闆合照，是一間家常味十足的老餐館，樸實溫馨。

開放式的窯烤披薩空間不大，師傅熟練的先桿餅皮，再鋪上番茄糊和餡料，接著放進燒著柴火的烤爐一氣呵成。剛出爐的披薩香味四溢，Baffetto招牌披薩是人氣餐點，有番茄、蘑菇、洋

位於小巷內的Baffetto披薩店

蔥、彩椒、朝鮮薊和一顆新鮮雞蛋等餡料，食用時將半熟蛋輕輕劃開，讓金黃色蛋液流出，口感酥脆美味；若喜歡重起司口味，推薦內含起司、蛋、火腿和蘑菇的披薩盒子(Calzone)，再點個店家提供的平價紅酒搭配，香醇好喝。

酒足飯飽之後，若還有個甜點胃，這裡的提拉米蘇(Tiramisù)滑順香濃，味道十分誘人。

✉ Via del Governo Vecchio, 114 ☎ 06-6861617 ➡ 搭40、46、62、64、190(假)、916號公車到Chiesa Nuova站，朝拿佛那廣場方向走約4分鐘 ⏰ 週三～日12:00～15:30、18:00～00:00 休 週二 💲 一份披薩約€10，店家提供的紅酒半公升€8 http www..pizzeriabaffetto.it ℹ 饕客不少，建議營業前10分鐘到店等；結帳會要求加小費 MAP P.97

Frigidarium

以傳統手法現場製作的冰淇淋

秉持傳統手法現場製作、水果冰淇淋的天然水果含量至少50%以上的冰淇淋店，即位於前面介紹披薩店隔一條小巷，靠著口碑，店門口總是不少人排隊。

水果含量至少一半以上的水果冰淇淋

店門口總是不少人排隊

冰淇淋口味不少，若喜歡焦糖口感，可以點Fridgidarium招牌口味，會附上巧克

力餅乾，還免費淋上黑或白巧克力。若喜歡清爽水果口味，這裡的芒果、開心果口味都很受歡迎。

✉ Via del Governo Vecchio, 112 ☎ 06-31052934 ➡ 搭40、46、62、64、916號公車到Chiesa Nuova站，朝拿佛那廣場方向走約4分鐘(與Da Baffetto披薩店相鄰) ⏰ 10:30～01:00 💲 依杯大小€2.5～5 http www.frigidariumgelateria.com MAP P.97

Forno Campo de'Fiori

新鮮有咬勁的披薩

經營30多年的披薩店，位在花田廣場角落，現場製作保有新鮮口感，頗受當地人的好評。先到披薩臺指定大小和種類，秤好價錢，服務員會給繳費單，需到旁邊收費櫃檯繳完費用後，再憑收據拿披薩。除了切片秤重披薩，這裡還有各烘焙餅乾和麵包、三明治等選擇，但還是以披薩最受歡迎。

點了一份櫛瓜披薩，麵皮酥脆、有嚼勁，而餡料仍保持濕潤度，一口咬下，新鮮蔬果、乳酪和橄欖油融為一體，豐富層次的味蕾感受，很不錯！

◀櫛瓜披薩酥脆、有嚼勁

除了披薩，還有各烘焙餅乾和麵包

受當地人喜愛的披薩店

✉ Campo de' Fiori, 22 ☎ 06-68806662 ➡ 搭46、62、64、916號公車到Corso Vittorio Emanuele (Navona)站，再步行2分鐘 🕐 07:30～14:30、16:45～20:00，7、8月的週六07:30～14:30 休 週日 💲 平均€5～10 http www.fornocampodefiori.com MAP P.97

▼注重來自天然成分的GROM冰淇淋

GROM

來自有機農場的連鎖冰淇淋店

標榜製品來自所經營的有機農場新鮮原料，不添加人工色素、香料防腐劑或乳化劑，甚至冰淇淋杯和挖的小勺子都講究製造成分，除了固定推出的口味以外，還會隨著季節更換不同口味，是義大利知名的連鎖冰淇淋店。

喜歡巧克力口味的朋友，可以點來自義大利中部山城佩魯賈(Perugia)出產的Bacio巧克力，能吃到一顆顆濃郁的巧克力，是義大利獨有的口味。至於綿密水果冰沙的Sorbetti，水果含量也有50%

強調不添加人工色素和香料的GROM冰淇淋

以上，可以試試檸檬(Limone)和哈密瓜(Melone)口味，口感清爽。

✉ Via Agonale, 3 ☎ 06-68807297 ➡ 搭30、70、81、87、492、628號公車Senato站，朝拿佛那廣場走約1分鐘 🕐 週日～四10:00～23:30，週五、六10:00～00:00 💲 依杯大小€3.2～5.5，另有特大€7 http www.grom.it MAP P.97

I dolci di Nonna Vincenza

西西里傳統口味糕餅

✉ Via dell'Arco del Monte,98A/B 📞 06-92594322 ➡ 從花田廣場沿著Via dei Giubbonari，再接Via dell'Arco del Monte共走約3分鐘 🕐 週二~五07:30~19:00，週六、日08:00~19:00 休 週一 $ 平均€2~10 http www.dolcinonnavincenza.com MAP P.97

專賣西西里傳統糕點的I dolci di Nonna Vincenza，自1997年於西西里島創店，經過20多年遍及米蘭、波隆那和羅馬都有分店。色彩鮮豔是西西里甜點的特色，除了以杏仁翻糖包覆蛋糕，也常運用無花果、草莓、杏桃、柳橙、檸檬等各類水果蜜餞裝飾，顯得繽紛亮眼。

各種水果塔和泡芙也很誘人

羅馬分店布置雅緻，琳瑯滿目的西西里傳統甜點，如香酥奶酪捲

香酥奶酪捲是西西里特產

加上杏仁翻糖的乳酪蛋糕

(Cannoli)、杏仁翻糖裝飾的乳酪蛋糕(Cassata)，還有擺滿櫥櫃的杏仁餅乾、手工巧克力和橘皮蜜餞，是喜愛甜食朋友滿足味蕾享受的好去處。

購物推薦
·拿佛那廣場區·

Officina Profumo-Farmaceutica di Santa Maria Novella

修道院藥妝保養品

源自1221年修道院藥草園的Officina Profumo-Farmaceutica di Santa Maria Novella，是全世界最古老的藥妝店之一。標榜以高級的花草和果實遵照古法提煉的各種保養品，除了一般家庭日用的牙膏、肥皂外，男女的古龍水、香水、身體和頭髮保養品也很受歡迎。

該品牌標榜以天然花草果實提煉

保濕化妝水是該品牌的人氣商品

店內陳列各種高級清潔、保養品

✉ Corso del Rinascimento,47 📞 06-6879608 ➡ 搭30、70、81、87、492、628號公車到Rinascimento站，店在站牌旁 🕐 10:00~19:30 http www.smnovella.com MAP P.97

羅馬｜圓形競技場區

羅馬｜真理之口區

羅馬｜拿佛那廣場區

羅馬｜萬神殿區

羅馬｜西班牙廣場區

羅馬｜特米尼中央車站區

羅馬｜跨臺伯河區

梵蒂岡｜熱門景點

萬神殿區
Pantheon

無論是樸質莊嚴的羅馬帝國遺址萬神殿、投幣許願再返羅馬浪漫傳說的特雷維噴泉等人氣景點，或是百年冰淇淋老店和香氣濃郁的咖啡店，都集中在此區，既能滿足參觀經典行程的需求，也能享受美食帶來的愉悅心情，是首次到羅馬的必訪之地。

一日行程表

出發
↓
🚌 塔公車到Tritone
(Fontana di Trevi)站
↓
🚶 240公尺／徒步約3分鐘

❶ 特雷維噴泉
（許願池）
↓
🚶 350公尺／徒步約5分鐘

❷ 圓柱廣場
↓
🚶 400公尺／徒步約5分鐘

❸ 多利亞·潘菲里
美術館
↓
🚶 500公尺／徒步約6分鐘

❹ 萬神殿
↓
🚶 240公尺／徒步約3分鐘

❺ 法國人的聖路易教堂
↓
🚶 450公尺／徒步約5分鐘

❻ 密涅娃神廟上的
聖母教堂
↓
🚶 300公尺／徒步約4分鐘

❼ 耶穌會教堂

回程
↓
🚶 350公尺／徒步約5分鐘到
Corso Vittorio Emanuele
(Argentina)公車站

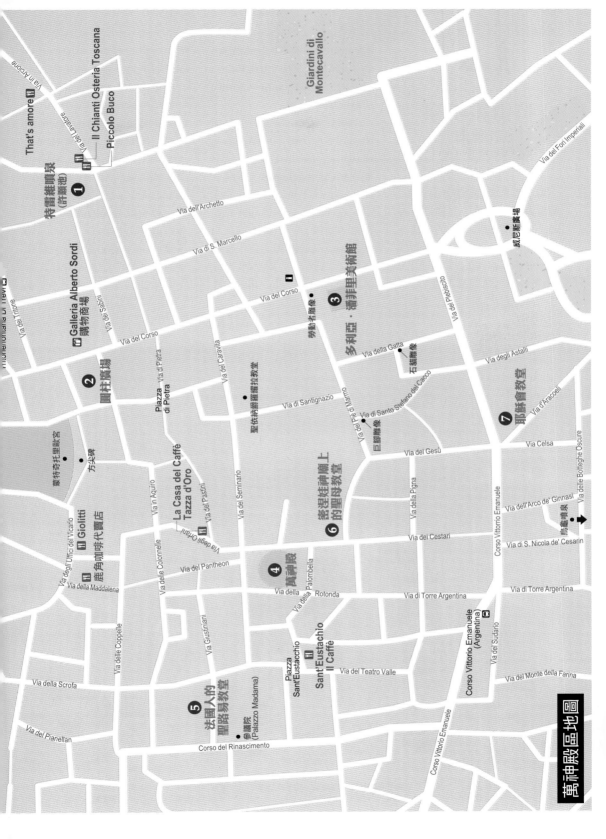

萬神殿區地圖

That's amore 🍴

Il Chianti Osteria Toscana

Piccolo Buco

Via in Arcione

Via dell'Archetto

特雷維噴泉
(許願池)
①

Via dei Sabini

Via del Corso

Via di S. Marcello

🛍 Galleria Alberto Sordi
購物商場

圓柱廣場
②

Via del Corso

Piazza
di Pietra

Via di Pietra

Via del Caravita

聖依納爵羅耀拉教堂

勞動者雕像

Via del Corso

多利亞・潘菲里美術館
③

Via della Gatta

石貓雕像

Via degli Astalli

Via di Santignazio

Via de' Pie' di Marmo

巨腳雕像

Via di Santo Stefano del Cacco

耶穌會教堂
⑦

Via d'Aracoeli

豪特奇托里歐宮

方尖碑

Via del Seminario

Via del Gesù

Via Celsa

Via del Plebiscito

威尼斯廣場

Via del Fon Imperiali

Giardini di
Montecavallo

La Casa del Caffè
Tazza d'Oro

Via in Aquiro

賽提娃神廟上
的聖母教堂
⑥

Via della Pigna

Corso Vittorio Emanuele

Via dell'Arco de' Ginnasi

Via delle Botteghe Oscure

🍴 Giolitti

鹿角咖啡代賣店

Via degli Uffici del Vicario

Via degli Orfani

Via de' Pastini

Via della Maddalena

Via delle Colonnelle

Via del Pantheon

萬神殿
④

Via della
Rotonda

Via della Palombella

Via dei Cestari

Via di Torre Argentina

Via di S. Nicola de' Cesarin

鳥龜噴泉 →

Via di Torre Argentina

Via delle Coppelle

Via Giustiniani

Piazza
Sant'Eustachio
Sant'Eustachio
Il Caffè

法國人的
聖路易教堂
⑤

參議院
(Palazzo Madama)

Via del Teatro Valle

Corso Vittorio Emanuele
(Argentina)

Via del Sudario

Via del Monte della Farina

Via della Scrofa

Via del Pianellan

Corso del Rinascimento

Corso Vittorio Emanuele

特雷維噴泉
(許願池)
Fontana di Trevi

隱身在街巷內的特雷維噴泉，名稱源自這裡是三叉路口(Trevie)，是目前羅馬最大的巴洛克式噴泉。1730年羅馬建築師沙維(Nicola Salvi)設計競賽勝出，2年後授命於教宗克萊孟十二世(ClementeXII)重新設計此噴泉，到1751年沙維去世，由建築師帕尼尼(Giovanni Paolo Pannini)接續完成。

俗稱許願池的特雷維噴泉所使用的水源，最早可溯及西元前19年屋大維的女婿兼大臣阿格立帕(M.Agrippa)，修建一條長達20公里供浴場使用的水道，這裡即是該水道的終點；後來傳說曾有一名少女將此泉水告訴口渴的羅馬士兵，往後這條水道就以「少女水道」(Acquedotto Vergine)稱呼，在噴泉中央的海洋之神(Oceano)雕像右上角浮雕，即是描述少女向士兵指出水源的情形。

整座噴泉以波利宮(Palazzo Poli)的牆面刻以君士坦丁凱旋門形狀為背景，中央站在海貝上的海洋之神雕像，是由巴洛克晚期雕塑家伯拉奇(Pietro Bracci)於1762年完成。下方各有一尊駕馭著馬的海神信使人魚特里同(Tritone)，溫順(右)和不馴服(左)的兩匹馬分別象徵平靜與洶湧的河流。海洋之神左右兩側的女神雕像，手拿水

特雷維噴泉雕像寓意

屋大維的女婿阿格立帕批准建造水道雕像

代表四季的少女雕像

兩天使分立教宗克萊孟十二世牧徽

少女向士兵指出水源雕像

象徵富庶的女神雕像

駕馭不受馴服海馬的人魚信使

在海貝上的海洋之神

駕馭溫順海馬的人魚信使

象徵健康的女神雕像

果代表「富庶」和拿著一條蛇喝著水的杯子寓意「健康」，而在上方山形牆的4尊帶著禮物的少女雕像則象徵四季。

坊間盛傳，只要背對水池，拿著一枚硬幣過肩丟入池中許願，日後將有機會重回羅馬，到許願池記得試試喔！

Data

✉ Piazza di Trevi ➡ 搭C3、52、53、62、63、71、83、85、117、160、492號公車到Tritone(Fontana di Trevi)站下車，再步行約3分鐘 🌐 www.sovraintendenzaroma.it ❓ 這裡扒手猖獗，是警察巡邏重點，要特別注意隨身物品 🗺 P.115

特雷維噴泉是羅馬最大的巴洛克式噴泉

站在海貝上的海洋之神神情威武

整座噴泉氣勢磅礴

駕馭著馬的兩尊人魚信使

羅馬 圓形競技場區

羅馬 真理之口區

羅馬 拿佛那廣場區

羅馬 萬神殿區

羅馬 西班牙廣場區

羅馬 特米尼中央車站區

羅馬 跨臺伯河區

梵蒂岡 熱門景點

圓柱廣場
Piazza Colonna

　　呈方形的圓柱廣場因矗立奧雷利歐皇帝紀念柱(Colonna di Marco Aurelio)得名，北側是建於1562～1580年的基吉宮(Palazzo Chigi)，曾經是奧匈帝國的大使館，現為總理府。

　　西元180年羅馬帝國五賢君的最後一位皇帝奧雷利歐皇帝(即卡比多博物館廣場騎馬銅像)去世，為了紀念他打敗北方日耳曼外族入侵，於西元193年豎立此圓柱，由28塊大理石堆砌而成的高柱，外觀幾乎是圖拉真圓柱的翻版，柱身以螺旋浮雕展現這位皇帝御駕親征的場景，柱頂的皇帝雕像在1589年被教宗西斯都五世委文藝復興晚期建築師豐塔納(D. Fontana)重新換成聖保羅銅像。

蒙特奇托里歐宮前方尖碑

　　由圓柱廣場南邊小巷進入蒙特奇托里歐廣場(Piazza di Montecitorio)，正面是最早曾由貝尼尼參與設計的蒙特奇托里歐宮(Palazzo Montecitorio)，不過工程一度延宕50多年，直到1694年落成作為教廷法庭，1871年改為義大利眾議院(Camera dei Deputati)院址。

　　廣場上的埃及方尖碑為奧古斯都從埃及帶回的戰利品，最早豎立在附近的戰神廣場街(Via di Campo Marzio，目前

呈方形的廣場

羅馬：圓形競技場區

羅馬：真理之口區

羅馬：豪佛那廣場區

羅馬：萬神殿區

羅馬：西班牙廣場區

羅馬：特米尼中央車站區

羅馬：跨臺伯河區

梵蒂岡：熱門景點

該街48號的地窖仍保留以星座符號和刻度的子午線，但不對外開放），後因地震傾倒，經過整修於1792年教宗庇護六世(Pio VI)下令移到此廣場。方尖碑頂部裝飾的銅球原是奧古斯都約於西元前10年設置的日晷(Meridiana di Augusto)，中間有一個小孔，當陽光穿過小孔投射到地面以標出時刻，不過現在已失去功能了。

現為義大利眾議院的蒙特奇托里歐宮

｜散步延伸｜

寬敞舒適購物商場Galleria Alberto Sordi

購物空間寬敞舒適

圓柱廣場東側橫跨科索大道(Via del Corso)的一座購物藝廊，原稱「圓柱藝廊」(Galleria Colonna)，2003年為了紀念義大利著名集演員、導演、編劇和作曲家於一身的阿爾貝托・索迪(Alberto Sordi)而改名稱。目前藝廊約10多家商店進駐，提供享受美食、購物或休息的小天地。

✉ Piazza Colonna
☎ 06-69190769
➡ 同「圓柱廣場」
🕐 週一～五08:30～21:00，週六08:30～22:00，週日09:30～21:00
🌐 galleriaalbertosordi.com
🗺 P.115

現為總理府的基吉宮

▼方尖碑頂銅球原本有陽光投影的計時功能

銅球中間▶
有一個小孔

Data

✉ Piazza Colonna ➡ 搭51、52、53、62、63、71、80、83、85、100、117、119、160、492號公車到Largo Chigi站下車，再步行約1分鐘 🗺 P.115

多利亞·潘菲里美術館
Galleria Doria Pamphilj

美術館屬於羅馬中世紀潘菲里貴族的私人收藏，特別自Giovanni Battista Pamphilj在1644年被選為教宗依諾謙十世後典藏逐漸多；往後的家族成員又與多利亞(Doria)貴族聯姻，收藏數量大增，如今美術館以兩家族聯名，目前家族的後代仍居住在這裡。

館內收藏15～18世紀的繪畫達400多幅，其中較受矚目的有拉斐爾的《雙人畫像》(Doppio Ritratto)、卡拉瓦喬的《逃向埃及途中休息》(Riposo durante la fuga in Egitto)，還有西班牙宮廷畫家維拉茲奎茲(Velázquez)於1650年畫《依諾謙十世》(Innocenzo X)肖像等名作。

館裡設有書店和出口通往的「多利亞咖啡館」(Caffè Doria)，裡面陳設雅緻，不妨在此點杯咖啡，讓自己沉浸在文藝氛圍享受片刻的寧靜。

1.博物館入口／2.位於美術館地面樓的中庭花園／3.充滿文藝氣息的多利亞咖啡館

Data

✉ Via di Corso,305 ☎ 06-6797323 🚍 搭C3、51、62、63、80、83、85、160、492號公車到Corso(ss. Apostoli)站 🕐 週一～四09:00～19:00，週五～日10:00～20:00，12/24 09:00～16:30、12/31 09:00～19:00，最後進入於關閉前1小時 ❌ 每月第三個週三、1/1、12/25 💲 €16，12歲以下免費，線上預訂費€1，票價含義、英、法語音導覽費，買票時需指定語言 🌐 www.doriapamphilj.it ℹ️ 1.拍照禁用閃光、三腳架和自拍器，照片不允許用於商業用途；2.因屬私人收藏，不適用Roma Pass 🗺️ P.115

鏡頭特寫

有趣的路邊雕像

在萬神殿周圍窄巷漫步，經常出其不意出現有趣的雕像坐落街角，讓人驚喜。由多利亞‧潘菲里美術館附設的咖啡館出來是一條名為「母貓街」的巷道，仔細瞧，原來是因為街角大樓上有一隻大理石貓雕像而得名。

另外，通往萬神殿的大理石腳巷(位於Via del Piè di Marmo和Via di Santo Stefano del Cacco交叉口)旁，穿著古代涼鞋的大理石巨足靜靜擺在這裡彷彿被遺忘，這應該是埃及女神伊希斯(Iside)神廟雕像的部分。

MAP P.115

大理石巨足雕像

← 標示「母貓街」的路牌

居高臨下的母貓看著往來路人

|散步延伸|

聖依納爵羅耀拉教堂(Chiesa di Sant'Ignazio di Loyola)

位於多利亞‧潘菲里美術館附近的聖依納爵羅耀拉教堂，是紀念倡導反宗教改革兼耶穌會創始人聖依納爵羅耀拉。教堂受到了耶穌會教堂的影響，以科林斯式壁柱和鍍金、彩色大理石突顯華麗的巴洛克式祭臺。

這座教堂呈長大於寬的拉丁十字平面，兩側有許多小堂，尤其是建築師兼畫家的耶穌會會士安德列‧波佐(Andrea Pozzo)，在1685年畫出虛幻壯觀的天頂畫，畫中以宣揚聖依納爵在天國受到基督和聖母的歡迎，代表四大洲的四位女人環繞在旁，堂方也備有反射鏡讓訪客看清楚充滿幻覺的這幅畫。

教堂外觀

✉ Via del Caravita,8A

📞 06-6794406

➡ 搭C3、62、63、83、85、160、492號公車到Corso (minghetti)站，再走約3分鐘

🕐 09:00～23:30

http santignazio.gesuiti.it

❓ 1.禁穿無袖、短褲、短裙，保持肅靜
2.拍照禁閃光和錄影

MAP P.115

虛幻的天頂畫十分壯觀

羅馬「圓形競技場區」
羅馬「真理之口區」
羅馬「拿佛那廣場區」
羅馬「萬神殿區」
羅馬「西班牙廣場區」
羅馬「特米尼中央車站區」
羅馬「跨臺伯河區」
梵蒂岡「熱門景點」

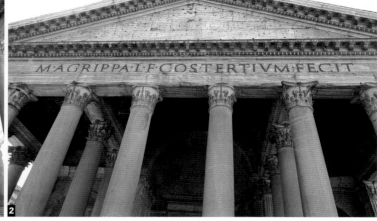

萬神殿
Pantheon

Data

✉ Piazza della Rotonda ☎ 06-68300230、347-8205204 ➡ 搭30、40、46、62、64、70、81、87、190、492、628、913、916號公車到Argentina站再步行5分鐘 🕐 09:00～19:00(18:30前進入)、週日和假日10：30彌撒，不對外開放參觀 🈺 1/1、12/25 💲 €5，每月第一個週日免費 http www.pantheonroma.com ❓ 1.禁穿無袖、短褲、短裙，保持肅靜；2.拍照禁閃光和錄影 MAP P.115

外方內圓的古羅馬建築

取名「眾神之廟」的萬神殿，是羅馬保存最完善的古羅馬帝國建築，西元前27～25年奧古斯都女婿阿格立帕(M. Agrippa)為了紀念和奧古斯都在西元前31年遠征埃及獲勝所建的長方形神殿，後被大火燒毀；目前的樣式則為哈德連皇帝於西元125年前後建成，不過神殿正面的山牆仍寫著「馬克‧阿格立帕，Lucius之子，在他的第三執政官任期建造」(M‧AGRIPPA‧L‧F‧COS‧TERTIVM‧FECIT)，以對創建者的尊重。

到了西元609年，教宗博理法裘四世(Bonifazio IV)將萬神殿改為天主教教堂，更名為「聖母與諸殉道者教堂」(Basilica di Santa Maria ad Martyres)，假日均在此舉行彌撒，1980年也被列入教科文組織世界文化遺產。

圓形天窗是唯一自然光源

神殿前廊有16根高14公尺的科林斯式圓柱，正門左右兩邊各有一拱龕，中間應原為豎立奧古斯都和阿格立帕雕像。神殿內部呈半球形的圓頂，高度和直徑都是43.30公尺的完美比例。為了承受這麼大的圓頂重量，以5層內凹藻井裝飾減輕重量，而圓頂的厚度也由5.9公尺逐漸變薄到屋頂的1.5公尺，以致在這麼大的空間不需柱子支撐卻能保存2,000年，建築手法實屬罕見。

神殿四面無窗，唯一的自然光源來自屋頂直徑8.92公尺的圓型天窗。天氣晴朗時，光線從天窗投射圓形的光圈，並隨著太陽的移動而改變光線角度，就像是帶來神聖莊嚴的光芒；假如碰上雨天，為了防止內部積水，大理石地板也設計22個排水孔。

遊客群聚的噴泉和方尖碑

教堂內部四周的壁龕，入口右側是義大利1870年統一後首任國王艾曼紐二世陵墓，左側為艾曼紐二世的兒子翁貝托一世(Umberto I)和皇后的陵寢，旁邊最多遊客聚集處，則是藝術家拉斐爾之墓。

神殿外的圓形廣場(Piazza della Rotonda)是遊客拍照聚集地，也吸引不少街頭藝人表演。廣場有一座方尖碑和噴泉，噴泉裡各式樣的海中動物和人頭雕像是米開朗基羅的學生波爾塔(G. della Porta)於1575年的設計；到了1711年，教宗克萊孟十一世委巴里焦尼(F. Barigioni)建築師移來埃及方尖碑加在噴泉上。

1.正門左右各有一拱龕／2.三角山牆上仍保留首創者的名字／3.外方內圓的萬神殿／4.圓頂每層內凹藻井都是28塊組成／5.天窗射入的圓形光圈，會隨著太陽的移動而變化／6.藝術家拉斐爾長眠之處／7.神殿外的廣場是遊客拍照休息聚集地／8.可線上訂票或現場售票機買票

羅馬「圓形競技場區」

羅馬「真理之口區」

羅馬「拿佛那廣場區」

羅馬「萬神殿區」

羅馬「西班牙廣場區」

羅馬「特米尼中央車站區」

羅馬「跨臺伯河區」

梵蒂岡「熱門景點」

法國人的聖路易教堂
Chiesa di San Luigi dei Francesi

　　這座法國在羅馬所建的國家教堂，是設計萬神殿噴泉的波爾塔主導，由建築師豐塔納(D. Fontana) 於1518～1589年興建，內部以金、銀兩色系裝飾以凸顯教堂莊嚴的氣氛，這裡也是許多法國名人在羅馬的長眠之地。

　　教堂最受矚目的是面對祭臺左側廊第五間的孔塔雷利小祭堂(Cappella Contarelli)，堂裡三面牆分別掛著3幅卡拉瓦喬在1599～1602年間首次宗教創作的《聖馬太蒙召》(Vocazione di San Matteo)以及《聖馬太與天使》(San Matteo e l'angelo)，也譯為《聖馬太的靈感》(L'ispirazione di San Matteo) 和《聖馬太殉道》(Martirio di San Matteo)。這3幅以寫實手法所繪的宗教色彩油畫，運用強烈光影對比，讓畫中人物似乎從昏暗的背景一躍而出，以表達原是罪人的稅吏「馬太」如何被召喚成為耶穌使徒的主題；想觀看這3幅名畫，需投幣照明機器才會亮燈。

教堂以金、銀兩色突顯莊嚴的氛圍

Data

✉ Piazza di San Luigi dei Francesi
☎ 06-688271 ➡ 搭30、70、81、87、492、628號公車到Cinque Lune(Senato)站再步行約3分鐘，從萬神殿步行約3分鐘 🕐 上午週一～五09:30～12:45、14:30～18:30，週六09:30～12:15、14:30～18:30，週日11:30～12:45、14:30～18:30；彌撒時間不對外開放參觀 http saintlouis-rome.net MAP P.115

教堂左側的孔塔雷利小祭堂前，擠滿遊客一睹卡拉瓦喬名畫

《聖馬太蒙召》　　　　　《聖馬太與天使》　　　　　《聖馬太殉道》

▲仔細看，小象背上飄動的流蘇也是刻出來的

◀教堂前有貝尼尼設計的小石象雕塑

第6站

密涅娃神廟上的聖母教堂
basilica di Santa Maria sopra Minerva

米開朗基羅的作品
《救世主》

羅馬市區的許多教堂在16～17世紀多改建為華美的巴洛克式風格，唯獨這座13世紀建於密涅娃神廟廢墟上的聖母堂，仍保留原來簡樸樣式和彩繪玻璃的哥德式建築，這在羅馬相當少見。

這座教堂曾是道明會的根據地，當年現代天文學之父伽利略(Galileo Galilei)在教堂旁的修道院做研究，證明哥白尼以太陽為中心的「地動說」而受到教會審判，被迫在這座教堂懺悔，讓這座教堂蒙上一段不光彩的歷史。

教堂內呈簡單的拱頂建築，周圍的小祭堂為15世紀教宗與藝術家等名人陵寢。其中主祭壇左側耶穌握著十字架的《救世主》(Redentore)是米開朗基羅1520年的作品，以及文藝復興早期佛羅倫斯畫派的利比(Filippino Lippi)在卡拉法小堂(Cappella Carafa)所畫的宗教溼壁畫最著名。

教堂外廣場有一隻小石象拉長鼻子背負不高的埃及方尖碑，是1667年教宗亞歷山大七世(Alexander VII)聘貝尼尼設計，由貝氏和他的學生完成。

Data

✉ Piazza della Minerva, 42 ☎
06-69920384 ➡ 搭30、40、46、62、64、70、81、87、492、628、913、916號公車到Argentina站，再步行約4分鐘
🕐 週一～五08:00～20:00，週六、日
10:30～13:00、14:00～19:30 🌐 www.
santamariasopraminerva.it MAP P.115

四周彩繪玻璃的哥德式教堂

羅馬｜圓形競技場區

羅馬｜真理之口區

羅馬｜拿佛那廣場區

羅馬｜萬神殿區

羅馬｜西班牙廣場區

羅馬｜特米尼中央車站區

羅馬｜跨臺伯河區

梵蒂岡｜熱門景點

耶穌會教堂
Chiesa del Gesù

16世紀後期天主教教會因出售贖罪券而備受質疑，因此有馬丁路德等人提倡的宗教改革。天主教教會為了提高人們對教會的尊崇敬畏，紛紛建造注重華麗裝飾的巴洛克藝術建築來榮耀教會，這座耶穌會教堂由耶穌會的創辦人聖依納爵‧羅耀拉於1551年提出建造，是典型反宗教改革的巴洛克式教堂。

這座羅馬首座耶穌會教堂最早由米開朗基羅統籌，1564年米氏過世後，由16世紀羅馬建築界領袖維尼奧拉(Jacopo Barozzi da Vignola)和學生波爾塔接手，1573年維尼奧拉逝世，再由波爾塔於1584年完成。以大量的寶石、飾金和大理石營造出如劇院的華麗，特別是17世紀深受貝尼尼影響、被暱稱為巴齊奇亞(il Baciccia)畫家，在教堂中殿以虛幻裝飾來表達「信徒上天國，異端下地獄」的天頂壁畫《耶穌聖名凱旋》(Trionfo del nome di Gesù)。教堂為了讓來訪者欣賞充滿幻象的這幅巨型壁畫，地面放一面反射鏡將天頂的美畫拉近。

遊客在鏡中看天頂壁畫

耶穌會教堂是往後巴洛克風格教堂的典範

Data

✉ Via degli Astalli,16 (Piazza del Gesù) ☎ 06-697001 ➡ 搭30、40、46、62、64、70、81、87、492、628、913、916號公車到Argentina站，再步行約2分鐘 ◷ 週一～五07:30～12:30、16:30～19:30，週六07:30～12:30、16:30～20:00，週日07:45～13:00、16:30～20:00 http www.chiesadelgesu.org MAP P.115

號稱羅馬裝飾最繁複的巴洛克式祭臺

中殿天頂的巨型壁畫把人物跨越框，表現出令人讚嘆的氣勢

羅馬：圓形競技場區

羅馬：真理之口區

羅馬：拿佛那廣場區

羅馬：萬神殿區

羅馬：西班牙廣場區

羅馬：特米尼中央車站區

羅馬：跨臺伯河區

梵蒂岡：熱門景點

┃散步延伸┃

告示牌提醒不能
在此飲食，噴泉
的水也不能喝

烏龜噴泉(Fontana delle Tartarughe)

　　離開耶穌會教堂後，附近位於馬蝶伊廣場(Piazza Mattei)的烏龜噴泉，是羅馬少數非教宗下令建造，而是由私人贊助興建的噴泉之一。在1580年，羅馬當局同意將水道移至貴族馬蝶伊公爵(Muzio Mattei)住家前的廣場，公爵也同意支付建造噴泉的費用。

　　「烏龜噴泉」嚴格說起來是由3位藝術家完成。噴泉主體在1581年由前面提及完成耶穌會教堂的建築師波爾塔建造，這也是波爾塔繼拿佛那廣場兩側噴泉後又一力作。至於噴泉中站在海豚上的4位少年是雕刻家蘭第尼(Taddeo Landini)在1588年的創作；到了1658年，一般認為是由貝尼尼加上4隻烏龜，以填補盆子與少年的手之間空隙。不過，因烏龜在1944年曾被偷竊，雖然事後找回，為了預防再度失竊，市政府將原作移至卡比托博物館，現場為複製品。

✉ Piazza Mattei

➡ 搭30、40、46、62、
　64、70、81、87、
　492、628、913、916
　號公車到Argentina站，
　再步行約4分鐘

⁉ 噴泉的水不可以飲用

MAP P.115

4個雙耳渦裝飾大理石的烏龜噴泉充滿浪漫風情

4位少年幫烏龜爬進盆內的造型很生動

▲商品種類多

La Casa del Caffè Tazza d'Oro

香醇便宜的咖啡名店

在萬神殿前即可聞到咖啡香的「金杯咖啡」創始於1944年，濃烈香醇的咖啡偏重烘焙，是羅馬老字號的咖啡店。到店裡喝咖啡皆需站在吧檯前享用，雖是名店，一杯咖啡也才約€1；若天氣炎熱，店裡的招牌「奶香咖啡冰沙」(Granita di caffè)消暑解渴。還有店內已烘焙的中南美咖啡豆，以及巧克力包裹一顆微苦咖啡豆的咖啡巧克力頗受歡迎，自用送禮都很合適。

在萬神殿旁已經飄香80年的金杯咖啡

在店裡喝咖啡，一律站在吧檯前享用

✉ Via degli Orfani, 84 ☎ 06-6789792 ➡ 朝面對萬神殿左側的Via degli Orfani走約1分鐘 🕐 週一～六07:00～20:00，週日10:30～19:15 💲 250g咖啡豆€6.5、80g咖啡豆巧克力€5 http www.tazzadorocoffeeshop.com ⁉ 櫃檯旁有設置免費洗手間可利用 MAP P.115

Gelateria Giolitti

走過百年的冰淇淋店

自1900年創立至今的喬立提冰淇淋店，口味多且細緻濃郁，店內總是擠滿人。先到櫃檯選杯子的大小並結帳，再拿收據到冰淇淋臺給服務員，然後選擇以甜筒(cono)或杯裝(coppa)和口味，服務員最後還會問你是否需要加免費的打泡鮮奶油(panna)。一般多外帶邊走邊吃，若想坐下來享用另加桌布費。

走過百年的冰淇淋店

以天然食材製作的冰淇淋口味不少

如今雖已經是第三代接手，但仍然保有和過去一樣的新鮮風味，在夏季推薦清甜解渴的西瓜口味，竟然還吃得到磨碎的西瓜子呢！

✉ Via degli Uffici del Vicario, 40 ☎ 06-6991243 ➡ 朝面對萬神殿左後方的Via del Pantheon直走約4分鐘 🕐 07:00～01:30 💲 依杯大中小€3.5、5、6，可各點2～3、2～4種口味 http www.giolitti.it ⁉ 店內提供免費洗手間 MAP P.115

羅馬｜圓形競技場區
羅馬｜真理之口區
羅馬｜拿佛那廣場區
羅馬｜萬神殿區
羅馬｜西班牙廣場區
羅馬｜特米尼中央車站區
羅馬｜跨臺伯河區
梵蒂岡｜熱門景點

Sant' Eustachio Il Caffè

喜歡清爽口感咖啡迷的最愛

代賣專門店商品齊全

也在萬神殿附近的鹿角咖啡，位於與店名相同的廣場角落，這是以斜對面的教堂名稱命名，也將教堂屋頂的鹿角用為該店的標誌。1938年營業至今，和金杯咖啡是萬神殿附近最享盛名的兩家咖啡店。

咖啡店在門口、吧檯以圖文明列冷熱咖啡種類和價目，讓遊客一目了然，也陳列不少相關商品。鹿角的咖啡豆以淺至中度烘焙，是喜清爽溫潤口感咖啡迷的最愛，相距不遠處有新開一家代賣專門店，喜愛者可以就近購買。

咖啡店以附近教堂的名稱命名

鹿頭為店的標誌

> ✉ Piazza Sant'Eustacchio, 82，代賣店Via della Maddalena, 35 ☎ 06-68802048，代賣店06-77251018 ➡ 朝面對萬神殿右側的Via della Rotonda走約3分鐘；代賣店：朝背對萬神殿右前方Via del Pantheon走約4分鐘 ⊙ 週日～四07:30～01:00，週五07:30～01:30，週六07:30～02:00；代賣店08:00～22:00 💲 冷熱咖啡飲品€1.9～6.5 http www.santeustachioilcaffe.com
> MAP P.115

Piccolo Buco

以番茄製成特殊餅皮

這家鄰近特雷維噴泉，店前總是滿滿排隊人潮的披薩店，擁有百年歷史的烤窯，披薩麵皮經48小時長時間發酵，再以新鮮時令蔬果手工完成。

披薩使用不同品種的番茄製成風味各異的基礎麵皮，大致分黃、紅與白3類，每一類又因所加的食材不同，可分為3～5種口味，邊緣高高鼓起的麵皮Q彈柔軟，口感不同於一般披薩。

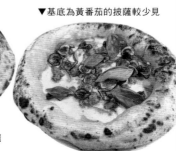

門前總是大排長龍，建議非用餐時間前往可以減少等待時間

> ✉ Via del Lavatore, 91 ☎ 06-69380163(不接受預訂) ➡ 朝面對特雷維噴泉右側Via del Lavatore走約1分鐘 ⊙ 週二～日12:00～23:00 休 週一 💲 一份圓披薩€13～18 http www.pizzeriapiccolobuco.it MAP P.115

▼基底為黃番茄的披薩較少見

▲以紅番茄為基底的瑪格麗特披薩，食材簡單卻經典

Ji Chianti Osteria Toscana

以托斯卡尼特產入菜

軟嫩順口。餐後再來一杯濃縮咖啡，還附贈手工餅乾，非常完美的組合。

▶炭烤羊肉佐馬鈴薯軟嫩順口

托斯卡尼著名黑公雞奇揚地(Chianti)葡萄酒經營的餐廳，位在俗稱許願池的特雷維噴泉附近。店內除了提供各類香醇名酒，還以托斯卡尼特有的山產和乳酪搭配紅酒入菜，麵食多為手工自製，夏季露天座位經常滿座。

餐前手工麵包口感扎實，光是沾橄欖油就很順口美味，滿推薦炭烤羊肉佐馬鈴薯(Agnello al forno con patate arrosto)，羊肉

✉ Via del Lavatore 81～82A 📞 06-6792470、06-6787550 ➡ 朝面對特雷維噴泉右側的Via del Lavatore走約1分鐘 🕐 12:00～01:00 💲 第一道主食約€12～18、第二道主菜約€18～27、一份披薩約€12～15 http www.chiantiosteriatoscana.it MAP P.115

露天座位總是高朋滿座

濃郁的咖啡配上手工餅乾，完美組合

That's amore

以新鮮食材做出美食

以「這就是愛」為店名的That's amore，提供親切服務和舒適的用餐環境，以新鮮食材推出各道傳統義大利美食。個人喜歡該店前菜的烤蔬菜佐脆薄餅(Verdure Gratinate con Focaccia Calda)和第一道菜的海鮮麵(Spaghetti Frutti di Mare)與祖母家常千層麵(Lasagna della Nonna)，每道的口感都不錯；若還意猶未盡，該店的甜點提拉米蘇(Tiramisù)香濃不膩，很受歡迎。

輕鬆舒適的用餐環境

▶烤蔬菜佐脆薄餅很開胃

◀海鮮麵料多又吃得出鮮味

✉ Via in Arcione, 115 📞 06-6790302 ➡ 搭地鐵到Barberini站下車，步行6分鐘 🕐 11:00～00:00 💲 前菜一份約€8～12，第一道主食約€12～14，第二道主菜約€16～24，一份提拉米蘇€8 http www.thatsamore-restaurant.com MAP P.115

西班牙廣場區
Piazza di Spagna

這裡是精品名店分布最密集區,逛累了,到以前藝術家最常駐足的百年咖啡館或英國茶館休息,再一路往北走到人民廣場和高大傘松環繞下的波各澤別墅,在風光明媚的大自然中,別忘了親歷一場波各澤美術館的文化饗宴,看藝術家如何用大理石雕出晶瑩剔透的淚珠,以及將椅墊花紋皺褶刻畫得淋漓盡致!

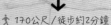
一日行程表

出發
↓
🚇 搭地鐵A線到Spagna站
↓
🚶 170公尺／徒步約2分鐘
❶ 西班牙廣場
↓
🚶 750公尺／徒步約9分鐘
❷ 和平祭壇博物館
↓
🚶 650公尺／徒步約8分鐘
❸ 人民廣場
↓
🚶 90公尺／徒步約1分鐘
❹ 人民聖母教堂
↓
🚶 2公里／徒步約25分鐘
❺ 波各澤美術館
↓
🚶 2公里／徒步約25分鐘
❻ 朱利亞別墅—國立艾特魯斯哥博物館

回程
↓
🚶 90公尺／徒步約1分鐘到Museo Etrusco Villa Giulia 電車站

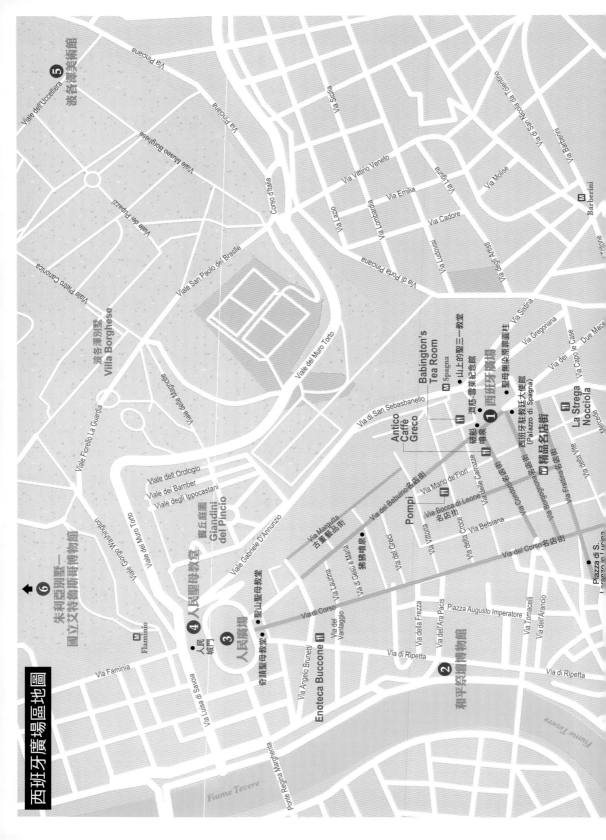

西班牙廣場區地圖

Fiume Tevere

5 波各澤美術館

6 朱利亞別墅─
國立艾特魯斯肯博物館

←

4 人民聖母教堂

3 人民廣場

2 和平祭壇博物館

1 西班牙廣場

Villa Borghese
波各澤別墅

Giandini del Pincio
賓丘庭園

Babington's Tea Room

Antico Caffè Greco

La Strega Nocciola

Pompi

Enoteca Buccone

Flaminio

Barberini

Spagna

奇蹟聖母教堂
聖山聖母教堂

山上的聖三一教堂
慈悲、雪萊紀念館
聖母無染原罪圓柱
西班牙駐教廷大使館
(Palazzo di Spagna)

破船噴泉

古董藝品街
蝴蝶噴泉

Via del Babuino 名店街

Via Mario de Fiori
Via Bocca di Leone 名店街
Via delle Carrozze 名店街

西班牙精品名店街
Via Condotti 名店街
Via Borgognona 名店街
Via Frattina 名店街

Via del Corso 名店街

Piazza di S.
Lorenzo in Lucina

西班牙廣場
Piazza di Spagna

因西班牙宮而有廣場名稱

面對廣場階梯右邊有座17世紀建造的西班牙駐教廷大使館「西班牙宮」(Palazzo di Spagna)，廣場因而得名，大使館前還有一座在1857年豎立的「聖母無染原罪圓柱」(Colonna dell'Immacolata)，以紀念教宗庇護九世(Pio IX)在3年前頒布「聖母無染原罪」成為天主教教義的一部分。

在巴洛克藝術興盛時期，很多公共建築物都舉辦設計競賽以選出最傑出的作品，西班牙階梯也不例外。法國人為了連接廣場和臺階頂端的「山上的聖三一教堂」(Chiesa della Santissima Trinit dei Monti)，1723～1725由法國出資修建135級扇形階梯，然而卻因西班牙的使館坐落附近而有「西班牙階梯」的稱呼。

至於階頂的「山上的聖三一教堂」，是16世紀由法國波旁王朝資助興建的哥德式風格建築，少有的兩座鐘樓彷彿俯視坐在臺階上的人群。

Data

✉ Piazza di Spagna ➡ 搭地鐵A線到Spagna站，再依出口指標走約3分鐘 ⁉ 禁止坐階梯和飲食 🅼 P.132

▼▶春天的花節和冬季的聖誕樹讓西班牙廣場更美

1.破船噴泉上巴貝里尼家族徽章的紋飾／
2.簡約樣式的破船噴泉／3.「濟慈──雪
萊紀念館」在廣場的角落／4.廣場名稱源
自附近的西班牙駐教廷大使館／5.使館前
的聖母無染原罪圓柱

克服低水壓的破船噴泉

　　階梯前有一座看似半沉在池中且四處漏水的《破船噴泉》(La Fontana della Barcaccia)，這應是出自貝尼尼的父親彼得(Pietro Bernini) 在1629年之作。由於這裡的水壓低，之前只有一座不起眼的小噴泉。據傳說，1598年臺伯河暴漲後淹沒原水池，教宗烏爾巴諾八世(Urbano VIII)委託彼得重建，他從臺伯河氾濫得到點子，打造出即將沉沒的一艘破船噴泉以解決水壓的問題。噴泉雖是羅馬巴洛克式噴泉最簡約的樣式，但船身仍有雕飾委建的教宗烏爾巴諾八世3隻蜜蜂家族徽章。

歷史名家曾在此流連聚集

　　西班牙廣場也受到外國文人和藝術家的喜愛，四周的氛圍似乎可以引發他們創作的靈感。如19世紀英國大文豪濟慈(Keats)和雪萊(Sherey)、音樂家李斯特(Liszt)和華格納(Wagner)等都曾在附近居住過，廣場一角的26號即是「濟慈──雪萊紀念館」(Keats-shelley Memorial House)，是喜愛英國文學者必參觀的地方。

羅馬｜圓形競技場區

羅馬｜真理之口區

羅馬｜拿佛那廣場區

羅馬｜萬神殿區

羅馬｜西班牙廣場區

羅馬｜特米尼中央車站區

羅馬｜跨臺伯河區

梵蒂岡｜熱門景點

和平祭壇博物館
Museo dell'Ara Pacis

這座博物館內的祭壇始自西元前13年，元老院為了慶祝奧古斯都征服高盧(現今法國)和西班牙，為古羅馬人經歷戰爭之後所帶來和平所建的祭壇，整個工程於西元9年落成。由於祭壇臨臺伯河受潮，到2世紀即毀壞被埋在地下成廢墟，經後來陸續發現散落殘片加以重整，1938年墨索里尼將整修後的祭壇置於現址。到了2006年，由美國建築大師理查‧麥爾(Richard Meier)重新設計玻璃帷幕將古老的和平祭壇圍起來，即現在所看到的外觀。

祭壇位在正中央，四周有古希臘風格的大理石寫實浮雕，其中南北兩面長牆浮雕分兩部分，下半部是裝飾性圖案，上半部則描繪官員和皇室家族的遊行隊伍，浮雕上的人物很多，有奧古斯都的第三任妻子李維亞(Livia)、女婿阿格立帕，甚至拉著大人裙襬的可愛小孫子魯丘歐(Lucio)。

祭壇的後方有一座奧古斯都在西元前28年為自己和子孫興建的圓形陵墓(Mausoleo di Augusto)，原先入口兩側立著方尖碑，後被移往他處，首位在此安息的，即是最受奧古斯都疼愛的外甥馬切羅；目前陵墓不對外開放。

1.寫實的古希臘風格大理石浮雕／2.祭壇淺浮雕分上下兩部分／3.還在學步模樣可愛的小孫子／4.奧古斯都的妻子李維亞也在行列中

Data

✉ Lungotevere in Augusta(在Via Tomacelli轉角) ☎ 06-0608(09:00～19:00) ➡ 地鐵A線到Spagna再走10分鐘；或搭C3、119、628號公車到Tomacelli站下車再步行約2分鐘 ⏰ 09:30～19:30(18:30入館)；12/24、12/31 09:30～14:00(13:00前入館) 休 1/1、5/1、12/25 💲 €12，優待票€8.5(參觀額外展示門票加價)，義英法德西語語音導覽€7 http www.arapacis.it，訂票museiincomuneroma.vivaticket.it(預訂費€1，可切換英文) MAP P.132

人民廣場
Piazza del Popolo

人民廣場深具對稱之美

位於羅馬北端的人民廣場，是羅馬往北的樞紐，教宗亞歷山大七世在17世紀委任貝尼尼設計一座「人民城門」(Porta del Popolo)，以迎接為了信仰而放棄王冠的瑞典女王克里斯蒂納(Cristina)。

由城門望向廣場，寬廣的橢圓形空間中央，豎立一座奧古斯都在西元前10年從埃及運回的方尖碑，方尖碑的後面是可以逛街購物的聖地科索大道(Via del Corso)，大道兩旁分立兩座幾乎一樣的17世紀巴洛克式雙子教堂，左邊是「聖山聖母教堂」(Basilica di Santa Maria in Montesanto)，右邊為「奇蹟聖母教堂」(Chiesa di Santa Maria

人民城門是羅馬北邊的重要門戶

圓形的奇蹟聖母教堂，因主祭臺上供奉的顯靈聖母聖像而得名

dei Miracoli)，深具對稱美感；不過仔細看，兩座教堂的圓頂略有差別，左邊是橢圓穹頂為十二角形，右邊圓穹頂則是八角形，而旁邊兩座外觀互異的鐘樓是18世紀增建。

Data

✉ Piazza del Popolo ➡ 地鐵A線到Flaminio站；或搭61、89、160、490、495號公車到Flaminio站 📍 P.132

|散步延伸|

賓丘公園(Giardini del Pincio)

面向人民城門東側沿著階梯往上走到景色宜人的賓丘公園，是市民假日休閒的好去處，尤其到了傍晚，公園眺望臺上的人潮，爭看沉入聖彼得大教堂圓頂之後的紅霞景致，是羅馬公認最佳觀看夕陽的熱門點。

由人民廣場旁的階梯可以通往賓丘公園

從賓丘公園眺望人民廣場的霞光暈染美景

落日時分的公園眺望臺，是看羅馬夕陽的絕佳地點

羅馬 圓形競技場區
羅馬 真理之口區
羅馬 拿佛那廣場區
羅馬 萬神殿區
羅馬 西班牙廣場區
羅馬 特米尼中央車站區
羅馬 跨臺伯河區
梵蒂岡 熱門景點

玩·家·帶·路

羅馬著名的方尖碑(Obelisco)

方尖碑位置	來源	特色	方尖碑位置	來源	特色
拉特朗聖約翰大教堂	埃及	32公尺，最高，357年羅馬皇帝君士坦丁之子Costanzo II自埃及帶回，為西元前15世紀埃及圖特摩斯三世(Thutmose III)法老時期古物，是現存羅馬最古老的方尖碑。原置於大競技場，後因天災斷裂，1588年教宗西斯都五世聘豐塔納(D. Fontana)重修立於此。	聖彼得廣場	埃及	高25.5公尺，第二高，是羅馬現存唯一從埃及帶回無碑文的方尖碑(據說是後來被去除)，為西元37年卡利古拉(Caligola)皇帝自埃及運來立於梵蒂岡內的競技場舊址。1586年教宗西斯都五世委建築師豐塔納動用大批人力移至此。
人民廣場	埃及	西元前10年，奧古斯都從埃及赫里奧波里斯(Heliopolis)帶回西元前13世紀塞提一世(Seti I)和拉美西斯二世(Ramesses II)法老時期方尖碑，原本立於大競技場，1589年教宗西斯都五世下令遷於此。	眾議院前蒙特奇托里歐廣場	埃及	西元前10年，奧古斯都從埃及赫里奧波里斯帶回西元前6世紀普薩美提克二世(Psammetichos II)法老時期方尖碑。
萬神殿	埃及	圖密善(Domiziano)皇帝從埃及赫里奧波里斯帶回西元前13世紀拉美西斯二世(Ramesses II)法老時期方尖碑，1711年教宗克萊孟十一世(Clement XI)下令移至萬神殿前。	密涅娃神廟上的聖母教堂	埃及	高5.47公尺，最短，也是由圖密善皇帝帶回西元前6世紀埃及阿普里斯(Apries)法老時期方尖碑。1667年教宗亞歷山大七世聘貝尼尼設計智慧象徵的大象雕塑。
拿佛那廣場	古羅馬	西元1世紀羅馬帝國圖密善皇帝期間仿自埃及方尖碑。1651年教宗依諾謙十世聘貝尼尼從南邊郊區馬森齊歐競技場(Circo di Massenzio)遷移至此，為四河噴泉的一部分。	聖三一教堂	古羅馬	西元3世紀羅馬帝國時期，仿自人民廣場的埃及方尖碑。原置於一座私人花園，1789年教宗庇護六世(Pio VI)下令移至現址。
聖母大教堂Esquilino廣場	古羅馬	無刻字和圖案，原為奧古斯都陵墓(Mausoleo di Augusto)拱形入口兩側一對花崗岩方尖碑的其中一座，1587年教宗西斯都五世下令移到此。	總統府前奎利納雷廣場	古羅馬	無刻字和圖案，來源與左欄的「聖母大教堂Esquilino廣場」上的方尖碑同，1786年教宗庇護六世移至此。

第4站

人民聖母教堂
Basilica di Santa Maria del Popolo

緊鄰廣場城門旁的人民聖母教堂珍藏各名家的藝術作品，不容錯過。這座教堂最早於1099年由教宗巴斯卦雷二世(PasqualeII)命人興建在尼祿皇帝的墓地上。15世紀教宗西斯都四世重建為最具代表文藝復興早期風格的教堂，到了1503年加入布拉曼帖(Bramante)設計的主祭壇環形殿，和賓杜利基歐(Pinturicchio)在拱頂的宗教溼壁畫傑作。

一進教堂左側第2間的「基吉小堂」(Cappella Chigi)，這是西恩那(Siena)銀行家基吉(Agostino Chigi)在1513年請拉斐爾設計，他將小圓頂以上帝手持黃道星象的鑲嵌畫來表現基吉的星象，下方兩旁的金字塔型為基吉家族的陵墓。到了17世

紀，出身基吉家族的亞歷山大二世教宗再命貝尼尼重新修飾小堂，在祭臺旁由左至右的四座先知雕像中，第一座的《達尼爾與獅子》(Daniele e il leone)和第三座阿巴庫克與天使(Abacuc e l'angelo)雕像，以及幾何圖形地板中央的《屈膝骷髏》(Morte alata)鑲嵌畫，都是貝尼尼之作，這也正是著名小說和電影《天使與魔鬼》描述四件血案中的首件命案發生地點。

在主祭臺左邊的伽拉西小堂(Cappella Cerasi)有2幅卡拉喬以明暗對比來強調動作張力的經典畫作，右邊是《聖保羅皈依》(Conversione di Saulo，聖保羅皈依前的名字為Saulo)，左邊

為《聖彼得殉教》(Crocifissione di S.Pietro)，畫中人物逼真傳神。

1.拉斐爾以上帝手持黃道星象的鑲嵌畫來表現基吉星象的小圓頂／2.幾何圖形地板中央的《屈膝骷髏》是貝尼尼的作品／3.最能代表文藝復興早期風格的教堂／4.卡拉瓦喬1601年的作品《聖彼得殉教》，描繪聖彼得被人綁在十字架倒立殉教，十分傳神／5.拉斐爾設計的「基吉小堂」

Data

✉ Piazza del Popolo, 12　📞 06-3610836　➡ 與人民廣場同，位於過廣場城門的左邊　🕐 週一～六08:30～09:45、10:30～12:15、16:00～18:00、週日、假日16:30～18:00　www.agostiniani.it　MAP P.132

羅馬：圓形競技場區

羅馬：真理之口區

羅馬：拿佛那廣場區

羅馬：萬神殿區

羅馬：西班牙廣場區

羅馬：特米尼中央車站區

羅馬：跨臺伯河區

梵蒂岡：熱門景點

第5站

波各澤美術館
Galleria Borghese

波各澤別墅占地非常廣，是教宗保祿五世的姪子波各澤(Scipione Borghese)樞機主教1605年任彭資歐(F. Ponzio)與貝尼尼父親彼得等人參與設計，裡面包括動物園、博物館、美術館、劇場、人工湖和遊樂區……呈心型的蓊鬱綠地，提供民眾散步、享受森林浴，是名副其實的羅馬綠色心臟。

1～2.民眾喜歡來別墅散步、享受森林浴／3.《波各澤樞機主教》是貝尼尼1623年之作／4.波各澤美術館

Data

✉ Piazzale del Museo Borghese, 5 ☎ 06-32810；預約時間週一～五09:30～18:00，週六09:00～13:00；資訊查詢06-8413979 🖨 團體預約06-32651329 ➡ 搭52、53、63、83、360、910號公車到Pincina(Museo Borghese)站 🕐 每天09:00～19:00，分10梯次，請提前半小時到櫃檯預購單並取門票，每梯次參觀限2小時 🚫 週一、1/1、12/25 💲 €11，18～25歲歐盟公民優待票€2，未滿18歲免費，以上全需外加預訂費€2+服務費€2，每天最後一梯次有優待；英、義、法、西、德語音導覽€5 🌐 galleriaborghese.beniculturali.it，訂票www.tosc.it ⁉ 拍照禁閃光，所有背包一律放寄物處 🗺 P.132

匯集傑出雕刻和繪畫的藝術寶殿

　　別墅最著名的波各澤美術館是17世紀興建的巴洛克式建築，地下1樓為預約報到櫃檯、租語音導覽、寄物處、書店、咖啡館和洗手間等設施，展覽分置在地面0樓和樓上1樓，珍藏幾位名家傑出的雕刻和繪畫，以下介紹幾個備受矚目的展品。

地面0樓

寶琳娜廳(Sala della Paolina)

　　雕刻家卡諾瓦(A.Canova)在1805～1808年間，以拿破崙的妹妹寶琳娜為模特兒，仔細端詳半裸側躺在躺椅上，一手拿蘋果、一手托著頭，比擬愛神維納斯撩人姿態的雕像，無論是床墊的花紋和皺褶，或是女性吹彈可破的肌膚，都是非常精湛的雕刻手法。

將寶琳娜比擬愛神維納斯的撩人姿態

床墊的花紋和皺褶，以及背部曲線都表現極為自然

大衛廳 (Sala del David)

　　貝尼尼在1623～1624年以自己的臉為樣本，刻出大衛緊閉雙唇，準備使盡力氣投石殺巨人的《大衛》像。

阿波羅和達芙妮廳 (Sala dell'Apollo e Dafne)

　　這間展示貝尼尼1625年的名作《阿波羅和達芙妮》，刻畫極欲擺脫太陽神阿波羅瘋狂追逐的河神之女達芙妮，在慌張中請父親將她變成月桂樹的剎那，達芙妮的雙手長出樹葉，腳指也長根扎入土裡，貝尼尼將一瞬間的變化發揮得淋漓盡致。

▲達芙妮一臉驚恐瞬間變成月桂樹

◀腳指長出樹根扎入土裡

埃涅阿斯和安克塞廳 (Sala dell'Enea e Aineías)

　　此廳展示貝尼尼1618～1620年的早期作品，描繪特洛伊英雄埃涅阿斯(Aineías)扛著老父安克塞斯(Anchises)、帶著幼子逃離被木馬屠城的特洛伊。此外，還有貝尼尼在飽受競爭對手干擾時期，在1645～1652年以女孩右手拿著太陽和左腳踩在地球上的《真理》(La Verit)，來表達內心伸張真理的訴求。

老父的手臂筋脈和握著兒子手臂的凹痕　　貝尼尼以此雕像來表達伸張真理的想法

帝王廳(Salone degli Imperatori)

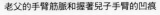

　　帝王胸像排列在四周，正中央是貝尼尼於1622年雕成的《強擄普西比娜》(Ratto di Proserpina)，敘述冥王普魯多(Pluto)劫走大地女神之女普西比娜的場景，冥王粗獷的肌肉和手指掐進女人細嫩的肌膚，以及普西比娜無助奪眶而出的淚珠，令人身臨其境，可稱得上是貝尼尼最經典的作品之一。

手指掐進肌膚和奪眶而出的淚珠都是大理石刻出來的

《強擄普西比娜》是貝尼尼最經典的作品之一　　冥王粗獷的肌肉

卡拉瓦喬廳 (Sala del Caravaggio)

　　這一廳主要展示卡拉瓦喬早期畫作《捧水果籃的男孩》(Giovane con canestro di frutta,1593～1595)、《聖若翰洗者》(San Giovanni Battista,1610)，以及依生病時自畫像來描繪穿著長袍酒神的《酒神自畫像》(Autoritratto in veste di Bacco,1595)等多幅以明暗對比的寫實佳作。

▲卡拉瓦喬早期畫作《捧水果籃的男孩》

▲以身旁一隻公羊的少年表現替耶穌施洗的《聖若翰洗者》

顯出病容的《酒▶神自畫像》

主要以繪畫為主，有拉斐爾的《卸下聖體》(Deposizione di Cristo,1507)、《少婦抱獨角獸》(Ritratto di giovane donna con unicorno,1506)，還有影響後來巴洛克藝術的柯雷吉歐(Antonio da Correggio)，在1531年以希臘神話裡宙斯的情婦為題材的《達那厄》(Danae)，以及威尼斯畫派的提香(Tiziano)於1514年以特殊紅色表現的名作《聖愛與俗愛》(Amor Sacro e Amor Profano)，這些都是波各澤美術館的鎮館作品。

◀《少婦抱獨角獸》也是拉斐爾力作

▲《達那厄》是柯雷吉歐的名作

坐在沙發慢慢欣賞拉斐爾的《卸下聖體》

提香著重色彩的《聖愛與俗愛》

朱利亞別墅—國立艾特魯斯哥博物館
Museo Nazionale Etrusco di Villa Giulia

蒐藏艾特魯斯哥文物的博物館

艾特魯斯哥博物館稱得上是義大利最美的博物館，1551年由建築師維尼奧拉設計，藝術家米開朗基羅和瓦薩里(Giorgio Vasari)等幾位名家也參與，合力為教宗朱利歐三世(Giulio III)興建這座文藝復興樣式別墅，裡面的庭園、噴泉、迴廊的設計都極為出色，尤其庭園正中央古典風格雕像和鑲嵌畫的「仙女祭庭」(Nympheum)，整體感覺雅緻精美。

自1889年別墅成為國家收藏羅馬史前的艾特魯斯哥博物館，依類別一共約40間展覽室，展示這個古老民族的出土文物。除了一些希臘和艾特魯斯哥時期陶製花瓶、青銅雕刻外，最受注目的是一座據說出自西元前6世紀，在西部臨海切

迴廊裝飾美麗的壁畫

爾韋泰里(Cerveteri)小鎮出土的陶俑夫妻石棺(Sarcofago degli Sposi)，以及約於西元前350～330年間推測是用來當嫁妝的費柯洛尼(Cista Ficoroni) 圓柱形青銅珠寶箱，蓋子手柄有酒神和兩位隨從的雕像，周圍雕刻希臘藝術風格的人物與場景，非常精美。

Data

✉ Piazza di Villa Giulia, 9 ☎ 06-3226571，訂票06-32810 ➡ 搭地鐵A線到Flaminio站，再轉搭19號電車(有時也會以巴士出車，號碼不變)到Museo Etrusco Villa Giulia站，博物館即在旁邊 🕐 週二～日09:00～20:00，最後進入於閉館前1小時 ✖ 週一、1/1、12/25 💲 €12，18～25歲歐盟公民優待票€2 http www.museoetru.it，訂票www.tosc.it(預訂費€1) ❓ 每個月的第一個週日免費 MAP P.132

1.中央庭園有時也舉辦露天音樂會／2.「仙女祭庭」古典雅緻／3.19世紀重建的艾特魯斯哥時期的Alatri神廟／4.希臘和艾特魯斯哥時期陶製花瓶／5.青銅珠寶箱上的酒神與兩位隨從雕像手柄／6.西元前5世紀飾以漂亮圖案的青銅鏡子／7.陶俑夫妻相擁石棺是鎮館之寶

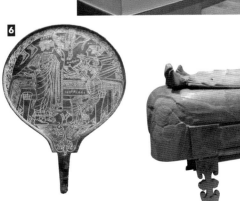

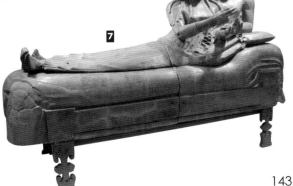

羅馬 圓形競技場區

羅馬 真理之口區

羅馬 拿佛那廣場區

羅馬 萬神殿區

羅馬 西班牙廣場區

羅馬 特米尼中央車站區

羅馬 跨臺伯河區

梵蒂岡

熱門景點

Antico Caffè Greco

古典風華的百年咖啡館

咖啡館散發一股濃濃的歷史風華

這家老希臘咖啡館是1760年由一位希臘人Nicola della Maddalena開始經營，在18～19世紀曾是文學、藝術家喜歡聚會的場所，如濟慈、雪萊、李斯特、易卜生、安徒生和拜倫等文學、藝術家都曾是座上賓。

咖啡館暗紅色絨布長沙發、古董大理石圓桌的座位，四周也裝飾這些名人的畫像，超過300件

四周裝飾曾來過的名人畫像　　誘人的甜點

已經走過250年悠久歷史的老希臘咖啡館

作品陳列在各廳，充滿歷史古典情調。當地人通常站在吧檯享用，誘人的甜點也值得品嘗。

📧 Via Condotti, 86　📞 06-6791700　➡️ 地鐵A線到Spagna站，再往Via Condotti走約2分鐘　🕐 09:00～21:00　💲 坐下喝一杯濃縮咖啡€7、卡布奇諾€7，站在吧檯一杯濃縮咖啡€2　http www.anticocaffegreco.eu　MAP P.132

Pompi

美味的老字號提拉米蘇

琳琅滿目的誘人甜點

西班牙廣場分店的店面不大

自1960年開始經營的Pompi，在羅馬已有近10家分店，販賣各種美味糕點和冰淇淋，其中以經典的提拉米蘇最享盛名。

個人推薦除了濃濃咖啡乳酪香的提拉米蘇，森林水果(Frutti di Bosco)、開心果(Pistacchio)和榛果(Nocciola)口味都很不錯，而且還針對過敏體質的客人提供不含乳糖、麥麩和酒精的特製糕點。

📧 Via della Croce, 82　📞 06-24304431　➡️ 地鐵A線到Spagna站，再走約4分鐘　🕐 10:00～20:00　💲 一小盒提拉米蘇€5　http www.barpompi.it　MAP P.132

舒適的英式茶館風格

Babington's Tea Room
走過一世紀的維多利亞式茶點

位在西班牙臺階旁的巴賓頓茶館，是由兩位英國婦人Anna Maria和Isabel Cargill Babington於1893年合開，如今傳至第四代經營，仍遵循過去的方式自製食材，提供喜歡英式茶點的人用餐好去處。

店裡所提供的早、午便餐和各式鬆餅、沙拉，都是採購當地的新鮮蔬果，還有來自北愛爾蘭煙燻肉和蘇格蘭的燻鮭魚等食材，加上舒適的座位和親切的服務，價格自然比一般店高些。

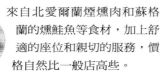

✉ Piazza di Spagna, 23 ☎ 06-6786027
➡ 地鐵A線到Spagna站，茶館就在廣場邊 🕐 週一、三～日 10:00～21:15 休 週二 $ 一壺茶€13～16，糕點€10～15 http www.babingtons.com MAP P.132

茶館地點位置絕佳　　茶館也兼賣茶和茶具

Enoteca Buccone
瀰漫酒香的懷舊餐廳

▲以番茄熬煮的醬汁很清甜

靠近人民廣場的這家酒館自1969年即在此經營，陳列羅馬首屈一指的高品質葡萄酒，直到1980年又增加自製的橄欖油、酒醋、蜂蜜、果醬和麵條等食物來豐富菜單，到了1997年再提供以羅馬家常菜為主的餐廳。

四周被酒瓶圍繞用▶餐是很特殊的感受

餐廳提供多種高品質葡萄酒

可別因它斑駁的外牆而忽略走過，裡面除了歷史悠久的整面葡萄酒牆，還張貼與葡萄酒文化相關的繪畫和古董鏡子、收銀機等，充滿溫暖的復古氛圍。雖然餐廳隨季節推出每日特餐的選擇性並不多，但也夠飽餐一頓了。

✉ Via di Ripetta, 19 ☎ 06-3612154 ➡ 地鐵A線到Flaminio站，再步行約7分鐘 🕐 10:00～22:00 $ 主餐€15～20，甜點€12～14 http www.enotecabuccone.com MAP P.132

羅馬｜圓形競技場區
羅馬｜真理之口區
羅馬｜豪佛那廣場區
羅馬｜萬神殿區
羅馬｜西班牙廣場區
羅馬｜特米尼中央車站區
羅馬｜跨臺伯河區
梵蒂岡｜熱門景點

La Strega Nocciola

創新獨特口味的冰淇淋

離西班牙廣場不遠的這家冰淇淋最早由佛羅倫斯佈店經營，還研發出如薰衣草、辣巧克力、酸櫻桃等獨特口味，提供的甜筒酥脆好吃。服務人員很親切，在決定要買哪一種口味前，你可以要求嘗嘗看，店裡也提供桌椅可以坐下來慢慢享用。個人喜愛口感香濃的黑巧克力和焦糖香橙冰淇淋，極為可口。

冰淇淋店的logo是一頂巫婆帽　　　　服務的帥哥非常親切

✉ Via della Vite, 100 ☎ 06-89017096 ➡ 地鐵A線到Spagna站，再步行約4分鐘 ⏰ 10:30～22:00 💲 €3～7
http www.lastreganocciola.it MAP P.132

所製作的冰淇淋不加人工色素

購物推薦

拿佛那廣場區

精品名店街

引領時尚流行商圈

西班牙廣場周遭匯集流行時尚的精品名店，像Gucci、Prada、Giorgio Armani、Dior、LV、Hermes、Bally……是喜愛名牌的血拼大本營，即使商品貴得下不了手，光是瀏覽各家櫥窗的擺飾也很過癮！

買精品要注意的事

貼心提醒

精品店商品價位高，義大利政府對於現金支付有限額，多數以信用卡交易，所以到義大利旅遊，建議不需帶太多現金在身上以免被扒，而大筆款項以信用卡付，有些店刷卡會要求看證件，記得隨身攜帶。

此外，若對商品有興趣，建議請店員代為服務，不要直接拿取，以免造成不必要的困擾。

對商品有興趣，建議等店員服務

80~81 GENTE(女裝、包、鞋)

89~90 Miu Miu(女裝、鞋)

Emporio Armni(男裝) 139~140

Tiffany & Co. 116~118

100 Chanel(女裝、包)

Hogan
(男女裝、鞋)
110

Via del Babuino

D & G 91
(男女裝)

Antico Caffè Greco
(咖啡館)

85 Chanel(女裝)

M
Spagna

● 破船噴泉

Via della Croce

Via Mario de Fiori

Via Belsiana

Via del Corso

Via Bocca di Leone

Via delle Carrozze

Savatore Ferragamo
(男女裝)

Giorgio Armani
(男女裝)

HERMÈS(皮包)

Savatore Ferragamo
(女裝)

Prada
(男女裝、
皮包)
88~93

Cartier
(珠寶)
81   86

1

Christian Dior
(女裝、皮包)

Via delle Carrozze

76~78

8

10

Gucci
(男女裝、皮包)

Pomellato
(珠寶)
64

71~74
67

Botega Veneta
(女裝)
60

63

Via dei Condotti

13

17~19

20

Via Borgognona

Bvlgari
(珠寶)

LV
(皮包)

Max Mara
(女裝)

Tod's(女包、鞋)
FALCONERI
(男女裝)

Max & Co(青少女裝)

Largo Carlo
Goldoni
(廣場)

34

35

Alberta Ferretti(女裝)

CÉLINE
(女裝、皮包)

ROLEX
(錶錶)

51~52   53

46

Via Tomacelli

FENDI

Via della Fontanella di Borghese

420

36

48

56
Tod's
(男裝)

MK
(女包)

Swarovski水晶

7/d

Gucci
(皮包)

Via Borgognona

Via Frattina

28
Max Mara
(女裝、皮包)

36~37
LV
(旗艦店)

Piazza di S.
Lorenzo in Lucina
(廣場)

8~14
BOSS
(男裝)

Via Frattina

特米尼中央車站區
Stazione di Roma Termini

特米尼中央車站附近是一般遊客進入羅馬最先抵達的地方，除了是市區最繁忙的大眾運輸中心，周遭餐廳、旅館林立以外，其實這裡也有著名的教堂、典藏豐富的博物館、瑰麗的宮殿和造型別緻的噴泉，值得花一天的時間慢慢逛。

一日行程表

出發
↓
🚇 搭地鐵A或B線到Termini站
↓
🚶 300公尺／徒步約3分鐘

**❶ 戴克里先浴場
（國立羅馬博物館）**
↓
🚶 50公尺／徒步約1分鐘

❷ 天使與殉道者聖母大教堂
↓
🚶 280公尺／徒步約3.5分鐘

**❸ 馬西莫宮
（國立羅馬博物館）**
↓
🚶 550公尺／7分鐘

❹ 聖母大教堂
↓
🚶 1.2公里／徒步約15分鐘

❺ 奎利納雷宮（總統府）
↓
🚶 550公尺／徒步約7分鐘

❻ 巴貝里尼宮
↓
🚶 180公尺／徒步約2分鐘

❼ 巴貝里尼廣場和維內多街

回程
↓
🚶 100公尺／徒步約1分鐘到地鐵A線Barberini站

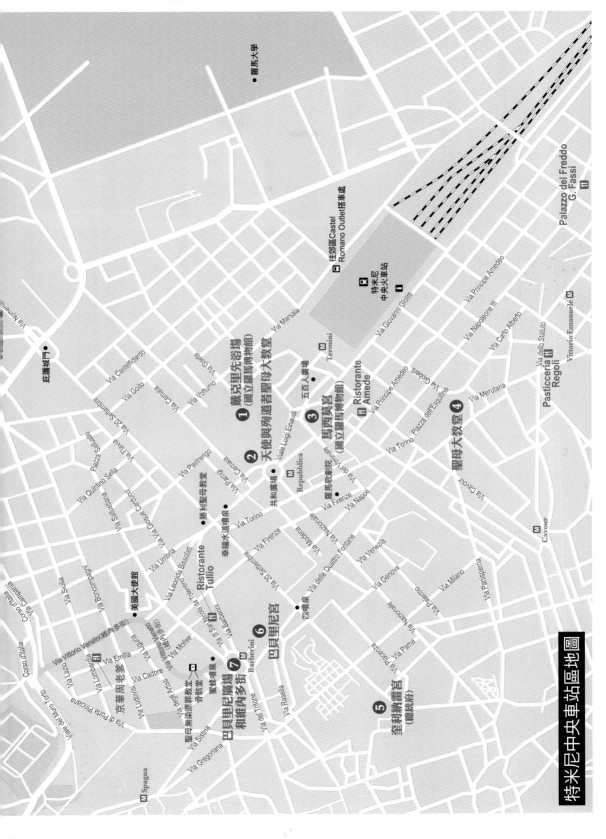

特米尼中央車站區地圖

羅馬大學 •

匹騰城門 •

Palazzo del Freddo
G. Fassi 🍦

往郊區Castel
Romano Outlet搭車處
🅿

特米尼
中央火車站
🚃

❶ 戴克里先浴場
（國立羅馬博物館）

❷ 天使跟殉道者聖母大教堂

❸ 馬西莫宮
（國立羅馬博物館）

五百人廣場

Ristorante
Amede 🍴

Termini
Ⓜ

❹ 聖母大教堂

Pasticceria
Regoli 🍰

Vittorio Emanuele Ⓜ

羅馬歌劇院

共和廣場

Repubblica Ⓜ

勝利聖母教堂

幸福水道噴泉

Ristorante
Tullio 🍴

美國大使館

Ⓜ Cavour

四噴泉

❻ 巴貝里尼宮

❼ 巴貝里尼廣場
和維內多街

Barberini Ⓜ

京華周老爹 🍴

聖母無染原罪教堂

骨教堂

聖蜂噴泉

Vittorio Veneto（維內多街）

Vittorio Veneto（維內多街）

❺ 奎利納雷宮
（總統府）

Ⓜ Spagna

戴克里先浴場
(國立羅馬博物館)
Terme di Diocleziano
(Museo Nazionale Romano)

◀展出為數不少的史前文物

這幅畫很像從牆壁開出一道門來

占地13公頃的戴克里先浴場，建於298年羅馬皇帝戴克里先在位期間，於退位隔年的306年興建完成，是古羅馬極盡奢華的公共浴場，和卡拉卡拉浴場的面積相當。浴場依照有3座半圓形拱頂的君士坦丁大會堂外型設計，包括大禮堂、圖書館、體育館和三溫暖浴場，如今外部結構大部分仍保留下來。

博物館展示西元前11～6世紀的史前文物以及羅馬銘文、雕刻；除此之外，還有1561年米開朗基羅利用傾毀的浴場改建為天使與殉道者聖母大教堂旁的雀爾都沙修道院(Certosa)，雖然米氏於1564年過世而只參與初期的設計，但這座四周圍繞圓柱的大迴廊仍以他的名字命名。

面對大迴廊的左側有一幅壁畫滿特別的，這是以醫學解剖圖聞名的畫家巴爾比(Filippo Balbi)，於1855年描繪教宗克萊孟四世的父親Pierre Foucois在妻子去世後信守誓言，獻身教會成為一名修道士的生活情景。

浴場的拱頂類似君士坦丁大會堂

米開朗基羅大迴廊(Chiostro di Michelangelo)

Data

✉ Viale Enrico de Nicola, 79 ☎ 訂票06-39967700、06-480201 ➡ 搭地鐵A或B線到Termini站，背對中央車站走約3分鐘 🕐 週二～日09:30～19:00(18:00前入館) 🚫 週一、1/1、12/25 💲 €8，歐盟公民18～25歲優待票€2，未滿18歲免費(需看證件) 🌐 www.archeoroma.beniculturali.it(預訂費€2) ❓ 1.若在7天之內想參觀馬西莫宮、阿爾登普斯宮與巴爾比地穴，可買聯票€12；2.每月第一個週日免費 🗺 P.149

天使與殉道者聖母大教堂
Basilica di St.Maria degli Angeli e dei Martiri

建在原倒塌浴場的這座教堂，看似斷垣殘壁的大門入口，沒想到一走進內部，開闊的空間超乎想像。這是1561年教宗庇護四世將原溫水浴場遺址部分委米開朗基羅設計成教堂，為了避免潮溼，米氏墊高地面2公尺，不過工程尚未完成即過世，由其他建築師繼續完成。

透過教堂天頂所開的小孔，投射在子午線位置來顯示時間的「日晷儀」，是教宗克萊孟十一世於1702年聘天文學家碧阿克尼(F. Bianchini)設計的。教堂自1870年義大利統一後正式成為國家教堂，如國王的婚禮或國葬等重要儀式皆在此舉行。

教堂左右廊的八根紅色花崗岩圓柱，在羅馬帝國時期遠從埃及運來興建浴場，米氏將其運用在呈希臘十字形的大殿。在右廊地上有一條子午線，這是藉正午陽光

1.看似斷垣殘壁的大門入口／2.八根巨大的花崗岩柱，原是浴場所遺留下來的／3.金屬子午線的日晷儀／4.入口捧著聖水池的天使雕像／5.教堂內部的開闊空間超乎想像

Data

✉ Piazza della Repubblica 📞 06-4880812 ➡ 搭地鐵A或B線到Termini站，或搭公車到特米尼火車站前的五百人廣場(Piazza dei Cinguecento)的公車總站，背對中央車站朝前方Viale Luigi Einaudi走約1分鐘 🕐 週一～五08:00～13:00、16:00～19:00，週六、日10:00～13:00、16:00～19:00 http www.santamariadegliangeliroma.it MAP P.149

羅馬．圓形競技場區

羅馬．真理之口區

羅馬．拿佛那廣場區

羅馬．萬神殿區

羅馬．西班牙廣場區

羅馬．特米尼中央車站區

羅馬．跨臺伯河區

梵蒂岡．熱門景點

|散步延伸|

共和廣場(Piazza della Repubblica)

位在天使與殉道者聖母大教堂前的共和廣場呈半圓形，所以當地人也稱為「半圓廣場」(Piazza Esedra)，兩側有弧形廊柱建築。廣場中央有座19世紀末興建的噴泉，中央的海神像被4尊仙女噴泉(Fontana delle Naiadi)包圍，仙女雕像斜倚在4種水中生物上，海馬代表海洋、水蛇意指河流、天鵝象徵湖泊，而地下水則以蜥蜴為表徵，仙女或仰或臥，千姿百態。

半圓形的共和廣場周圍有漂亮的廊柱建築

噴泉上的仙女銅雕體態優美

勝利聖母教堂(Chiesa di Santa Maria della Vittoria)

走在羅馬街頭，無論是教堂的設計或廣場上噴泉的雕刻，出自巴洛克藝術大師貝尼尼之手的不在少數，而位在共和廣場旁的勝利聖母教堂祭臺左側，也有一座貝尼尼在1646年之作《聖特蕾莎的欣喜》(Transverberazione di Santa Teresa d'Avila)雕像，這是取自聖女特蕾莎自傳裡描述她在神魂忘我的時刻，一位天使用金色的箭刺穿她的心，讓她陷入虛脫無力的喜苦境界。

附帶一提，在教堂對街有一座1588年以凱旋門造型設計的《幸福水道噴泉》(Fontana dell'Acqua Felice)，是幸福水道的終點站，由教宗西斯都五世命建築師豐塔納(Domenico Fontana)以古羅馬凱旋門的造型興建，3座拱門各有舊約主題的雕塑，因中央一尊巨大的摩西像，因此也被稱為摩西噴泉(fontana del Mosè)，不過因摩西雕像和兩旁雕像比例相差懸殊而曾遭受批評。

✉ Via XX Settembre, 17

☎ 06-42740571

➡ 地鐵A線到Repubblica站再走約3分鐘

🕐 08:30～12:00，16:00～18:00，週末、假日早上彌撒，不開放參觀

http www.carmelitanicentroitalia.it/dove-siamo/conventi-della-provincia/s-maria-della-vittoria-roma

MAP P.149

1.離共和廣場不遠的勝利聖母教堂／2.《聖特蕾莎的欣喜》在電影《天使與魔鬼》中，也是命案的解密路線之一／3.取自幸福水道的摩西噴泉

羅馬：圓形競技場區

羅馬：真理之口區

羅馬：拿佛那廣場區

羅馬：萬神殿區

羅馬：西班牙廣場區

羅馬：特米尼中央車站區

羅馬：跨臺伯河區

梵蒂岡：熱門景點

馬西莫宮
(國立羅馬博物館)
Palazzo Massimo
(Museo Nazionale Romano)

博物館也屬原戴克里先浴場的一部分，16世紀成為教宗西斯都五世的別墅，到了1889年又重建以保存義大利統一後在羅馬的出土文物，1911年成立博物館。有4個樓層展示，地面樓以帝國時期的雕像，如應為西元前12年的奧古斯都大祭司像(Augusto Pontefice Massimo)及一些相關人物頭像。

相鄰展示珍藏西元前5～2世紀的古希臘雕刻原作，如傳說中觸犯太陽神阿波羅母親的妮歐比(Niobide)，其女兒背部被箭射中的《瀕死的妮歐比》(Niobide Morente)雕像，這是西元前440～430年作品。還有西元前1世紀的《拳擊手》(Pugile)青銅雕，以及西元前2世紀雕塑身大頭小的希臘王子

阿塔羅斯二世(Attalo II)的銅雕像等。

樓上1樓則以奧古斯都之後的1～4世紀雕像為主，如展覽1室中興建圓形競技場的維斯巴西安諾皇帝頭像，以及一些西元2世紀雕像，如複製西元前450年古希臘名雕刻家米隆(Mirone)的《擲鐵餅者》(Discobolo)、西元117～138年的酒神(Dioniso)青銅雕都是其中的焦點。

2樓主要展示西元前2世紀～西元4世紀的壁畫和鑲嵌畫，其中3世紀的4位《駕戰車者》(Emblema di Baccano)鑲嵌畫，以及在1863年發現奧古斯都第三任妻子李維亞(Livia)位在羅

馬北郊Prima Porta的彩繪別墅，有可能是因夏天宴會比較涼爽而位於地底下，只留拱形天窗而沒有窗戶，四面牆壁畫滿各植物和鳥類的自然風光，推測應是西元前30～20年間所繪，距今2千多年，十分難得。

1.離中央車站不遠的馬西莫宮／**2**.4位《駕戰車者》鑲嵌畫局部／**3**.西元前1世紀奧古斯都妻子李維亞的別墅彩繪

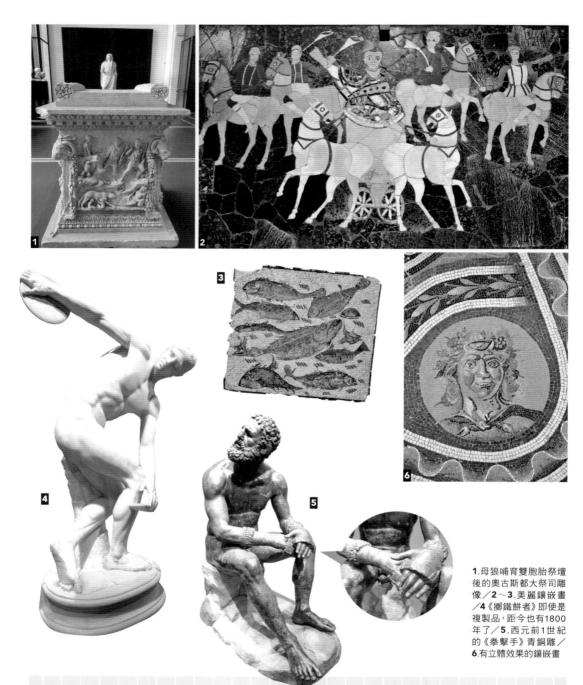

1.母狼哺育雙胞胎祭壇後的奧古斯都大祭司雕像／2～3.美麗鑲嵌畫／4《擲鐵餅者》即使是複製品，距今也有1800年了／5.西元前1世紀的《拳擊手》青銅雕／6.有立體效果的鑲嵌畫

Data

✉ Largo di Villa Peretti, 67 ☎ 訂票06-39967700，06-480201 ➡ 搭地鐵A或B線到Termini站，背對中央車站朝左邊過馬路走約1分鐘 🕐 週二～日09:30～19:00(18:00前售票) 🚫 週一、1/1、12/25 💲 €8，未滿18歲免費 http museonazionaleromano.beniculturali.it(預訂費€2)
⁉ 1.若在7天之內想參觀戴克里先浴場、阿爾登普斯宮與巴爾比地穴，可買聯票€12；2.可拍照，禁閃光燈和三角架；3.每個月的第一個週日免費
MAP P.149

聖母大教堂
Basilica Papale Santa Maria Maggiore

興建源自盛夏尋雪

聖母大教堂為羅馬四座特級宗座大教堂之一，地位相當重要，興建的由來和4世紀中葉「夏天尋雪」的奇蹟傳說有關。

相傳在358年，羅馬有一位仕紳被聖母托夢，要他在羅馬積雪的地方建一座教堂。由於當時正值8月5日，是羅馬最炎熱的季節，怎麼可能有雪呢？於是這位仕紳特別向當時的教宗利貝里歐(Liberio)請示，而教宗

也親自陪著四處尋找雪跡，終於在羅馬七丘之一的厄司魁里諾(Esquilino)小山丘上，也就是現在大教堂的位置發現積雪，因此仕紳出資在此興建教堂，而8月5日也成為建堂紀念日。

前後二廣場

教堂的前後門各有一座廣場。正門廣場前豎立一根高達15公尺的古老大理石圓柱，柱身嵌有特殊的縱槽，頂端立著聖母抱聖嬰的銅像，則是17世紀初加建上的。

在寬闊的後門廣場，教宗西斯都五世(Sisto V)於1587年也立一座埃及方尖碑為朝聖者的指標。由廣場上層層階梯所形成的斜坡來看，這座教堂當初確實是建在小山丘上。

融合多種建築風格的教堂外觀

在羅馬長方形的教堂中，此教堂成功地融合各種建築風

格。如教堂的正面，是18世紀的建築師富加(F.Fuga)採巴洛克式風格興建，搭配14世紀所建的羅馬式鐘樓；至於雙圓頂則是巴洛克時期的產物。長廊入口處，立著教堂內部平面圖，可以大致瀏覽一下比較有概念。

興建聖母大教堂和夏日尋雪有關

Data

✉ Piazza di Santa Maria Maggiore
📞 06-69886800 ➡ 搭地鐵A或B線到Termini火車站，再步行約7分鐘；或搭16、70、71、714號公車到S.Maria Maggiore站 ⏱ 07:00~19:00(18:30前進入) 🌐 www.basilicasantamariamaggiore.va ❓ 1.門口提供義、英、德、法、西語App掃描四維碼下載教堂導覽；2.教堂右側廊內書店旁附洗手間 🗺 P.149

圓柱頂端為聖母抱聖嬰銅像

後門廣場中央豎立一座方尖碑

14世紀的羅馬式鐘樓

羅馬．圓形競技場區
羅馬．真理之口區
羅馬．拿佛那廣場區
羅馬．萬神殿區
羅馬．西班牙廣場區
羅馬．特米尼中央車站區
羅馬．跨臺伯河區
梵蒂岡．熱門景點

文藝復興風格的教堂內部

一進入教堂，左右兩排各20根圓柱把教堂分成3道走廊，中廊最大，其中文藝復興風格的鍍金藻井殿頂，據說是發現新大陸的哥倫布將從美洲帶回來的黃金呈給西班牙國王費迪南，國王再獻給當時的教宗亞歷山大六世。

✤教宗祭壇與地窖

祭壇上華麗的祭壇華蓋也是富加設計完成的，祭壇下方的地窖供奉名為「聖嬰搖籃」(Sacra culla)小銀盒，裡面是耶穌誕生時珍貴的幾塊馬槽木板。而前面跪著祈禱的教宗庇護九世雕像，則是紀念他以72種珍貴的雲石重整這個地方。

✤聖母加冕鑲嵌畫

教堂也以鑲嵌畫馳名，其中在半圓壁龕中央，耶穌在天使和聖人之間為《聖母加冕》(Incoronazione della Vergine)最為顯眼，這是13世紀的托里蒂(J. Torriti)傑作。正下方還有一幅由宗徒圍繞著的《聖母安眠》(Dormitio Virginis)，這些鑲嵌畫多與聖母有關。

✤西斯汀小堂
(Cappella Sistina)

在祭壇右側有一座由教宗西斯都五世在1585年請方塔納(D.Fontana)興建的小堂，所以堂內右方也有這位教宗的雕像和墓碑。小堂的平面呈橫直相等的希臘十字型，中央祭臺有一座像迷你殿堂的聖體龕，裡面供奉聖體，而下面則有四位銅鑄天使圍繞。

✤保祿小堂
(Cappella Paolina)

西斯汀小堂的對面就是「保祿小堂」，為教宗保祿五世在1611年請設計波各澤別墅的彭資歐(F.Ponzio)設計和對面小堂相仿的形式。祭臺那尊「聖母抱聖嬰」像，先畫在紗布再貼在木板上，很是特別。

1.左右兩排圓柱與富麗的鍍金藻井／2.信徒撫摸教宗庇護九世跪禱請像祈福／3.畫在紗布後再貼上木板的保祿小堂「聖母抱聖嬰」像／4.供奉耶穌誕生時的馬槽木板銀盒／5.祭壇華蓋後的《聖母加冕》鑲嵌畫

羅馬 圓形競技場區

羅馬 真理之口區

羅馬 拿佛那廣場區

羅馬 萬神殿區

羅馬 西班牙廣場區

羅馬 特米尼中央車站區

羅馬 跨臺伯河區

梵蒂岡 熱門景點

貼心提醒

小心踢到鐵板

在炎熱的夏季旅行，不少人喜歡穿無袖或短褲以圖涼快輕便，在此特別提醒，若想參觀教堂可能會因此踢到鐵板。

有一次去聖母大教堂，發現有些穿著不合規定的遊客被擋在門前，還好教堂在門口備有「紙衣」，提供遊客把不該暴露的手臂和大腿圍起來才得以進入。在燠熱的季節旅遊時，建議隨身攜帶大絲巾或薄長袖，像遇到這樣的情況或天氣早晚變化大時，可以應急解圍。

羅馬教堂衣著提醒的告示

| 散步延伸 |

羅馬歌劇院(Teatro dell'Opera di Roma)

參觀完聖母大教堂，可以順道前往附近的羅馬歌劇院。羅馬歌劇院於西元1880年落成，原是經營旅館業者高斯旦齊(D.Costanzi)出資興建，1926年被政府收購為義大利中部首屈一指的國家歌劇院，可容納3千多人的表演大廳顯得富麗堂皇。每年的9～6月歌劇和芭蕾舞劇在院內舉行，6～8月期間歌劇表演則移往卡拉卡拉浴場露天場地。目前歌劇票價從€25～110，大致分成5種價位。

已走過1世紀的羅馬歌劇院

✉ Piazza Beniamino Gigli, 7
☎ 06-481601，票務06-4817003
➡ 從Termini中央火車站步行約18分鐘，或搭H、40、60、64、170號公車
　 到Nazionale(Torino)站，再走約2分鐘
⏰ 售票時間：週一～六10:00～18:00，週日09:00～13:30
http www.operaroma.it，訂票www.ticketone.it
MAP P.149

富麗堂皇的表演大廳(照片提供/Corrado Maria Falsini)

1.曾為教宗夏宮的奎利納雷宮現在是義大利總統府／**2.**排隊進入參觀／**3.**庭院上方的風之塔是建築最古老的部分／**4.**戴馬尾頭盔的護衛

奎利納雷宮
(總統府)
Palazzo del Quirinale
(Presidenza)

皇宮位在羅馬七丘中最高的一座奎利納雷丘陵，自16世紀即為教宗額我略十三世(Gregoriano XIII)的避暑別墅，到了1870年義大利統一後，被政府收為國有成為皇宮，直到1946年義大利改制共和，這裡則是義大利的總統府，與西端的聖彼得大教堂遙相望。總統府前廣場的兩匹騰空躍起的駿馬和狄奧斯庫里(Dioscuri)雙子守護神雕像，這是仿自西元前5世紀的希臘原作品，中間的方尖碑則是移自奧古斯都陵墓前。

參觀前會經過一座長方形的庭院，庭院上方的風之塔(Torre dei Venti) 原有天文觀測功能，為16世紀羅馬建築泰斗維尼奧拉(Vignola)的學生奧塔維阿諾(Ottaviano Mascherino)於1578～1580年設計，是整個建築最古老的部分，若逢外國元首來訪，總統陪同外賓在此庭院檢閱儀隊，而塔上掛著國旗則表示總統在家喔！

宮內開放部分房間供遊客參觀，如總統主持國家重要慶典的「節日廳」(Salone delle Feste)，還有四周都是鏡子與珍貴掛毯，天花板有來自威尼斯姆拉諾(Murano)玻璃吊燈的「鏡室」(Sala degli Specchi)，全廳以白色呈現，所以又被稱為「白廳」(Sala Bianca)，以及半人高中國花瓶擺飾的「大使室」(Sala deghi Ambasciatori) 等各具特色。

Data

✉ Palazzo del Quirinale，報到驗證Salita di Montecavallo, 15A ☎ 06-42012191 ➡ 搭H、40、64、70、170號公車到Nazionale(Quirinale)站，再沿Via della Consulta走約4分鐘 🕐 每週二、三、五、六、日09:00～16:00 休 週一、四、國定假日、8月 💲 €2.5(Artistico-Istituzionale、Itinerario tematico、Quirinaie Contemporaneo共3種行程，各約80分鐘) http palazzo.quirinale.it，訂票visite.quirinale.it/QTicket/#/VQUI/it(需填基本資料) ❓ 1.需網路預訂且提前15分鐘抵達驗證件和預購單，若與預約資料不符合，無法進入；2.禁攜帶背包、手提袋、行李、玻璃或塑膠水瓶和雨傘等尖銳物品，並接受安檢；3.禁止拍攝，12歲以下必需成人陪同 MAP P.149

散步延伸

四噴泉(Quattro Fontane)

　　由總統府往巴貝里尼宮的四泉路口(Via delle Quattro Fontane)，有四座噴泉分據十字路口的角落，各以一位側躺神祇作為設計的主題，是西元16世紀教宗西斯都五世重整羅馬的作品，屬文藝復興晚期樣式風格。值得一提的是，由此路口向四方望去，朝西可看見總統府前的方尖碑、東面有米開朗基羅設計的「庇護城門」(Porta Pio)、往北為山上聖三一教堂前廣場的方尖碑，以及向南的聖母

由路口向四方望去各有廣場連接

大教堂後廣場的方尖碑，由此十字相連的景觀，真是奇特。

女神戴安娜(Diana)是貞潔的表徵

亞諾河(Arno)神代表佛羅倫斯

女神朱諾(Giunone)為天神朱比特之妻，有力量的寓意

臺伯河(Tevere)神是羅馬的象徵

第6站

巴貝里尼宮
Palazzo Barberini

　　延著四泉路往巴貝里尼廣場方向約走2分鐘，右側有一座鐵欄杆圍起的鄉村別墅，這是出身巴貝里尼家族的教宗烏爾巴諾八世(Urbano VIII)在17世紀為其家族所建的宮殿，工程多出自馬德諾(C. Maderno)、貝尼尼和博洛米尼等3位當時巴洛克藝術大師，這裡也是電影《羅馬

電影《羅馬假期》以巴貝里尼宮為皇宮地點

假期》飾演公主的影星奧黛麗赫本所拍攝皇宮的場景。

　　宮殿現在已經改為國立美術館，珍藏13～16世紀的繪畫，著名的

有15世紀菲利普·利皮(Filippo Lippi)的宗教畫作《報喜和兩位捐獻者》(Annunciazione e due donatori)、德國畫家霍爾班(Hans Holbein)在1540年的作品《英王亨利八世》(Portrait of Henry VIII)盛裝迎娶肖像，以及卡拉瓦喬取自聖經故事裡朱迪達為了救國而砍敵方將領歐樂弗尼頭的驚怵畫作《朱迪達和歐樂弗尼》(Giuditta e Oloferne)等名作。

此外，拉斐爾的《年輕人的頭像》(Testa di Giovane)和被傳為情婦畫的肖像《佛納里娜》(La Fornarina是麵包師女兒之意)，也都是館裡深受矚目的作品。看了這麼多名畫後，別忘了，這座宮殿也是17世紀巴貝里尼貴族的豪宅，建築物本身即深具魅力，尤其1632～1639年科托納(Pietro da Cortona)在大廳頂棚畫的壁畫非常壯觀，光是抬頭看就覺得昏頭轉向，更遑論當初畫家在作畫的難度了。

Data

✉ Via delle Quattro Fontane, 13
☎ 06-4814591，票務06-32810
➡ 搭地鐵A線到Barberini站，或搭53、61、62、85、492、590號公車到Barberini站，再走4分鐘 🕐 週二～日10:00～19:00(18:00前入館) 休 週一、1/1、12/25 💲 €12，18～25歲歐盟公民€2，未滿18歲免費，這是20天內同時參觀柯西尼美術館聯票 http barberinicorsini.org，訂票www.coopculture.it/en/poi/palazzo-barberini ⁉ 1.拍照禁閃光燈、喝水、講手機；2.洗手間設在地下一樓；3.每月第一個週日免費 MAP P.149

1.《佛納里娜》傳說是拉斐爾為情婦畫的肖像／2.卡拉瓦喬的《朱迪達和歐樂弗尼》畫面令人驚怵／3.《英王亨利八世》盛裝迎娶肖像是畫家霍爾班的後期之作／4.菲利普·利皮的宗教畫作《報喜和兩位捐獻者》／5.大廳壯觀的頂棚壁畫

有3隻蜜蜂的《蜜蜂噴泉》

巴貝里尼廣場和維內多街
Piazza Barberini e Via Vittorio Veneto

距離巴貝里尼宮不遠的巴貝里尼廣場(Piazza Barberini)是宮殿落成後的續建工程。廣場中央最醒目的《人魚噴泉》(Fontana del Tritone)是貝尼尼在1642年的力作，巧妙的以海豚撐起海神信使人魚朝天吹著海螺，再從海螺噴出水柱流下來，整座雕刻的曲線完美，在大海貝下方刻有教宗三重冠冕、聖彼得的兩把鑰匙和3隻蜜蜂的巴貝里尼家族徽章，都有貝氏要表達特殊的寓意。

國際名導演費里尼拍《甜蜜的生活》(La Dolce Vita)取景的

維內多街有一座小巧的《蜜蜂噴泉》(Fontana delle Api)，這也是貝尼尼在1644年獻給出身巴貝里尼家族的烏爾巴諾八世教宗，噴泉上還刻上拉丁碑文標示此泉水可以飲用。

從《蜜蜂噴泉》往爬坡走約1分鐘，這裡有一座維內多街上的聖母無染原罪教堂(Chiesa di Santa Maria Immacolata a via Veneto)，在教堂附設的博物館和地下一座骨骸堂(Museo e Cripta dei Frati Cappuccini)，因方濟會修士他們所穿的會服是卡布其諾咖啡的顏色，所以用

Cappuccini表示方濟會修士。裡面以1528～1870年約4,000名方濟會修士亡故骨骸堆砌成各種圖形的幾間小祭室，有一室全由骷髏頭排列的3面牆，也有以人骨組合成燈飾、聖心和十字架，其中一間小祭室的銘文寫著：「我們曾經和你們一樣，而以後你們也會如我們一般。」(Quello che voi siete noi eravamo, Quello che noi siamo voi sarete.)頗具深意。

高級旅館和咖啡座林立的維內多街

曲線完美的《人魚噴泉》▶

Data

✉ Piazza Barberini，骨骸堂Via Vittorio Veneto, 27 ☎ 骨骸堂06-88803695 ➡ 搭地鐵A線到Barberini站，或搭53、61、62、85、492、590號公車到Barberini站 🕐 骨骸堂10:00～19:00(售票至前30分鐘)；11/2 09:00～15:00；12/24和12/31 09:00～14:30 ❌ 骨骸堂1/1、復活節、12/25 💲 骨骸堂€11.5，未滿18歲、65歲以上，18～25歲學生€8(票價含語音導覽) http 骨骸堂museoecriptacappuccini.it ❓ 1.骨骸堂禁拍照，若有幼童同行，不建議參觀；2.Roma Pass不適用 🗺 P.149

Palazzo del Freddo G. Fassi

價廉物美的百年冰淇淋店

1880年從靠近巴貝里尼宮的四噴泉附近賣冰和啤酒起家,到後來創立Fassi家族冰淇淋店,雖然走過二次大戰的艱困時期,甚至希特勒和墨索里尼也曾來消費過,至今仍然堅持傳統一貫的口感。目前提供40多種口味,分量給得大方,還能免費加鮮奶油,店內也展示上一代的製冰器,以及寬敞的

門口有大大的1880年創立標示

冰淇淋口味多

免費座位。

先到櫃檯排隊點完結帳,再拿單據到冰櫃前跟服務員選口味。個人喜愛吃得到鮮甜果肉的水果口味,還有很特別的米(Riso)冰淇淋,味道也不錯。

> ✉ Via Principe Eugenio, 65 ☎ 06-4464740 ➡ 從特米尼中央車站步行約17分鐘;或搭地鐵A線到Vittorio Emanuele,再走約8分鐘;也可搭5、14號電車到Principe Eugenio(Manzoni)站 🕐 週一~四12:00~21:00,週五~六12:00~00:00,週日10:00~21:00 💲 依大小杯€2~3.5 🌐 www.gelateriafassi.com 🗺 P.149

Pasticceria Regoli

入口即化的羅馬生乳包

這家百年糕點店創立於1916年,最有名的甜點是白白胖胖的生乳包(Maritozzo),Marito在義大利文有老公之意,傳說這是以前羅馬男生送給心儀女孩的甜點,裡面還會偷夾戒指或小禮物,收到甜點的女生便以Maritozzo來暱稱送甜點的人。

將鮮奶油夾入柔軟麵包的生乳包,吃起來輕爽不過甜,帶有淡淡的奶香,難怪店裡隨時擠滿饕客,牆上也貼滿備受肯定的榮譽榜。

1. 白胖的生乳包入口即化
2. 經營超過百年不容易
3. 牆上滿滿的榮譽榜
4. 店裡隨時排滿客人

> ✉ Via dello Statuto, 60 ☎ 06-4872812 ➡ 搭地鐵A線到Vittorio Emanuele,再走約6分鐘 🕐 週一、三~日06:30~19:30 休 週二 💲 生乳包€3.5 🌐 www.pasticceriaregoli.com 🗺 P.149

▲滑嫩乳酪帶點微苦咖啡的提拉米蘇

羅馬風味的培根半管義大利麵▶

Ristorante Amedeo

兼具傳統和創意菜色

這家位於特米尼中央車站附近，對於剛抵達羅馬的遊客很方便。座位寬敞，天氣好時，連露天用餐區也坐滿來自各地的觀光客。

時令菜色加上主廚的創意，兩道鮭魚酪梨沙拉和焦糖紅洋蔥歐式麵包前菜，不但分量足，也開啟食欲，接著是羅馬風味的培根半管義大利麵（Amatriciana con mezzi rigatoni），Q彈有咬勁，最後再以提拉米蘇完美結束這一餐。

▲▶色香味俱全的前菜

餐廳室內座位寬敞

✉ Via Principe Amedeo, 16-18 📞 06-4817632 ➡ 從特米尼中央車站走路約3分鐘 🕐 12:00～23:00 💲 每道主食€10～20 🌐 www.amedeoristorante.com 🗺 P.149

Ristorante Tullio

以新鮮食材入菜

水餃湯清淡爽口

肥厚的牛肝菌菇雞蛋麵香氣十足

自1950年營業至今已傳至家族第三代，是羅馬當地知名的高級餐廳，每天從市場選購新鮮的肉類、海鮮和蔬果，最好事先訂位，以免客滿要排隊等待。若吃膩重口味的乳酪義大利麵，可嘗試清淡的義式水餃湯，湯頭順口，還有新鮮的牛肝菌菇雞蛋麵，永遠不會令人失望。

✉ Via San Nicola da Tolentino, 26 📞 06-4745560 ➡ 從特米尼中央車站走路約10分鐘；或搭地鐵A線到Barbenini站 🕐 週一～六12:30～15:00、19:30～23:00 ❌ 週日 💲 每道主食€15～25 🌐 www.tullioristorante.it 🗺 P.149

餐廳陳設典雅

羅馬 圓形競技場區
羅馬 真理之口區
羅馬 拿佛那廣場區
羅馬 萬神殿區
羅馬 西班牙廣場區
羅馬 特米尼中央車站區
羅馬 跨臺伯河區
梵蒂岡 熱門景點

京華周老爹
(Mandarin Chow)
高級中式餐館

　　位於維內多街附近的京華周老爹是羅馬的高級中式餐館，裝潢雅致舒適，自1979年經營至今，在當地擁有一群忠實客戶。若旅遊多日想念臺菜，推薦這家羅馬唯一由臺灣人經營的臺菜料理，手工水餃、椒鹽炸雞塊、老爹泡菜牛肉煲，以及蝦仁鍋粑都很受歡迎。

鍋粑酥脆、蝦仁鮮美，
滿足亞洲胃

手工水餃皮Q餡扎實

香氣十足的椒鹽炸雞塊
加上乾煸四季豆

飯店裝潢雅致舒適

> ✉ Via Emilia, 85　☎ 06-4825577　➡ 搭地鐵A線到Barbenini站，再步行約8分鐘；或搭C3、52、53、160、590公車到Via Veneto站，再步行約2分鐘　🕐 週二～日12:00～14:45、19:00～22:45　休 週一　💲 平均€30～40　MAP P.149

長龍飯店
(Grand Dragon)
美味的港式點心

　　來自香港的長龍飯店在此經營已經30多年了，店內經常因人多而顯得熱鬧，所提供的港式點心，如腸粉、叉燒包和小煎包都很受顧客喜愛，個人推薦清甜的水餃湯和香酥比目魚。

蝦仁腸粉用料實在

肉質細的香酥比目魚

清淡的水餃湯

經營近35年的長龍飯店

> ✉ Via Nomentana, 49～51　☎ 06-44250314　➡ 搭公車60、62、82、90到Porta Pia站　🕐 12:00～14:45、18:45～22:30　💲 平均€20～30　MAP P.149

跨臺伯河區
Trastevere

橫跨羅馬的臺伯河宛如孕育城市的搖籃，而位於河中央的臺伯河島外型像一艘戰艦護衛著這座城，小島附近沿岸也是羅馬夏夜最熱鬧的市集。

　　這一區不但餐廳林立，是當地饕家的最愛，還有宗教藝文色彩濃厚的教堂與美術館，如中世紀知名的「跨臺伯河聖母教堂」，以及此區僅剩一座文藝復興式城門旁的法內澤別墅和國立古代美術館的柯西尼宮，珍藏不少名畫寶物。

一日行程表

出發
↓
🚌 搭23、280號公車到 Lgt. Alberteschi站

↓
🚶 170公尺／徒步約2分鐘

❶ 臺伯河島

↓
🚶 900公尺／徒步約11分鐘

❷ 跨臺伯河聖母教堂

↓
🚶 600公尺／徒步約8分鐘

❸ 法內澤別墅

↓
🚶 50公尺／1分鐘

❹ 柯西尼美術館

↓
🚶 1.6公里／徒步約20分鐘

❺ 波特澤城門

回程
↓
🚶 50公尺／徒步約1分鐘到 Porta Portese公車站

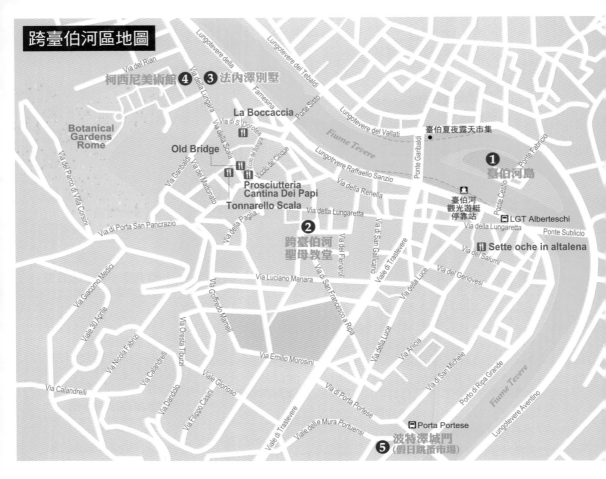

柯西尼美術館 ❹ ❸ 法內澤別墅

La Boccaccia

Botanical Gardens Rome

Old Bridge

臺伯河夏夜露天市集

❶ 臺伯河島

臺伯河觀光遊艇停靠站

Prosciutteria
Cantina Dei Papi
Tonnarello Scala

🚉 LGT Alberteschi

Ponte Sublicio

🍴 Sette oche in altalena

❷ 跨臺伯河聖母教堂

🚉 Porta Portese

❺ 波特澤城門（假日跳蚤市場）

臺伯河島
Isola Tiberina

自古以來，這座島即與醫療息息相關，在西元前3世紀有一座奉祀手持蛇杖的希臘醫神阿斯克勒庇歐(Asclepio)神廟，到了西元1000年被神聖羅馬帝國皇帝奧托三世(Ottone III)改建為聖巴多羅梅歐教堂(Basilica di San Bartolomeo all'Isola)，供奉這位被剝皮殉道的聖髑，目前教堂對面仍有一座16世紀的醫院。

連結臺伯河島和右岸猶太區的法布利裘橋(Ponte Fabricio)建於西元前62年，是羅馬現存仍在使用中最古老的拱橋，由於14世紀從附近教堂移來兩根各有兩個神話中的雙面神(Giano，隱含可以看見過去和未來的寓意)雕像石柱在橋中央，所以也被稱為四頭橋(Ponte dei Quattro Capi)。

Data

✉ Isola Tiberina ➡ 搭23、280號公車到 Lgt. Alberteschi站下車 MAP P.166

臺伯河島外型像一艘戰艦

橋上左右各有兩個雙面神頭像

臺伯河是孕育羅馬城的搖籃

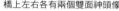

玩·家·帶·路

臺伯河夏夜露天市集(Lungo il Tevere Roma)

每年約於6月中上旬～8月底，政府沿著臺伯河邊舉辦盛夏的夜晚活動，至今已經邁入第20年，此時臺伯河岸的夜晚如珍珠一樣耀眼迷人，是當地人在夏季最愛的活動。

為讓所有的市民和遊客感受這條獨具魅力的河流，這段期間舉辦一系列免費的街頭藝術、音樂、舞蹈即興戲劇，還有數不盡的美食和手工藝品攤位，是羅馬夏季的重頭戲！

✉ 從Ponte Sublicio～Ponte Sisto(橫跨臺伯河島左右四座橋，長達1.6公里)

🕐 每晚19:00開始

🚌 有夜間公車n3s、電車n8可運用

http www.lungoiltevereroma.it

MAP P.166

(上)臺伯河夏季露天市集是羅馬夏季的重頭戲／(下)各式手工藝品

羅馬最具特色的3座橋

橋梁是人與城市之間重要的連結，羅馬被臺伯河貫穿，自然衍生出與這座城市共存共榮的關係。有河流，免不了需要興建接連兩岸的橋梁，在這座擁有2千多年的古城，有3座必訪的特色橋梁。

◆最古老的法布利裘橋(Ponte Fabricio)

這座古羅馬橋的歷史可以追溯到西元前62年，由法布利裘(Lucio Fabricio)建造，至今仍保存完好通行。由於連接臺伯河島和猶太人聚居區，也被稱為「猶太人之橋」(Pons Judaeorum)。

◆最浪漫的西斯都橋(Ponte Sisto)

經常出現在明信片上的西斯都橋與法布利裘橋相距不遠，橋的前身最早可追溯到4世紀，之後毀於戰爭，15世紀時教宗西斯都四世(Sisto IV)重建該橋而改名，橋墩由四大橋拱組成，目前橋上只限行人行走。

經常出現在明信片上的西斯都橋

◆最美的聖天使橋
(Ponte Sant'Angelo)

位於聖天使古堡前的這座橋，兩側飾有10尊美麗的天使雕像，每尊雕像都拿著耶穌受難刑具。傍晚時分，站在橋上望向聖彼得圓頂的落日餘暉，形成一幅美麗的景色。

聖天使橋是羅馬最美麗的一座橋

羅馬 圓形競技場區
羅馬 真理之口區
羅馬 拿佛那廣場區
羅馬 萬神殿區
羅馬 西班牙廣場區
羅馬 特米尼中央車站區
羅馬 跨臺伯河區
梵蒂岡 熱門景點

跨臺伯河聖母教堂
Basilica di Santa Maria in Trastevere

大殿的22根圓柱取自卡拉卡拉浴場

創立於西元4世紀的跨臺伯河聖母教堂，應是羅馬首座正式的基督宗教長方形會堂，之後於5和8世紀修建；如今我們所看到的教堂主體，多為12世紀教宗依諾謙二世(Innocenzo II)重建，教堂內部的22根愛奧尼式和柯林斯式圓柱，都是取自卡拉卡拉浴場。

這座教堂以鑲嵌畫聞名。在教堂正面有13世紀的聖母哺育小耶穌和10位持油燈女子，以及教堂內半圓環形殿的《聖母加冕》(Incoronazione della Vergine)和下方6幅一系列《聖母生平》(Vita della Vergine)極享盛名，尤其後者由卡瓦里尼(P. Cavallini)在1291年的生動寫實設計，相當出色。

目前所看到的教堂門口正立面和廣場的八角形噴泉，都是由馮塔納(C. Fontana)在17世紀末～18世紀初重新設計興建。在白天，廣場臺階是當地居民相約見面的熱門地點；到了傍晚華燈初上，街頭藝人各據廣場角落彈吉他、吹泡泡表演，這時四周熱鬧的露天餐館和咖啡館早已被悠閒的民眾坐滿了！

環形殿一排羊的下方有6幅《聖母生平》鑲嵌畫

Data

✉ Piazza Santa Maria in Trastevere ☎ 06-5814802 ➡ 搭電車8號或H公車到Belli站，朝Via della Lungaretta走約4分鐘 ◎ 週一～四、六、日07:30～21:00，週五09:00～21:00，8月週六、日～20:00 http www.santamariaintrastevere.it MAP P.166

跨臺伯河聖母教堂經過多次修建

教堂正面的聖母哺育聖嬰和10位持油燈女子鑲嵌畫

廣場的露天餐座很受歡迎

1 **2** **3**

第**3**站

法內澤別墅
Villa Farnesina

Data

✉ Via della Lungara, 230　☎ 06-68027268　➡ 搭23、280號公車到Lgt Farnesina站，朝背對臺伯河的右邊巷子走約2分鐘　🕐 週一～六09:00～14:00(13:15前售票)，每月第二個週日09:00～17:00(16:15前售票)　🚫 週日、1/1、5/1、12/25　💲 18～65歲€12，65歲以上€10，10～18歲€7，未滿10歲由家長陪同免費。週六、每月第二個週日有英、義語專人導覽，可上網預約 🌐 www.villafarnesina.it　🗺 P.166

　　坐落於15世紀塞提米亞納城門(Porta Settimiana)旁的法內澤別墅，這是在西班牙廣場區曾提過人民聖母教堂的西恩那銀行家基吉(Agostino Chigi)斥資興建，他在1506～1512年間請畫家兼建築師的佩魯濟(B. Peruzzi)設計這棟文藝復興樣式建築；基吉去世後，1579年再由法內澤(A. Farnese)樞機主

教買下，才改為此名，如今是國家科學學會(Accademia dei Lincei)會址。

　　首先參觀地面樓的「賈拉蒂亞涼廊」(Loggia di Galatea)，有拉斐爾和佩魯濟(Peruzzi)的古典神話溼壁畫，拱頂則是象徵主人基吉生辰的星象圖；隔壁的「愛神與普賽克涼廊」(Loggia di Amore e Psiche)的名

稱，取自拉斐爾和他的弟子們在1518年於拱頂的《愛神與普賽克婚禮》(Le nozze di Amore Psiche)溼壁畫，這些都被視為文藝復興時期最華麗的裝飾；由涼廊望向外面的庭園，是過去基吉宴客的場地。

　　樓上是佩魯濟在1519年創作的全景壁畫「透視廳」(Sala delle Prospettive)，畫中描繪透

視大理石和假廊柱之間的城市與鄉村風景，一眼望去，彷彿看到16世紀的羅馬街頭景象，構思獨創一格。

1.坐在涼廊靜靜欣賞溼壁畫／**2**.拉斐爾的《賈拉蒂亞的凱旋》名畫／**3**.象徵主人基吉生辰的星象圖／**4**.拉斐爾和弟子共同完成的《愛神與普賽克婚禮》／**5**.佩魯濟的全景壁畫「透視廳」

4 **5**

柯西尼美術館
Galleria Corsini

Data

✉ Via della Lungara, 10 📞 06-68802323，預約06-32810 ➡ 在法內澤別墅對面 🕐 週二～日10:00～19:00(18:00前售票) 🚫 週一、1/1、12/25 💲 €12，18～25歲歐盟公民優待票€2，未滿18歲免費，這是20天內可參觀巴貝里尼宮聯票 ⓗ www.barberinicorsini.org，訂票www.coopculture.it/it/poi/galleria-corsini ❓ 室內拍照禁止閃光燈 🗺 P.166

和巴貝里尼宮同屬國家古代美術館的柯西尼宮，16世紀初為李阿利歐(D. Riario)樞機主教所建，許多當時的名人，像拉斐爾的老師布拉曼帖(D. Bramante)、米開朗基羅、拿破崙的母親，以及放棄瑞典王位的克里斯蒂娜，都曾是這裡的座上賓。由於正門面臨的街道過窄，柯西尼樞機主教(N. M. Corsini，為時任教宗克萊孟十二世的姪子)於1736年委託建築師富加(Ferdinando Fuga)改建，因而得名。

美術館主要展出16～18世紀繪畫精品，如卡拉瓦喬很鍾愛的主題《聖若翰洗者》(San Giovanni Battista)，在這一系列畫中，此幅的頭部陰影著色很深。另外還有貝尼尼雕塑的《教宗亞歷山大七世半身像》(Busto di Papa Alessandro VII)，以及18世紀的P.Paolo Cristofori的巨幅鑲嵌畫《克萊孟十二世和柯西尼樞機主教》(ClementeXII e il Cardinale N.M. Corsini)，畫中的教宗克萊孟十二世白色蕾絲外袍的皺褶，竟然是一顆顆彩石鑲嵌的效果，非常逼真。

1.館內展示廳裝飾得美輪美奐／2.巨幅《克萊孟十二世和柯西尼樞機主教》鑲嵌畫／3.柯西尼宮主要展出16～18世紀繪畫／4.桌上擺著貝尼尼雕塑的《教宗亞歷山大七世半身像》

第5站

波特澤城門
Porta Portese

這是羅馬最著名的週日露天跳蚤市場，所占面積不小，橫跨幾條街道，沿路此起彼落的「Prego」(請進)招呼聲不絕於耳，全部逛完需要幾個小時。

從斑駁的城門進入，盡是一些廉價服飾和粗糙的藝品頗令人失望，建議快快走過到街尾連接Via Ippolito Nievo街，這裡才是真正的二手貨攤位。小至首飾、手錶、郵票，大到古董留聲機、家具，舉凡你想得出來的家當，幾乎都有人拿出賣，若有看中意的寶貝要記得討價還價喔！

1.週日的跳蚤市場在老舊的波特澤城門上場／2.扒手多，警察加強巡邏／3.街頭藝人也參一腳／4～6.這些二手貨都有自己走過的歷程

Data

✉ Via Portuense ➡ 搭3、8號電車或44、75號公車到Porta Portese站 🕐 週日07:00～14:00(10:00～13:00人潮最多) 🚫 1/1、5/1、12/25 http www.turismoroma.it/it/luoghi/mercato-di-porta-portese(羅馬觀光局) ❓ 這裡扒手猖獗，雖然警察已經加強巡邏，但仍需提高警覺 MAP P.166

羅馬　圓形競技場區

羅馬　真理之口區

羅馬　拿佛那廣場區

羅馬　萬神殿區

羅馬　西班牙廣場區

羅馬　特米尼中央車站區

羅馬　跨臺伯河區

梵蒂岡　熱門景點

Prosciutteria Cantina Dei Papi

山產美食與美酒

由門口戴著珍珠項鍊的山豬照片，不難猜出這裡是賣什麼的。沒錯，招牌上的Prosciutteria就是

樸實的店面

店內擺設很隨性

火腿店之意，但可別以為裡面只有賣火腿，還可以選擇搭配手工麵包、乳酪拼盤，也有三明治和街頭小吃，讓你一口接一口品嘗這些傳統美味，若能加上一杯葡萄酒，那就更完美了！

喜愛山產朋友的最愛

✉ Via della Scala, 71 ☎ 06-64562839 ➡ 搭23、280號公車到Lgt Farnesina(Trilussa)，朝背對臺伯河的巷子走約4分鐘 🕐 11:00～00:00，週五、六11:00～01:30 💲 平均€15～20 http www.cantinadeipapi.com MAP P.166

Sette oche in altalena

安靜舒適的用餐環境

▲招牌串燒分量夠

開胃菜和麵包▼▶

跨臺伯河區餐廳多集中在跨臺伯河聖母教堂這邊，每到用餐時總是擠滿人，若想圖個安靜享受美食，推薦跨過電車馬路的另一邊，有家「七隻搖擺的鵝」餐廳，露天用餐區舒適溫馨。

可愛的招牌

我們點了培根吸管麵和包含雞肉、香腸、蔬菜的招牌串燒，點餐後，會先送上乳酪、火腿片和醃黃瓜開胃菜，以及麵包，美味且分量夠，令人垂涎。

✉ Via dei Salumi, 36 ☎ 06-5809753 ➡ 搭電車8號或H公車到Belli站，再走約5分鐘 🕐 12:00～00:00 💲 每道主食€10～15 MAP P.166

舒適的露天用餐區

Tonnarello (Scala)

傳統羅馬風味的義大利麵

　　位於浪漫小廣場角落的這家餐廳，是一家連鎖店，除了傳統的羅馬風味的肉醬義大利麵，例如培根乳酪蛋汁麵(Carbonara)、羊乳酪胡椒麵(Cacio e Pepe)，醬汁都非常濃稠道地，當然也提供海鮮和素食，個人喜愛開胃的醃漬朝鮮薊(Carciofi)和碳烤麵包加上新鮮番茄(Bruschetta)前菜，非常爽口。

露天用餐區經常滿座

✉ Piazza della Scala ,19　📞 06-5806404　➡ 搭23、280號公車到Lgt Farnesina(Trilussa)，朝背對臺伯河的巷子走約3分鐘　🕐 11:00～23:00　💲 每道主食€10～20　http tonnarello.it　MAP P.166

La Boccaccia

便宜好吃的切片秤重披薩

　　La Boccaocia在羅馬有4家分店，這家店位於跨臺伯河區的轉角，很容易錯過。這裡提供切片稱重的披薩店，有各類葷素口味，即使素食也有5～6種可以選擇，也可以幫你加熱，平均一人約€5～8就很飽足，即使是單純的迷迭香(Rosmarino)白披薩或瑪格麗特(Margherita)紅披薩，口感都很棒。

可以坐在門口露天桌椅慢慢享用

✉ Via di S. Dorotea, 2　📞 320-7756277　➡ 搭23、280號公車到Lgt Farnesina(Trilussa)，朝背對臺伯河的巷子走約1分鐘　🕐 10:00～23:00　💲 依稱重計費　MAP P.166

Old Bridge

天然果香的冰淇淋

　　強調以全天然的新鮮食材製成，不加任何化學添加劑、人工色素和防腐劑的Old Bridge，自30年前在梵蒂岡附近創店就頗受歡迎，小小的店門口經常有大批遊客排隊買冰淇淋。現在於跨臺伯河區也設分店，店內約有30種口味，店面也比創始店寬敞舒適，櫃檯旁掛著一目了然的價目圖文，工作人員很友善。

跨臺伯河區的分店寬敞舒適

✉ Via della Scala, 70　📞 328-1272147　➡ 搭23、280號公車到Lgt Farnesina(Trilussa)，朝背對臺伯河的巷子走約4分鐘　🕐 10:00～02:00(週日14:30開始)　💲 依大小€2.5～6可以選3種口味　http gelateriaoldbridge.com　MAP P.166

郊區小旅行

位於拉吉歐大區(Lazio)的羅馬郊區有不少頗具歷史的熱門景點，

如古羅馬經貿港口城的「歐斯提亞古城」(Ostia Antica)、

位在自帝國時期即為避暑勝地提沃利(Tivoli)的皇帝與樞機主教別墅，

以及從羅馬往北約120公里、俗稱天空之城的「巴尼奧雷焦古城」(Civita

di Bagnoregio)等，都是值得體驗與城市旅遊相異其趣的大自然風光。

奧維耶多
(Orvieto)
135公里

SR2bis
SS3
SS4

E35

阿西西
(Assisi)
185公里

SR5

A90

SP636

巴尼奧雷焦古城
(天空之城)
(Civita di Bagnoregio)
120公里

SS4

A90

艾斯特別墅
(Villa d'Este)

哈德連別墅
(Villa Adriana)

SR5

E80

羅馬

SS1

A90

E80

E80

E80

A91

A90

菲米其諾機場
(Aeroporto di
Roma-Fiumicino)

A91

E80

錢皮諾機場
(Aeroporto di Roma-Ciampino)

SS7

SP511

E821

E45

SR6

E45

SP217

SR148

SP215

歐斯提亞古城
(Ostia Antica)

岡道爾夫堡教宗夏宮
(Palazzo Apostolico
di Castel Gandolfo)

SS7

羅馬郊區地圖

過季名品購物中心
(Castel Romano Designer Outlet)

SR207

175

歐斯提亞古城
Ostia Antica

位於羅馬西郊、臺伯河出海口的歐斯提亞古城，是距今已有2300年歷史的海港城，在一片殘垣斷壁遺址中，仍看得出神廟、劇場、浴場、麵包坊等古老建築，也見證了羅馬帝國時期居民真實的生活面貌，就像一齣穿越歷史劇般重現在眼前。

這座古城興建於西元前4世紀，到帝國時期發展成繁忙的商港兼防衛港，除了皇帝競相在這裡興建浴場和劇場外，一般社會階層和來自地中海各國跑船營生的商人，也相繼在此發展出樓房住宅分租、酒館、商店、學堂和商會，直到西元4世紀君士坦丁大帝東遷君士坦丁堡(Costantinopoli)為新都，加上港口淤塞和疾病肆虐開始沒落，整座城市也慢慢被淤沙覆蓋成廢墟。

整座城市沿著Decumano Massimo道路發展，有些鵝卵石古道還被車輪壓出痕跡。道路兩旁有2世紀精美黑白鑲嵌地板的海神浴場(Terme di Nettuno)和一間間商店、房舍，甚至公廁的遺跡。

在浴場旁有一座建於奧古斯都時代的圓形劇場，一層層階梯式座位可以容納3,000名觀眾，舞臺旁也有3尊原為裝飾舞臺的大型面具。劇場後方曾是臺伯河流經的公會廣場(Piazzale delle Corporazioni)，四周仍保有當時在此設置商行的

廢墟，從地板的鑲嵌標誌大致能猜出這裡原來是做什麼買賣。

一般居民住宅多位於城市周遭，也有3、4層樓的公寓，其中西元2世紀的「戴安娜之家」(Casa di Diana)為比較著名的樓房。當時地面樓多為商店、餐廳和酒館，看著門口的店面櫃檯，就好像供應酒和小吃的情景一般的真實。逛完整個古城約需2～3小時，沿路主要遺跡有英文解說，以圖文對照想像2千多年前的城市盛況！

1.歐斯提亞古城的鵝卵石古道／2.戴安娜之家的酒館大理石櫃檯／3.劇場舞臺旁的面具裝飾／4.半圓形劇場至今仍在使用／5.劇場後面的公會廣場保留的鑲嵌地板／6.西元120年興建的卡比托神廟(Capitolium)／7.戴安娜之家後面的磨坊／8.海神浴場旁的健身房

Data

✉ Viale dei Romagnoli, 717 ☎ 06-39967950 ➡ 搭地鐵B線在Piramide站下車，再到旁邊的Roma Porta S.Paolo車站轉搭Roma-Lido的區間火車到Ostia Antica站(平均每15分鐘一班，車程約35分鐘，持羅馬大眾運輸系統車票即可搭乘，1張€1.5，100分鐘內有效)，再步行約8分鐘 🕐 週二～日08:30～日落前1小時(依季節日落時間而更動，請查詢官網)，開放時間前1小時停止售票 ✖ 週一、1/1、12/25 💲 €18，18～25歲歐盟公民優待票€2，未滿18歲免費，有效期8天 🌐 www.ostiaantica.beniculturali.it，訂票www.coopculture.it ❓ 1.每月第一個週日免費；2.Roma Pass適用 🗺 P.175

轉搭火車的Roma Porta S.Paolo車站

艾斯特別墅
Villa d'Este

世界文化遺產

別墅位於羅馬以東30公里的提沃利市中心，坊間稱為「千泉宮」的艾斯特別墅，是艾斯特樞機主教(Ippolito d'Este)於1550年請建築師利哥李歐(P. Ligorio)利用一座古老本篤會修院加以擴建，重現昔日仿古希臘、羅馬雕刻的噴泉，為文藝復興晚期的林園別墅代表。

開始參觀經過寬闊的中庭迴廊，再依指標進別墅室內建築，裡面有多間文藝復興風格的壁畫，有的甚至具立體透視效果，而從大廳的陽臺，即可俯瞰戶外青蔥林蔭小徑的庭園，以及多達500處令人讚嘆的噴泉奇觀。

庭園裡以整排3層小瀑布的「百泉大道噴泉」(Viale delle Cento Fontane)、1567年利哥李歐設計的橢圓形噴泉(Fontana dell'Ovato)、象徵臺伯河島小船和母狼餵乳雕像的「小羅馬噴泉」(Fontana di Rometta)、以百乳女神呈現大自然孕育繁殖不斷的「自然噴泉」(Fontana della Natura)，以及過去利用水壓來演奏音樂的「管風琴噴泉」(Fontana dell' Organo)等最著名；目前別墅已被聯合國教科文組織列為世界文化遺產。

Data

✉ Piazza Trento, 5 Tivoli 📞 07-74332920 ➡ 搭地鐵B線到Ponte Mammolo站，再轉搭Cotral長途巴士到Tivol市中心，車程50分鐘，下車走約5分鐘 🕐 週二~日夏季08:45~19:45、冬季08:45~18:45(售票至前1個小時)，時間時有更動，請查詢官網 ❌ 週一上午(14:00開放入場)、1/1、12/25 💲 €13,18~25歲歐盟公民優待票€2，未滿18歲免費 🌐 villae.cultura.gov.it(有中文)，訂票www.coopculture.it/it/prodotti/biglietto-villa-deste(預訂費€2)，Cotral巴士時刻servizi.cotralspa.it(點Percorso e Tariffe，填入起迄點) @ info@villadestetivoli.info 🗺 P.175

1.蘊含大自然孕育豐產的「自然噴泉」／2.「橢圓形噴泉」的弧度相當美／3.象徵羅馬的「小羅馬噴泉」／4～6.別墅裡美麗的壁畫／7.三層瀑布的「百泉大道噴泉」是取景的絕佳地點／8.精心設計的「管風琴噴泉」

哈德連別墅
Villa Adriana

世界文化遺產

酷愛旅行的哈德連皇帝逐漸不愛住在羅馬巴拉丁諾山丘(Colle Palatino)的宮殿，於是在118～134年將遊歷帝國疆土的所見景物，以仿造希臘、埃及的神殿和劇院等建築，重現在這座占地超過100公頃、30多座建築的避暑別墅。

進入別墅後要先走一段約5分鐘的絲柏樹步道，快到城牆前建議先到右側的立體模型室瀏覽，待會兒走在無邊際的大空間才有具體概念。建議尚未經過城門先左轉到「海上劇院」(Teatro Marrittimo)，這是一座圓形人工湖，中央的小島應該是皇帝的私人書房，旁邊還有圖書館，是別墅較早興建的建築；由於中間小島沒有石橋連接，因此推測當時應該有座活動的短吊橋。

接著沿城牆旁往裡走，有一座希臘式長方形柱廊(Quadriportico)環繞已經乾涸的水池，以及還剩幾根愛奧尼克式圓柱的「大浴場」(Grandi Terme)，抬頭看浴場的拱頂幾乎被侵蝕得快撐不住了。走到別墅盡頭的「卡諾波」(Canopo)又是一番美景，這是仿建埃及亞力山大的神廟，還挖鑿100多公尺的水道造景，一列雕像靜靜望著眼前的湖光山色，呈現空靈而深邃的寧靜。

1.水道造景的一排女雕像／2.仿造埃及神廟的「卡諾波」／3.到哈德連別墅如遊歷一座古文明建築的露天博物館／4.「海上劇院」應該是皇帝的私人書房／5.希臘式長方形柱廊圍繞著大水池／6.矗立幾根愛奧尼克式圓柱的大浴場

Data

✉ Largo Marguerite Yourcenar, 1, Tivoli ☎ 07-74382733 ➡ 由Tivoli市中心搭地區巴士4號，車程約15分鐘；若由羅馬直接前往，搭地鐵B線到Ponte Mammolo站，再轉搭Cotral長途巴士，車程約40分鐘 ◯ 夏季08:15～19:30、冬季8:15～17:00(售票至前85分鐘)，時間時有更動，請查詢官網 休 1/1、12/25 $ €12 http villae.cultura.gov.it(有中文)，訂票www.coopculture.it/it/prodotti/biglietto-villa-adriana(預訂費€2)，Cotral巴士時刻servizi.cotralspa.it(點Percorso e Tariffe，填入起迄點) ⁉ 因占地廣的露天別墅且少有遮蔭的地方，參觀最好自備墨鏡或帽子遮陽，並穿一雙舒適的鞋子 MAP P.175

羅馬以北
巴尼奧雷焦古城
（天空之城）
Civita di Bagnoregio

從羅馬到巴尼奧雷焦古城若沒開車前往，最方便的交通是先搭火車到奧維耶托(Orvieto)，之後再轉搭巴士，所以若時間允許，建議在盛產白酒、彩繪瓷器的奧維耶托過一晚，順道參觀該城哥德式的主教座堂(Duomo di Orvieto)和艾特魯斯哥人深達36公尺的卡瓦水井(Pozzo della Cava)，以及各彩繪瓷器的特色小店，體驗這座響應慢食運動的美麗山城。

Civita di Bagnoregio照字面意思是「皇家浴場之城」，根據市政府官網資料，「Balneum Regis」這個地名約在西元600年教宗額我略一世(Gregorio I)，寫信給該教區的首位主教Ecclesio時第一次出現。古城的歷史可追溯到2500年前，由艾特魯斯哥人建立。由於處在火山熔岩易受雨侵蝕而形成陡峭的地形，再加上1450～1738年間的地震破壞，宛如一座孤山，地勢險峻，建築也面臨隨時倒塌的危險，常住居民只剩10多人，因此被稱為瀕臨滅絕的「死亡之城」(la città che muore)；不過也因隔離的環境，仍保留原中世紀古城的風貌。

古城之所以被稱為「天空之城」，一說是當雲霧繚繞包圍這座與世隔絕的古城，彷彿就像天空的一座城堡，但也有人說這是因為宮崎駿的動畫《天空之城》靈感由來而得名；無論傳說如何，一座遺世獨立的小城堡，只靠1965年興建的連外天橋，的確非常罕見，難怪被世界文化遺產基金會(World Monuments Fund)列入100座瀕臨消失的遺跡。

古城不大，商店和餐廳多集中在文藝復興風格的聖多納托教堂(Chiesa di S. Donato)廣場周邊，置身閒適幽靜的氛圍，時間好像突然靜止不動，看似虛無卻引人入勝。翻開10年前拍的照片，古城幾乎沒什麼改變，唯近年來遊客日多，進古城原不收費卻改變了！

Data

✉ Valle dei Calanchi 📞 遊客服務324-8660940 ➡ 1.特米尼中央車站搭往Orvieto火車，車程約80分鐘；若要往Civita di Bagnoregio，則在火車站附近的纜車站(Funicolare)搭Cotral巴士到Bagnoregio城中心，車票在旁邊有T字(Tabbacchi)香菸雜貨店購買，單程€2.2，車程約1小時。抵達Bagnoregio城後，可搭小巴(來回票€1.5)或走約20分鐘分鐘到往古城的天橋口，天橋旁邊有售票口買票，在天橋口驗票；2.若開車前往，從羅馬往北約120公里，車抵Bagnoregio城有兩處停車場，再買票進古城 💲 €5 http www.civita-di-bagnoregio.info，Cotral巴士時刻servizi.cotralspa.it(點Percorso e Tariffe，填入起迄點) ❓ Orvieto-Bagnoregio往返的Cotral巴士週日、假日不開，車上不售票 MAP P.175

▲ 進古城門票

從Bagnoregio市區接駁小巴到古城山下，若天氣好可以步行約20分鐘

1.奧維耶托主教座堂／2.彩繪瓷器是奧維耶托的特產／3.宛如一座孤山的古城／4.聖多納托教堂／5.古城仍保留原中世紀古城的風貌／6.小城堡只靠一座天橋和外界相連／7.商店多集中在聖多納托教堂廣場的周邊／8.簡約的聖多納托教堂內部

擁有獨立政體運作與郵政的教廷，雖然是世界最小的國家，實際管轄梵蒂岡城國(Stato della Città del Vaticano)和義大利部分教會與領地，卻是全球天主教徒的心靈庇佑國度，不但擁有最壯麗的「聖彼得大教堂」，還有典藏浩瀚藝術的梵蒂岡博物館，典藏之豐令人嘆為觀止。

VATICANO
梵蒂岡

詩人但丁曾經如此讚嘆：「梵蒂岡是世界上最小也是最大的國家。」即使歷經數百年後，到現在依然保有它在基督教世界的崇高地位。這個單元從政府、地理、歷史、人口、國旗和語言等方面介紹，讓你對梵蒂岡有更全面的了解。

認識教廷

政府

正式國名為Santa Sede

梵蒂岡的正式國名為聖座(Santa Sede，英文 Holy See)，通稱「教廷」，國土面積雖然小，但是也和其他主權國家一樣，擁有自己的國歌、元首、行政、外交、軍隊等，而教宗也就是國家元首。

教廷是羅馬天主教教會的政治實體，其政治制度不同於一般的國家，主要以管理普世教會和傳播福音為主。而最高領袖，當然是以上帝之名行使職權的教宗，為了管理整個教會，設立下列組織。

國務院(Segreteria di Stato)

為教宗的秘書處，負責教廷行政、外交事務，並主管辦理教宗樞密事務，分別由國務院院長和副院長掌理。國務院下設一般事務(即內政部)、國際關係對外事務(等同外交部)，以及教廷外交人員等3個部門，目前教廷與全世界184國家建立外交關係(2024年)。

十六部會(Dicastero)

分別為福音傳播、信仰教義、愛德服務、東方教會、聖事禮儀等部。

三法院(Tribunale)

為教廷的司法機關，分別是聖赦院、最高法院及聖輪法院。

除此之外，還設有財政機關、事務局及學術機構，各司教廷經濟、總務與學術等事務，這些組織多與宗教事務有關。

聖赦院是教廷司法機關之一

車牌和義大利不同(SCV即Stato della Citta del Vaticano梵蒂岡城國縮寫)

人口

約有800多位居民

目前梵蒂岡居民約有8百多人。這些居民大部分居住在梵蒂岡內，有神職人員和瑞士衛隊，也有任職在各個機構的教友；當然，若要從廣義的角度來看，全球十幾億天主教徒都可稱為她的子民(約佔全世界1／6人口)，因為這裡是他們信仰的歸屬。

教廷行政大樓，前面花園的牧徽圖案，會隨現任教宗而改變

梵蒂岡的居民以神職人員為主

地理

約中正紀念堂園區的2倍大

梵蒂岡城位在羅馬臺伯河的左岸，全城東西最長1,000公尺、寬850公尺，占地面積0.44平方公里，約中正紀念堂園區的2倍大。

除了梵蒂岡城內的聖彼得教堂、博物館和花園外，在羅馬的一些大教堂與辦公機構，以及羅馬近郊的教宗避暑勝地岡道爾夫堡(Castel Gandolfo)，都是屬於教廷的領土。

梵蒂岡國土雖小，卻擁有基督世界的崇高地位

歷史

兩千多年歷史的宗教國

教廷是一個特殊的宗教國家，教宗是國家的元首，也是羅馬的主教。從第一位教宗聖彼得到現在，已經有兩千多年的歷史。

在西元前9世紀時，梵蒂岡就為艾特魯斯哥(Etrusco)人所聚集，當時他們稱之為Vatica。之後這個地方雖被羅馬人占領，但名稱並沒有太大的改變。西元380年羅馬帝國正式承認天主教為國教，隨後西羅馬帝國因蠻族入侵而滅亡，這時教宗以天主教領袖逐漸取代帝國權威並維持治安。

到了1870年，薩丁尼亞王國國王艾曼紐二世(Vittorio Emanuele II)統一義大利並定都羅馬，致使當時的教宗庇護九世(Pio IX)退居梵蒂岡城，

拒絕和義大利政府妥協。直到1929年，教宗庇護十一世(Pio XI)和墨索里尼(Mussolini)政府在拉特朗宮(即現在聖約翰大教堂的右側建築)簽訂拉特朗條約(Patti Lateranensi)，自此教廷成為以梵蒂岡城為領土的主權獨立國家，而聖彼得廣場前的協和大道(Via della Conciliazione)，就是墨索里尼為了此事件所建造的，這也算是墨氏對梵蒂岡的一大貢獻。

聖彼得廣場前的協和大道是墨索里尼執政時建造的

梵蒂岡發行自己的郵票

(左/右)貼梵蒂岡郵票的信件有專屬郵筒

國旗

左黃右白長方形旗

梵蒂岡有自己的國旗，旗面由中分成左右兩部分，左半部為單純的黃色，代表和平；右半部以象徵仁愛的白色為底，上面繪有教宗的三重冠冕，冠冕底下有兩把交叉的鑰匙，表示聖彼得和祂的繼承者擁有開啟天國之門並治理全世界天主教的神權。

語言

以義大利語、拉丁語、法語為官方語

以義大利語為主，但是官方語言也把拉丁語、法語納入；當然，英語在梵蒂岡也能溝通。

貼心提醒

參觀教堂事前準備的衣物

無論到梵蒂岡參觀聖彼得大教堂，或是到義大利其他教堂參觀，最好衣著端莊得體以示尊重。尤其到全世界規模最宏偉的聖彼得大教堂和梵蒂岡博物館，入口處都立著請遊客穿著不要露手臂和大腿的告示牌，否則無法進入，所以別忘了：

1. 參觀當天千萬不要穿露背裝、短褲、迷你裙等露出手臂、大腿的服裝；即使在夏天，行李也要備有長褲或及膝裙子和短袖上衣。
2. 最好避免穿涼拖鞋(像拖鞋的涼鞋)，而涼鞋是可以的。
3. 假如到了現場才發現服裝不符，女性可以在附近的店或攤位買條大絲巾圍住手臂，或買件長褲補救；而男士就買件T恤和長褲換上吧！

聖彼得大教堂前豎立入場規定的告示牌

參觀博物館的注意事項

梵蒂岡博物館擁有歷代教宗所蒐藏龐大的藝術品，以及保存包括埃及、希臘、羅馬帝國、中世紀、文藝復興和現代宗教等數十萬件藝術品各名家的繪畫與雕塑，想要全部看完，約要走7、8公里的路程。如此豐富的典藏，若不想只是走馬看花或撲空(梵蒂岡宗教節日多，有些節日是休館的)，最好事前上博物館網站查閱，網站目前提供義、英、西、德、法等語。

另外，博物館內拍攝不能用閃光燈，而最令人嘆為觀止的西斯汀小堂甚至連拍攝都不允許，所以事前除了參考相關資料外，在博物館附設餐廳戶外的美術館花園，館方設立解說圖可以善加運用。

博物館附設餐廳的戶外美術館花園，館方設立解說圖可以善加運用

http 查詢博物館開放時間：www.museivaticani.va/content/museivaticani/en.html#lnav_info

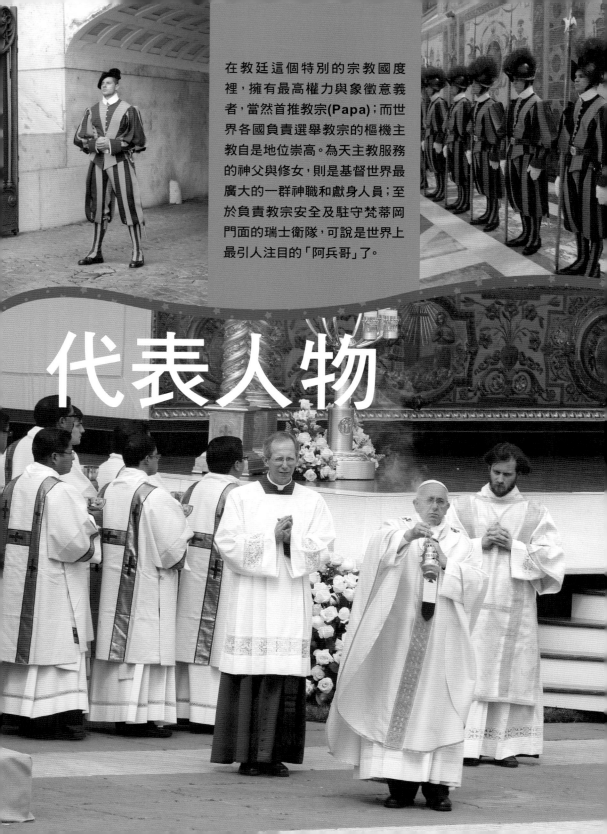

在教廷這個特別的宗教國度裡，擁有最高權力與象徵意義者，當然首推教宗(Papa)；而世界各國負責選舉教宗的樞機主教自是地位崇高。為天主教服務的神父與修女，則是基督世界最廣大的一群神職和獻身人員；至於負責教宗安全及駐守梵蒂岡門面的瑞士衛隊，可說是世界上最引人注目的「阿兵哥」了。

代表人物

教宗

教宗的產生

首位教宗

依照聖經上的記載，原以捕魚為業的西蒙(Simon)被耶穌基督揀選為宗徒之長，並將他改名為彼得(拉丁文Petrus為「磐石」之意)，即是要聖彼得當教會的磐石，繼續帶領教會宣揚福音，自然成為首任教宗。

教宗方濟各在聖彼得廣場主持彌撒大典

現任教宗方濟各(Francesco)為義裔阿根廷人，於2013年3月13日獲選為宗徒長聖彼得的第265任的繼承者(即第266任教宗)，之所以取尊號為「方濟各」，是為了紀念出生在阿西西(Assisi)的聖方濟各(San Francesco)，為首位出身拉丁美洲與耶穌會的教宗。

選舉制度

教宗是由選舉產生的，而且是在一個完全封閉的地方祕密舉行。義大利文稱教宗的選舉法為Conclave，即是由兩個拉丁文Cum 和Clave和併起來的，Cum為「同」之意，而Clave則為「鑰匙」的意思，也就是用鑰匙鎖在一個共同的地方，與外界斷絕直到選舉結束。

年紀在80歲以下的樞機主教才有選舉教宗的權利，而且必需獲得出席樞機主教的三分之二又多一票的多數才能當選。

選舉地點──西斯汀小堂

教宗選舉是在梵蒂岡博物館裡的西斯汀小堂(Cappella Sistina)舉行，而且唯一與外界傳遞消息的工具，是在堂內臨時搭上的煙囪，有機會到西斯汀小堂參觀米開朗基羅的《創世紀》和《最後審判》時，背對《最後審判》溼壁畫的右前方出口處，即是搭火爐和煙囪的地方，下回參觀時可以留意一下。

選舉結果──黑煙、白煙

每一輪選舉結果，不論有否選出教宗，都會把選票經特殊處理並燒毀，而外界也就憑煙的顏色來斷定選舉是否有結果。假如冒出黑煙，那就表示還沒選出新教宗；若是冒白煙，則在廣場引頸而盼的群眾立即歡聲雷動，並鼓掌高呼「教宗萬歲！」不過，由於煙的顏色有時很難斷定，有時看起來像似「淡黃色」讓人難以分辨，所以現在若選舉有結果，都外加鐘聲報喜。

新任教宗公開露面──祝福陽臺

一旦選出新教宗之後，新教宗除了接受樞機主教們的宣示效忠與祝福外，也會由兩位樞機主教引導到聖彼得大教堂正門前上方，在被稱為「祝福陽臺」上和群眾第一次見面。

首先，由其中一位樞機主教向群眾宣布：「我們已經有了新教宗，他是XX樞機，取的尊號為⋯⋯」接著新教宗出現，接受在場群眾的歡呼與掌聲，而現場也擠滿各國電視新聞SNG採訪車，競相向全世界作實況報導這件備受關注的大事。

祝福陽臺

聖方濟各是義大利中世紀具很大影響力的宗教傳奇人物，這位聖人一生苦修、救助貧民，傳說還具有與鳥獸溝通的神奇能力。以下介紹與聖方濟各有關的主要景點，很值得前往參觀。

朝聖小鎮「阿西西」(Assisi)

聖方濟各誕生於義大利中部溫布利亞大區(Umbria)佩魯賈省(Perugia)的阿西西，是一座恬靜迷人的小山城，近乎完整保存中世紀古城的風貌，還有不少文藝復興時期的建築和藝術，為著名的藝術與宗教之城，距離羅馬約175公里。

阿西西旅遊局
✉ Piazza inferiore San Francesco 10
☎ 075-8138680，資訊075-8138688
🌐 www.visit-assisi.it
🗺 P.175

阿西西是個美麗的小山城

世界文化遺產 聖方濟各大教堂(Basilica Papale di San Francesco d'Assisi)

聖方濟各於1208年在阿西西創立方濟各會(Ordine Francescano)，加上13世紀創建長方形的聖方濟各大教堂，包含1230年完工的羅馬樣式下教堂(Inferiore)、1230～1239年興建的哥德式上教堂(Superiore)，以及安放聖方濟各遺體的地下小堂墓室(Tomba)和附屬修道院，裡面有不少名家的壁畫，其中在上教堂四周牆壁有「歐洲繪畫之父」美稱的喬托(Giotto)，在1296～1299年畫的28幅聖方濟各生平故事溼壁畫，令人印象深刻。

聖方濟各大教堂

✉ Piazza inferiore San Francesco 2 ,06081 Assisi(PG)
☎ 075-819001
➡ 從羅馬特米尼中央車站搭直達火車到阿西西，抵達後，先到車站旁的售票機或書報雜貨店買Assisi link(Linea C)巴士往市中心車票，約30分鐘一班，車程約10分鐘
🕐 隨季節不同，請參官網。大致夏季上教堂08:30～18:50，下教堂和墓室06:00～19:00；冬季上教堂08:30～18:00，下教堂06:00～18:30
💲 免費，語音導覽€6(有10種語言，含中文)
🌐 www.sanfrancescoassisi.org

喬托的聖方濟各生平故事溼壁畫

羅馬樣式十字拱頂的下教堂

名家的壁畫

天使之后大教堂(Basilica di Santa Maria degli Angeli)

在山下火車站附近的「天使之后大教堂」包建在聖方濟各於13世紀初首創的「寶尊堂」(Porziuncola)，聖方濟各在這裡開始他的傳教事業，也在此過世。小堂裡經常有來自世界各地的教友靜默祈禱。

✉ Piazza Porziuncola 1, 06081 Assisi(PG)

☎ 075-8051430

➡ 從羅馬特米尼火車站有直達車到阿西西，車程約需2.5小時，教堂在火車站的後方，走約5分鐘路程

🕐 1. 平日06:15～12:30、14:30～19:30，週末、假日06:45～12:50、14:30～19:30

　　2. 玫瑰園07:30～12:30、14:30～19:00

http www.porziuncola.org

山下的天使之后大教堂

聖方濟各開始傳教的13世紀小堂

教友在小堂默禱

鴿子神蹟

面對寶尊堂的右邊，立有「Roseto」(玫瑰園)的告示牌，依指標的方向走，在轉角處有一尊聖方濟各手捧竹籃的雕像，很奇妙的，這裡總是有鴿子站在雕像周圍(雕像位在室內，鴿子必需飛過密閉的長廊)。

聖方濟各手捧竹籃的雕像

無刺玫瑰傳說

在長廊外面花園的玫瑰竟是無刺的！傳說當年聖方濟各苦修時，有時會被情慾所苦，這時聖方濟各就脫掉身上的衣物，滾過玫瑰園，讓刺痛提醒自我克制和警惕，從此以後這裡的玫瑰就長成無刺。不過更特別的是，聽說若將此花園的玫瑰移植到別處，則一段時間之後又會長出刺來；反之，若將別處有刺玫瑰移植到這座花園，經過一段時間又會長成無刺玫瑰，你說神不神奇？

無刺玫瑰園

最長一次的教宗選舉

根據記載，歷經最長的一次教宗選舉是在1268年9月克萊孟四世(Clemente IV)教宗過世後。由於當時還沒有西斯汀小堂，所以那時期僅有的18位樞機主教聚集在羅馬郊區的魏德堡(Viterbo)選舉新教宗，不過經過多時卻一直沒有結果。

後來當地居民逐漸對一直沒有新教宗產生感到憂心，只好運用各種手法強逼在裡面選舉的樞機們，剛開始是把提供給樞機主教的食物減少，卻也無濟於事。最後居民甚至一不做、二不休的把屋頂鑿一個洞，讓這些樞機飽嘗風吹雨淋、飢寒交迫，直到1271年才選出新教宗額我略十世(Gregorio X)，前後共達近3年之久。

13世紀在Viterbo選舉教宗的地方

教宗的牧徽

每一位現任教宗都有屬於自己的牧徽，懸掛在聖彼得大教堂正門上方的左側，而牧徽的設計也都含有宗教象徵意義。以現任教宗方濟各的牧徽為例，相當具有深意。

現任教宗方濟各的牧徽

主教冠
以主教冠(教宗也兼任羅馬主教的身分)再加上3條線，而這3條線也象徵延續過去教皇的三重冠冕，代表教宗擁有「聖化、司法和訓導」的權力。

金銀鑰匙
代表耶穌將開啟天國的天上和地上兩把鑰匙交給聖彼得。

座右銘
教宗座右銘「因仁愛而被揀選」(拉丁文Miserando Atque Eligendo)。

盾徽
牧徽中央為藍色的盾徽，有撲滅異端邪說的防禦武器之意。盾徽上又分為3個部分：

• 太陽、十字架、3顆黑色釘子和「IHS」，「IHS」是希臘文耶穌的前3個字，這是耶穌會的會徽，表示教宗是出自耶穌會會士。

• 甘松花可產生純潔的油，象徵普世教會的純潔聖人主保聖若瑟(San Giuseppe)。

• 八角星代表耶穌的山中聖訓「真福八端」為基督徒的生活綱領。

教堂上的牧徽

　　在天主教會的組織裡，主教以上的層級，包括總主教和樞機主教，都是由教宗任命，也都擁有屬於自己的牧徽。而樞機主教、總主教和主教牧徽最簡單的分辨方法，是看牧徽上兩邊各有幾層紅色流蘇狀的帶子，樞機主教是5層、總主教是4層，而主教則為3層。

　　由於教宗也兼任羅馬主教，所以在羅馬的主要教堂，大門上方掛有現任教宗的牧徽。教宗也在羅馬教區賜予每一位樞機主教一座領銜堂，領銜堂的大門也會有該樞機主教的牧徽；若這座教堂是屬於主教區或總主教區的座堂，在大門則懸掛該座堂主教或總主教的牧徽。不過，也有少數教堂同時掛上樞機主教和主教的牧徽。

5層流蘇狀帶子是樞機主教的牧徽　　現任教宗牧徽　　3層流蘇狀帶子是主教的牧徽

教堂大門的左右有現任教宗和樞機主教的牧徽

教宗的四大行頭

　　當教宗公開出席重要的宗教彌撒典禮，身上所穿的衣著十分講究又有其含意。

三重冠冕

　　教宗頭上所戴的三重冠冕是代表教宗擁有維護「聖化、司法和訓導」的權柄；但是自從教宗保祿六世(1963～1978年在位)宣布不再戴此象徵教皇時代的厚重冠冕後，我們只能從聖彼得大教堂裡的「寶庫」展示看到。

白羊毛披帶

　　身上披著260公分長的白羊毛披帶，披帶上繡有五個紅色絲織的十字架，代表耶穌身上的五傷(雙手腳的四處釘傷和身上被長矛所刺的傷)，還有3枚針，象徵釘在耶穌身上的3根釘子。

權杖

　　由牧羊人的牧杖演變而來的，表示要繼續牧養天主的羊群。

漁人戒指

　　從13世紀開始，羅馬主教(即教宗)即擁有刻著聖彼得撒網捕魚圖案的戒指(或稱指環、權戒)，邊緣還會刻上在位教宗的尊號，表示教宗是繼承漁夫聖彼得的使命。此戒指也做為印鑑和信物的用途，所以當教宗過世後，必需在樞機團面前銷毀。

教宗的住處

　　教宗除了出訪國外以外，平時他都住在梵蒂岡宗座大樓的第三層，裡面包括起居住所和書房；到了夏天，教宗則會移居羅馬南邊郊區的避暑勝地岡道爾夫堡的教宗夏宮(Palazzo Apostolico di Castel Gandolfo)；不過第266任教宗方濟各選擇繼續住主教招待所(即聖馬爾塔之家Casa Santa Marta)，夏宮也開放給民眾參觀。

　　岡道爾夫堡教宗夏宮在12世紀時原是一座當地貴族堡壘，後來賣給教廷成為教廷的領土，幾經改建供歷任教宗夏日避暑和假日避靜的宗座別墅，在7～9月的夏季時節，教宗通常從梵蒂岡移至此居住，而此處也歸屬教廷轄地，享有治外法權，不受義大利或岡道爾夫堡政府管理。夏宮四周花團錦簇，優雅宜人，旁邊還有一座農場，可生產供梵蒂岡超市販賣的牛奶、雞蛋、蜂蜜和橄欖等農作物。

　　岡道爾夫堡夏宮新開放的莫羅花園(Giardino del Moro)和私人花園(Giardino Segreto)風景秀麗，還能遠眺阿爾巴諾湖(Lago di Albano)，讓參觀岡道爾夫堡教宗夏宮，同時擁有藝術與大自然的雙重享受。

　　除了參觀教宗夏宮，岡道爾夫堡在羅馬也是著名的避暑勝地，約海拔300公尺，在這裡可以眺望阿爾巴諾湖，景色宜人。在夏宮前廣場四周有不少特

色商店和景觀餐廳，每家以色彩繽紛的花卉將小鎮布置得像座大花園，而湖邊的瞭望臺，也聚集不少人俯瞰秀麗的阿爾巴諾湖，讓心境像湖一般清澈，也可以到山下湖邊租一艘小船，把自己置身在如鏡面的湖心，享受難得的幽深寧靜。

1.現任教宗方濟各住聖馬爾塔之家，大門有瑞士衛隊站崗(照片提供／邱琮傑神父)／2.沿湖四周有不少景觀餐廳／3.廣場四周的特色商店／4.小鎮像座大花園／5.夏宮前的廣場／6.阿爾巴諾湖景色宜人／7.教宗夏宮的園林美景／8.綠草如茵的教宗夏宮花園

玩・家・帶・路

參觀岡道爾夫堡教宗夏宮和花園(Palazzo e Giardino)

✉ Piazza della Libertà, 00073 Castel Gandolfo

📞 06-69883411

➡ 1. 由羅馬特米尼中央車站搭地鐵A線到Anagnina站，轉搭Cotral巴士往Castel Gandolfo的Piazza Mazzini廣場下車，再步行約10分鐘，所需時間約55分鐘。Cotral巴士時刻servizi.cotralspa.it(點Percorso e Tariffe，填入起迄點)
　2. 在特米尼中央車站搭火車往Castel Gandolfo，約需45分鐘，平日約每小時一班，預購國鐵車票www.thetrainline.com/en/stations/rome
　3. 開車往羅馬南邊約36公里路程，抵岡道爾夫堡外停車，再步行約2分鐘

💲 全票€12，優待價(7~18歲、25歲以下學生，當天參觀驗國際學生證)€5

🕐 現場購票週一~五09:00~13:00，週六09:00~17:00，週日10:00~17:00，開放時間會變動，行前請先上網確認

http 預訂tickets.museivaticani.va/home(點Castel Gandolfo Residence)

⁉ 1.預訂不能退費；2.請穿戴整齊，提供英、義、西、德、法、俄語音導覽；3.請提前預約時間20分鐘報到，不能帶大行李或背包、自拍棒，拍照禁閃光燈

潔淨色調的教宗夏宮

夏宮展示一隅

哪裡可以看到教宗？

每週三的公開接見

　　教宗除了宗教節慶主持彌撒大典外，平日也有對一般民眾的固定公開接見活動(GENERAL AUDIENCE)。每週三的早上09：15在聖彼得廣場舉行公開接見；有時因天候和人數的緣故，也會開放室內的保祿六世大廳(Aula Paolo VI)。

教宗也會於保祿六世大廳公開接見

參加教宗每週三公開接見的方法

Step 1

　　教宗每週三公開接見來自各地天主教徒及訪客，入場門票均為免費提供，欲參加活動者可以在2週前寫信或傳真到教宗府(Prefettura della Casa Pontificia)，並在信中寫明：

・Date of the General audience or Liturgical celebration (參加日期)
・Number of tickets required (票數需求)
・Name / Group (姓名或團體名稱)
・Mailing Address(郵寄地址)
・Telephone and Fax numbers(申請人電話或傳真)

Step 2

　　接到許可回函，可以在參加公開接見的前一天(週二)15:00～19:00，或是週三上午07:00起到聖彼得大教堂廣場的大銅門(Portone di Bronzo，即面對教堂的右前方，經過安檢後往前走到第一個大門，有瑞士衛隊站崗的地方)進入，到教宗府(Prefettura della Casa Pontificia)領取免費入場票。

聖彼得廣場右前方的大銅門

✉ Prefecture of the Papal Household, 00120 Vatican City State
FAX 06- 69885863
🕐 教宗府上班時間：週一～週五 09：00～13：00
http 取票資訊：www.vatican.va/various/prefettura/en/biglietti_en.html

週日正午的書房窗臺

　　只要教宗在梵蒂岡，每週日中午12點整，教宗就會在宗座大樓第三層的教宗書房窗臺(從右邊算起第二個窗口)與聚集在廣場上的群眾見面，通常是發表簡短談話和帶領大家誦唱《三鐘經》祈禱，前後時間約15分鐘。

　　週日正午，聖彼得廣場通常擠滿來自世界各地的教友和群眾翹首而望，期待能親眼見到教宗。有些宗教團體還高舉巨幅旗幟，群眾也會不時高呼

「Viva Papa!」(教宗萬歲！)雖然前後只有短短的15分鐘，場面卻非常壯觀！假如剛好週日在羅馬旅遊，不妨把這個行程排進去，這是一個難得的經驗。

教宗週日在宗座大樓與群眾見面

♪豆知識♪

何謂《三鐘經》(Angelus)？

　　原為中世紀的宗教儀式，教堂在一天當中分早上、中午和傍晚三回各敲鐘3次，這時要暫停手邊的工作，開始誦念向聖母祈禱的經文。

樞機主教

所謂「樞機」(Cardinale)，字源自拉丁文cardo，有「樞紐」的意思。之所以會有樞機主教這個榮銜，源自於早期身為羅馬主教的教宗職務越來越繁重，教宗就邀請鄰近羅馬教區的神職人員來分擔工作，而這些神職人員日後也慢慢改稱為「樞機」。

樞機主教是教宗任命的終身職銜，也是教宗治理普世教會最得力的助手和顧問，根據「天主教法典」的規定，樞機主教得以團體行動，被稱為「樞機團」(Collegio Cardinalizio)。

人數

早期教會的樞機名額有限，直到16～20世紀中葉才增加到70位。到了1975年教宗保祿六世(Paolo VI)更頒佈憲章，訂立教廷樞機團具選舉教宗資格(未滿80歲)的樞機選舉人，以120名額為限。目前教廷分布在全世界共有238位樞機，而具有選舉教宗資格者有128位(2024年3月)。

擁有的權利

80歲以下的樞機主教有選舉教宗權利，而被選舉權則不限樞機主教的年齡。綜觀歷任的教宗，雖非都選於樞機團中，也有主教、神父和只是協助神職人員傳教的執事被選為教宗(即1271年經過長達3年才選出教宗額我略十世，當時的樞機主教只有18位)。不過，在近代被選為教宗者，則以樞機主教為主。

牧徽

樞機主教的牧徽，都有紅色的樞機主教帽、象徵樞機的五層紅流蘇狀帶子和盾徽，若該樞機沒有主教身分則不會有中間的十字架。

♪豆知識♪

為什麼又稱「紅衣主教」？

在天主教的傳統裡，紅色象徵殉道，所以樞機主教所穿的禮服是鮮紅色的和戴紅帽，這意味著身為樞機在必要時，為了信仰「捨生流鮮血」都在所不辭，也因此又被稱為「紅衣主教」。

梵蒂岡博物館溼壁畫中的樞機主教身影

神父與修女

在基督世界一群默默奉獻的神父和修女，是一般人最常接觸的神職及獻身人員，全世界的神父和修女所隸屬的修會非常多，而每個修會所職掌的工作和所穿的會服也各有特色。

羅馬天主教的神職人員包含執事(Diacono)、司鐸(Sacerdote，即神父)、蒙席(Monsignore)與主教。有意修行的男性進入各修會，經初學後成為正式修士時，通常會發「三願」，即貧窮願、貞潔願、服從願。學習完成後可選擇成為執事走神職之路，或是走修道的終身修士，不屬於神職人員。

修女(Monaca)是天主教的女性修行人員，從事祈禱和協助神父傳教。一般修女需領洗5年以上才可提出申請，並加入女修會，且在學院修道至少6年以上。要正式成為修女，需經過誓發初願、複願、終身願等過程，表示自己對天主的獻身，在誓發終身願之後，便終身不能結婚。

(左)在天主教教堂經常可見教友向神父告解／(中)一群默默奉獻的神父／(右)從事祈禱和協助神父傳教的修女

瑞士衛隊

一般到梵蒂岡參觀的遊客，除了一定要走訪聖彼得大教堂和梵蒂岡博物館以外，對於駐守教廷四周的宗座瑞士衛隊(Guardia Svizzera Pontificia)也必定不會遺漏，有些人更是千方百計的想站在表情酷酷、手拿著古代長矛的「阿兵哥」旁合照留念，好像這樣才算真正來過梵蒂岡喔！

瑞士衛隊的由來

在教廷為什麼會有瑞士衛隊，這是有其歷史因素的。時間要溯及16世紀初時，有許多僱傭兵在歐洲各國的宮庭內服務，其中也包括教廷。當時的教宗儒略二世(Giulio II)對瑞士兵特別感興趣，於是寫信給隊長，希望他們能派150人組成的瑞士兵隊保衛教廷。次年(1506年1月21日)，由150名組成的瑞士衛隊正式進駐。所以每年到了1月21日，教廷都會舉辦週年慶，尤其在2006年，教廷更擴大慶祝衛隊成立500週年活動。

瑞士衛隊是教廷忠貞保衛力量的象徵

其中值得一提的是，在1527年5月6日發生一件重大事件——羅馬遭受當時的神聖羅馬帝國兼西班牙國王查理五世的洗劫，當時負責保護教宗克萊孟七世的瑞士衛隊有147位因而英勇陣亡。此後，瑞士衛隊便成為教廷忠貞保衛力量的象徵，且為了紀念這些英勇的士兵，每年教廷新招募的隊員宣示典禮，也特別訂在5月6日舉行。

瑞士衛隊具備資格

編制
人數：110名
任期：2年，每半年會更新1/4衛隊成員
資格
瑞士籍公民
天主教徒
品行良好、身家清白
接受瑞士軍校專業訓練
19～30歲
身高174公分以上
單身男性
具有高中以上學歷

http www.guardiasvizzera.ch/
paepstliche-schweizergarde/it/
diventare-guardia/condizioni

瑞士衛隊服飾的傳說

瑞士衛隊亮眼的紅、橘、藍3色彩條制服，一般傳說是米開朗基羅所設計的；但其實是1914年，當時的衛隊隊長Jules Repond由拉斐爾的一幅溼壁畫得來靈感，色調則取自出過好幾任教宗的麥迪奇(Medici)家族徽章圖案的紅、橘、藍3色，設計出這套充滿文藝復興風格的制服。

此外，還有另一套白領深藍色、繫上棕色腰帶的制服，並配戴黑色圓形無沿軟帽，一般在「聖安娜大門」站崗的瑞士衛隊平日會穿。天冷時，無論是穿紅、橘、藍3色彩條服或是深藍色服，都會外加一件藍色披風保暖。

哪裡可以看到瑞士衛隊站崗？

想在梵蒂岡看瑞士衛隊站崗的英姿，就要到四個主要出入口，若以面對聖彼得大教堂位置而言，由左到右分別是以下地點。

聖理部廣場(Piazza del Sant'Uffizio)前的鐵柵欄

這裡也是經過許可的車輛出入口，再往前走幾步，就是教宗公開接見的室內場地「保祿六世大廳」。

鐘樓拱門(Arco delle Campane)

這裡是參觀聖彼得大教堂出口必經過的地方，也是最多遊客爭相拍攝瑞士衛隊之處。

大銅門(Portone di Bronzo)

由此門進入，也是通往教廷國務院的主要通道。

聖安娜大門(Porta Sant'Anna)

由此門通往梵蒂岡的超市、郵局、藥房最近，出入的人最多，也是瑞士衛隊最忙碌的崗位。

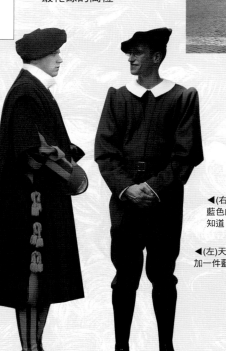

◀(右)瑞士衛隊深藍色的制服較少人知道

◀(左)天冷時，會再加一件藍色披風

到梵蒂岡旅遊，聖彼得大教堂和梵蒂岡博物館絕對是最具人氣的著名景點，另外占梵蒂岡城一半以上面積的梵蒂岡花園現在也開放了，幾種聰明組合的行程，讓你體驗什麼是「梵蒂岡之美」！

熱門景點

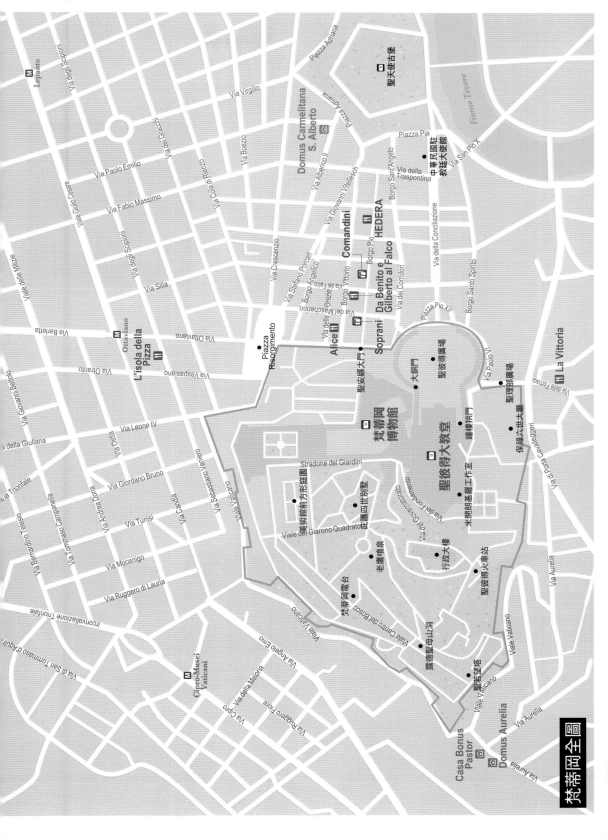

梵蒂冈全图

聖天使古堡

Fiume Tevere

Piazza Adriana

Via Adriana

Via Virgilio

Lepanto

Via degli Scipioni

Via dei Gracchi

Via Cola di Rienzo

Via Boezio

Piazza Pia

Piazza Pia

Via San Pio X

中華民國駐
教廷大使館

Borgo Sant'Angelo

Via della
Traspontina

Via Paolo Emilio

Via Fabio Massimo

Via Crescenzio

Domus Carmelitana
S. Alberto

Via Alberico II

Via Giovanni Vitelleschi

Borgo Sant'Angelo

Via della Conciliazione

Via Giulio Cesare

Via degli Scipioni

Via Silla

Via Stefano Porcari

Via Angelico

Borgo Angelico

Borgo Vittorio

Comandini

HEDERA

Borgo Pio

Via dei Corridori

Borgo Santo Spirito

Viale delle Milizie

Viale Giulio Cesare

Via Ottaviano

Ottaviano

Via delle Grazie

Via del Mascherino

Borgo Vittorio

Via del Falco

Soprani

Da Benito e
Gilberto al Falco

Piazza Pio XII

Via dei Corridori

L'isola della
Pizza

Via Barletta

Via Orlando

Via Vespasiano

Piazza
Risorgimento

Alice

聖安娜大門

大銅門

聖彼得廣場

Via Paolo VI

La Vittoria

Via delle Fornaci

Via Leone IV

Via Ostia

梵蒂岡
博物館

聖彼得大教堂

鐘樓拱門

聖理邸廣場

保祿六世大廳

Via di Porta Cavalleggeri

Via Giovanni Bettolo

Via della Giuliana

Via Andrea Doria

Via Sebastiano Veniero

Viale Vaticano

Stradone del Giardini

美術館前方形庭園

庇護四世別墅

米開朗基羅工作室

Via del Governatorato

Via Aurelia

Via Trionfale

Via Tunisi

Viale del Giarono Quadrato

老鷹噴泉

行政大樓

聖彼得火車站

Via Bernardino Telesio

Via Tommaso Campanella

Via Cahilia

Via Mocenigo

梵蒂岡電台

Viale Centro del Bosco

Viale Vaticano

Circonvallazione Trionfale

Via Ruggero di Lauria

Via Angelo Emo

Viale Valicano

露德聖母山洞

Via di San Tommaso d'Aquila

Cipro-Musei
Vaticani

Via Cipro

Via Ruggero Fiore

Via della Melloria

聖若望塔

Viale V. Vaticano

Viale Vaticano

Casa Bonus
Pastor

Domus Aurelia

Via Aurelia

Via Aurelia

梵蒂冈全图

聖彼得大教堂(義譯聖伯多祿大教堂)
Basilica di San Pietro in Vaticano

全球天主教朝聖中心的聖彼得大教堂，除了因首任教宗殉道安息處而顯尊榮外，整座教堂修建過程歷經20位教宗，時間長達120年，參與整個工程的設計師、工程師和藝術家更是不計其數，奠定基督世界最大教堂的崇高地位。

聖彼得大教堂因首任教宗殉道安息處而顯尊榮

Data

✉ Piazza San Pietro ☎ 06-69883731，06-69883462 ➡ 搭地鐵A線Ottaviano-San Pietro下車後走約6分鐘；或搭公車34、46、64、98、881、190F到Cavalleggeri站，再走約3分鐘 🕐 07:00～19:00 💲 免費，含中文語音導覽€5，優待€3(聖彼得大教堂門廊的遊客服務臺租) 🌐 www.basilicasanpietro.va ❓ 1.拍照禁閃光，不能用腳架、自拍器，禁飲食和玻璃瓶罐水；2.禁穿無袖、短褲、短裙 🗺 P.203

十大必看教堂外觀

① 廣場迴廊
② 聖人雕像
③ 白石國界
④ 方尖碑
⑤ 噴泉
⑥ 迴廊弧心點
⑦ 封閉廊道
⑧ 雕像
⑨ 壁鐘
⑩ 圓頂外觀

迴廊弧心點

貝尼尼設計像雙手環抱的廣場，兩邊迴廊共有140尊聖人雕像

1　廣場迴廊

雄偉的聖彼得大教堂完成後，1656年教宗亞歷山大七世(Alessandro VII)認為，教堂前必需要有足夠的空間容納來自各地的朝聖信徒，於是決定建造當今我們所看到的這座可以容納30萬人的廣場。

站在廣場的中心，你可以感受到好像被兩個半圓形的雙臂柱廊環抱，這是當初設計廣場的貝尼尼想表達天主教是一個慈母教會，以雙手擁抱來自世界各地群眾的用意。

2　聖人雕像

廣場兩旁的四排廊柱，共有284根多立克(Dorico)圓柱和88根方柱。廊頂上立有140尊3.2公尺高的殉道聖人雕像，以及

亞歷山大石刻徽章

委託貝尼尼興建廣場的教宗亞歷山大石刻徽章，這是由貝尼尼的弟子們在1670年前後接力完成的。

3　白石國界

由聖彼得廣場面向協和大道，你會發現廣場與相鄰的義大利國土庇護十二世廣場(Piazza Papa Pio XII)之間，地上有一條白石地界和鐵欄杆，義大利和梵蒂岡兩國也就這麼簡單地標示國界了。

白石國界

4　方尖碑

廣場的正中央聳立一根高達25.5公尺(加上基座41公尺)的花崗岩方尖碑，碑頂加上西斯都五世的基吉(Chigi)家族徽章和十字造型。這是在西元37年羅

馬皇帝卡利古拉(Caligula)下令由埃及搬運過來，用以裝飾他所建的競技場，即後來的尼祿競技場。

到了1586年教宗西斯都五世決定將這根石柱遷移到聖彼得廣場的中央，以當時的技術而言是相當困難的；歷經4個多月動員大批人馬，總算完成這項艱鉅的工程。

廣場上的方尖碑

羅馬｜圓形競技場區

羅馬｜真理之口區

羅馬｜拿佛那廣場區

羅馬｜萬神殿區

羅馬｜西班牙廣場區

羅馬｜特米尼中央車站區

羅馬｜跨臺伯河區

梵蒂岡｜熱門景點

⑤ 兩座噴泉

方尖碑兩旁有兩座高14公尺的噴泉，不過這兩座並不是同時建造的。面對教堂的右邊是1612～1614年馬德諾(C.Maderno)的傑作；而為了對稱的美感，負責廣場設計的貝尼尼於1667～1677年在左邊仿造一座。

17世紀馬德諾所設計的噴泉

⑥ 兩個迴廊弧心點

在方尖碑和兩座噴泉之間的地板上，各有兩個白石外圈狀的小圓石盤，上面寫著Centro del Colonnato，意思是「迴廊的弧心點」；也就是說，在廣場的任何一個角度看兩個半圓形的四排廊柱都是交錯排列，但是只要站在這兩個弧心點，各朝左右邊的迴廊看，原來交錯的四排圓柱竟各成一直線了。

迴廊弧心點

站在弧心點所看到四排圓柱各成一直線了

⑦ 兩封閉廊道

兩側迴廊連接聖彼得大教堂各有一排封閉式的廊道，各以兩位對基督教有貢獻的皇帝雕像為廊道的名字。右側的君士坦丁廊道(Braccio di Costantino)，是參觀聖彼得大教堂安檢後必經之地，安檢後看到的「大銅門」有瑞士衛隊駐守，由此臺階進入即是參加教宗接見或節慶取門票的地點。在廊道盡頭連接大教堂的前廊，有一座君士坦丁大帝的馬上雄姿雕像，這是貝尼尼在1670年的作品。

左側是大卡洛廊道(Braccio di Carlo Magno)，同樣在廊道盡頭接連大教堂的前廊，有一尊由科納奇尼(A.Cornacchini)在1725年雕刻的大卡洛皇帝騎馬英姿雕像。大卡洛皇帝即是我們一般稱神聖羅馬帝國的查理曼大帝(Charlemagne)，他在西元800年的聖誕節，成為第一位在聖彼得大教堂接受加冕的皇帝。廊道內設有洗手間、郵局、書店、急救中心和詢問處，是多數人從教堂出口的路線。

左側廊道有郵局和書店

右側廊道是參觀聖彼得大教堂安檢的必經之地

羅馬：圓形競技場區

羅馬：真理之口區

羅馬：拿佛那廣場區

羅馬：萬神殿區

羅馬：西班牙廣場區

羅馬：特米尼中央車站區

羅馬：跨臺伯河區

梵蒂岡

熱門景點

⑧ 兩座雕像

在廣場靠近教堂臺階前，有兩尊1840年完成的大雕像。左邊拿開啟天國之鑰的聖彼得是由法布里斯(G.Fabris)雕塑；右邊持劍和經書為聖保羅，是托多利尼(A.Todolini)的作品。

拿鑰匙的聖彼得

持劍的聖保羅

⑨ 兩個壁鐘

廣場噴水池的設計師之一的馬德諾，在1612年設計完成大教堂正面。教堂正面有一排柯林斯式的石柱，隔成5個門和陽臺，而最中央的陽臺，也就是前面已提過的「祝福陽臺」。

陽臺的左右兩側各有一個18世紀的壁鐘，左側壁鐘為羅馬本地的時間，下面設有6個大銅鐘；右側壁鐘竟然只有一根時針，這是因梵蒂岡有一段時間為法國統治，以延續法國大革命之前所用的計時方式來標示

左側壁鐘

右側壁鐘

歐洲平均時間，兩座鐘之間則有耶穌和12使徒雕像。

⑩ 圓頂外觀

從廣場仰望米開朗基羅設計的圓頂(Cupola)非常壯觀，不過米氏只完成到支持圓頂的鼓形柱，其後則由弟子波爾塔(見耶穌會教堂、拿佛那廣場、烏龜噴泉等都有其力作)於1590年接續完成。現今在圓頂的旁邊，仍留有米開朗基羅當時的工作室，只可惜從廣場這個角度看不到。

雙重蓋設計的圓頂高約136.57公尺、直徑約42公尺，是目前世界最高的教堂圓頂，中間設有537級的階梯供參觀者登上觀景臺，從廣場仰望圓頂觀景臺，臺上總是站滿密密麻麻的遊客俯瞰羅馬全景。

米開朗基羅所設計的圓頂從各角度來看都很美

貼心提醒

遊客服務處

通過安檢直走，通往教堂前，這裡有時會有堂方人員檢查穿著是否符合規定，轉角處也設有遊客服務處和洗手間，建議趁此時使用，因為之後進入教堂參觀，以及登上圓頂等行程都沒有廁所設備。

遊客服務處設有洗手間

登上圓頂，一覽梵蒂岡和羅馬美景

如何進入圓頂觀景臺？

進入教堂立面的5扇鐵柵欄門後，靠左側立有往圓頂(Cupola)觀景臺售票的告示牌，由此排隊買票。到圓頂有兩種選擇方式，你可以全程走階梯或先搭電梯後再接著走一段階梯(走全程的階梯對一般人體力是項大考驗，決定前要想清楚)。

若以搭電梯來說，當搭完電梯要登圓頂階梯之前，可以先到圓頂內部的環廊走道，探頭往下看，教堂四周的鑲嵌畫和雕像一覽無遺，尤其圓頂華麗的鑲嵌畫，令人讚嘆。

走後段石階時，因為圓頂的幅度關係，走道會越來越窄，最後甚至要側身而行，

往圓頂觀景台買票的告示牌

米開朗基羅所設計的圓頂從各角度來看都很美

不過此時千萬別氣餒，已經快到達圓頂了，一旦登頂攬梵蒂岡和羅馬全景，就會覺得一切都值得了。

🕐 07:30～17:00(夏季～18:00)
🈲 聖誕節、復活節
💲 搭電梯+走320階梯€10，全程(551階梯)€8，優待票€3

羅馬　圓形競技場區

羅馬　真理之口區

羅馬　拿佛那廣場區

羅馬　萬神殿區

羅馬　西班牙廣場區

羅馬　特米尼中央車站區

羅馬　蒂蔓伯河區

♪豆知識♪

羅馬主教座堂起源

　　天主教教宗最初並沒有固定住所，直到西元313年羅馬君士坦丁大帝把岳父拉特朗(Laterano)的別墅贈予當時的教宗希威斯特一世(Silvestro I)，做為教堂與教宗的駐紮地，也就是現在「拉特朗聖約翰大教堂」，開啟了全世界天主教主教座堂之始。

　　教宗雖然住在拉特朗宮，但因首位教宗聖彼得於西元64年在羅馬被倒釘十字架殉教，並葬身當時的尼祿競技場(circo di Nerone，即現在的梵蒂岡城)附近，此地點對梵蒂岡非常重要，也不斷擴增建築。

拉特朗聖約翰大教堂是羅馬主教座堂之始

聖彼得大教堂的前身與歷史

　　羅馬帝國的君士坦丁大帝在西元312年皈依基督教，且於次年頒布米蘭詔書(Editto di Milano)，給予基督徒的信仰自由。西元324年前後，君士坦丁大帝有感於使徒彼得在現今廣場方尖碑被倒釘十字架上殉教，且遺骨被埋葬附近，於是在墓穴的上方蓋一座教堂，歷經25年的時間才完成，這是聖彼得大教堂的前身——君士坦丁大帝蓋的長方形教堂，通稱「舊聖彼得大教堂」。

　　在梵蒂岡博物館的「波歌區火災室」，畫裡描繪西元847年在聖彼得大教堂前所發生的一場大火，畫中的背景即是此長方形舊教堂正面。

君士坦丁大帝蓋的長方形教堂模型

教堂修建過程

　　羅馬屢遭蠻族的入侵和戰亂，也經過一千多年來風吹雨淋，這座教堂的結構嚴重損壞，於是在15世紀興起重建的計畫，只是工程的進度非常緩慢。

　　1506年，教宗儒略二世(Giulio II)決定拆除舊教堂的一部分，委布拉帖(D.Bramante)重新設計，經歷16～17世紀多位知名建築師規畫與設計，其中也包括米開朗基羅在高齡72歲時(1547年)接掌工程直到89歲去世，米氏來不及看到所設計的圓頂完成，但為後繼者奠定很好的基礎。

　　整座聖彼得大教堂修建過程，前後歷經20位教宗(從儒略二世～烏爾巴諾八世Urbano VIII)，時間長達120年(1506～1626年)，至於參與整個工程的設計師、工程師和藝術家，那更是不計其數，工程十分浩大。

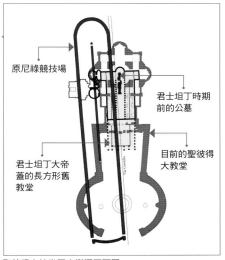
原尼祿競技場

君士坦丁時期前的公墓

目前的聖彼得大教堂

君士坦丁大帝蓋的長方形舊教堂

聖彼得大教堂歷史變遷平面圖

未進入教堂之前，寬敞明亮的前廊有五扇述說聖經故事的青銅浮雕門，由左至右分別是死亡之門、善惡之門、中央大門、聖事之門和最右側的聖門。其中「聖門」平時是用水泥磚牆封住，只有逢聖年(Anno Santo)時才由教宗在子夜彌撒前用鐵鎚敲3下的開啟儀式，而且開放一整年。據說，若能在聖年走過聖門，則身上的罪過會被天主寬恕赦免，所以銅門上16格的浮雕故事也都和救贖有關。

25年開一次的聖門

♪豆知識♪
關於「聖年」

最早始自教宗博理法裘八世(Bonifacio VIII)，他在1300年2月22日於拉特朗聖約翰大教堂宣布該年為第一個「禧年」(Giubileo)，往後每100年一次。後來經過多位教宗的改革，最後在1470年教宗保祿二世頒布，往後每25年一次禧年，且獲得繼任教宗亞歷山大六世的支持，並於1500年宣布這項永久性的決定，並將「禧年」也名為「聖年」。每逢聖年，教廷同時打開聖彼得、拉特朗聖約翰、城外聖保羅和聖母等四座特級宗座大教堂的聖門。別忘了，下一次聖年是在2025年哦！

⁉ 有時為了教會特別的使命，也會開啟聖門，如教宗方濟各認為需要一次聖年使教會重拾對慈悲的關注，因此訂2015/12/8～2016/11/20為「慈悲聖年」

聖彼得大教堂平面圖

D4 聖彼得寶庫博物館入口
D2 教宗墓寢入口
D5 聖彼得墓寢入口
D3 圓頂出入口
D1 教堂正門入口

A1 聖門　　C1 母愛堂　　C9 聖彼得古銅寶座祭台
A2 聖事之門　C2 瑞典克里斯蒂娜女王紀念碑　C10 亞歷山大七世教宗紀念碑
A3 中央大門　C3 若望保祿二世墓寢　C11 斯圖亞特家族紀念碑
A4 善惡之門　C4 聖體堂　　D1 教堂正門入口
A5 死亡之門　C5 聖彼得古銅像　D2 教宗墓寢入口
B1 標示數據的地板　C6 教宗祭壇　D3 圓頂出入口
B2 大圓盤　C7 右(北)翼耳殿　D4 聖彼得寶庫博物館入口
　　　　C8 克萊孟十三世紀念碑　D5 聖彼得墓寢入口

A1～A5：五扇門
教堂的五扇門青銅浮雕，各有其宗教含意，述說著不同的聖經故事，由右至左分別是：聖門、聖事之門、中央之門、善惡之門、死亡之門。

B1～B2：不可不看的地板
由聖事之門(中央大門平時不開)進入教堂內部後，對於教堂資訊還不甚了解的，建議你先稍左移到中央大門口，依地板上的一些數據參考，讓你對這座大教堂的空間較有明確概念。

C1～C11：不要錯過的雕像和紀念碑
走進聖彼得大教堂內部，豐富、精彩且極具歷史意義的作品多到讓人目不暇給，在此嚴選幾處不可不看的雕像、畫作和小堂。

D1～D5：入口
聖彼得大教堂裡涵蓋聖彼得寶庫博物館、教宗墓寢、聖彼得墓寢(公墓)和圓頂，想參觀這些景點，需要分別由不同的入口處進入。

不可不看的地板

✣標示世界最大教堂的數據

參觀動線：由聖事之門進入教堂，先左移到靠近中央大門的地面，即可看到地上標示的數據。

整個聖彼得大教堂的平面圖，就好像中文的「垂」字。在地面上，以金字橫寫「186.36公尺」標示聖彼得大教堂長度的數字，繼續往中間走道(中殿)走，平時周圍被木板圍住的地板上，依次標示世界其他教堂的長度作比較，例如美國華盛頓的主教座堂長度為139.14公尺、德國科隆的主教座堂長度是134.94公尺，以此凸顯在教堂的龍頭地位。

✣帝王接受教宗加冕的大圓盤

參觀動線：由標示聖彼得大教堂長度的地方，約往前走3步，即可看到大圓盤。

在標示聖彼得大教堂長度地板金字前方，有一個直徑約2公尺的紅色大圓盤，這是長方形舊教堂的遺物。過去君主時代，帝王必需屈膝在此圓盤上接受教宗加冕，其中最著名的莫過於查理曼大帝受封為神聖羅馬帝國皇帝。

圓盤兩旁各有兩個可愛的天使捧著聖水池，為了表示虔誠，可以用手沾一下聖水畫十字，再繼續往後的參觀行程。

標示世界其他教堂的長度中殿

地板寫上標榜龍頭地位的教堂長度

古代帝王接受教宗加冕的大圓盤

可愛的小天使捧著聖水池

羅馬 圓形競技場區

羅馬 真理之口區

羅馬 豪佛那廣場區

羅馬 萬神殿區

羅馬 西班牙廣場區

羅馬 特米尼中央車站區

羅馬 跨臺伯河區

梵蒂岡 熱門景點

不要錯過的雕像和紀念碑

✼母愛堂

參觀動線：入口處，朝右殿的「母愛堂」祭臺走，即可看到聖殤像。

這尊《聖殤像》(Pietà)是米開朗基羅唯一署名的雕刻作品。米氏從不署名在雕像上，但是很多人不相信20多歲的小伙子有此能耐，他只好將聖母的衣襟帶上刻上「佛羅倫斯的米開朗基羅所作」(MICHAEL A[N]GELVS BONAROTVS FLORENTIN[VS] FACIEBA[T])以表明。

◀ 母愛堂裡的聖殤像

《聖殤像》是米大師受法國駐聖座大使比雷爾(Jean de Bilhres)樞機主教所託之作，除了雕像本身以重達3千多公斤的純白大理石表現出慈母莊嚴之美外，也是文藝復興巨匠米氏早期的代表作。

這座雕像在1972年曾被一名匈牙利裔狂徒爬入以鐵鎚敲損，聖母的左手指、手肘、鼻樑下方和下眼瞼都被毀壞，經過3年才修復，現在祭臺前隔著強化玻璃保護。

✼瑞典克里斯蒂娜女王紀念碑

參觀動線：參觀完母愛堂繼續朝右殿往前走，即可看到「瑞典克里斯蒂娜女王紀念碑」。

上方為圓形半身銅像，下方有兩小天使共持皇冠，底下是她的石棺，以表彰她在1656年為了信奉天主教而選擇放棄王位並離開自己的國家到梵蒂岡。

瑞典克里斯蒂娜女王紀念碑

♪豆知識♪

米開朗基羅的《聖殤像》(Pietà)

▶ 《龍達尼尼聖殤》是米開朗基羅的最後遺作。

米開朗基羅一生雕刻無數，其中以耶穌被釘在十字架後卸下聖體，聖母懷抱耶穌哀慟神情的「聖殤」為題的雕刻，除了被懷疑是否為米氏所作的《巴拉斯屈那聖殤》(Palestrina Pieta)外，主要有：

- 1498～1499年完成的年輕作品，即聖彼得大教堂的《聖殤像》。
- 1547～1555年創作的《班迪尼聖殤》(Pietà Bandini)，也被稱為《卸下聖體》(Deposizione)。米大師因感於大理石的質地不佳而中斷，後由另一位雕刻家卡爾坎尼(Calcagni)完成，目前放置佛羅倫斯主教座堂博物館(Museo dell'Opera del Duomo)。
- 1552～1564年創作《龍達尼尼聖殤》(Pietà Rondanini)，但直到米大師過世仍尚未完成，目前置於米蘭史豐哲城堡(Castello Sforzesco)的龍達尼尼博物館 (Museo della Pietà Rondanini)。

羅馬：圓形競技場區
羅馬：真理之口區
羅馬：拿佛那廣場區
羅馬：萬神殿區
羅馬：西班牙廣場區
羅馬：特米尼中央車站區
羅馬：跨臺伯河區
梵蒂岡
熱門景點

✣若望保祿二世墓寢

參觀動線：位於瑞典克里斯蒂娜女王紀念碑往聖體堂方向的San Sebastiano小堂。

教宗若望保祿二世在2014年封聖後，墓寢已移至教堂的San Sebastiano小堂供人瞻仰。

✣聖體堂

參觀動線：由「若望保祿二世墓寢」繼續往前走，右側有一座較寬敞的小堂，即是「聖體堂」。

祭臺上的聖體龕長年供有聖體，所以稱為「聖體堂」(Cappella del SS.Mo Sacramento)。堂裡最受引人注目的莫過於貝尼尼所設計銅鍍金的聖體龕，龕上環立12位宗徒的銅像，耶穌則高立在龕的頂端。龕旁各有一尊合掌屈膝的銅鑄天使，尤其是貝尼尼雕塑的左邊天使，表情非常出色。祭臺後壁由郭托納(Pietro da Cortona)在1669年畫的「天主聖三」油畫，是整座教堂唯一保留的原畫，其他都已改為鑲嵌畫以方便保存。

❓1.這座小堂禁止拍攝，在入口處立著「進入裡面只為祈禱」告示牌；2.若教堂舉辦彌撒，聖體堂則不開放

✣聖彼得古銅像

參觀動線：從聖體堂走出來往中殿

遊客喜歡撫摸、親吻聖彼得古銅像的雙腳

的方向移動再右轉，有一尊聖彼得古銅像。

這尊銅像的鑄造時期眾說紛紜，不過多數專家認為是13世紀的康比歐(Arnolfo di Cambio)作品。銅像頭上的光圈是聖人的記號，其右手高舉，表示祝福和訓導，而左手則握有兩把開啟天國的寶鑰。

每逢6月29日羅馬主保的聖彼得和聖保羅節慶時，這尊銅像還會穿上華麗的紅祭袍、頭戴上教宗的三重冠冕，以及手戴著漁人戒指。

✣教宗祭壇

參觀動線：由聖彼得古銅像往教堂正中央走，即為教宗祭壇。

位在整座教堂中央的教宗祭壇，只有教宗才可以在此主持彌撒。祭壇上是貝尼尼花了9年時間完成的青銅華蓋，華蓋上面的圓頂則是米開朗基羅的傑作。

莊嚴神聖的教宗祭壇

從聖體堂外面看到貝尼尼設計的聖體龕

教宗祭壇周邊

❶ 由四根螺旋形柱支撐的青銅華蓋，是教宗烏爾巴諾八世(UrbanoVIII)聘貝尼尼設計。4根螺旋銅柱的上端都飾以金色橄欖枝和桂樹枝葉，而華蓋下垂的帳幔雕刻許多蜜蜂，這表示教宗烏爾巴諾八世是來自以蜜蜂為家徽的巴貝里尼家族。

❷ 由頂篷往上仰望的圓頂底端有一圈高約1.5公尺的鍍金拉丁字tv es petrvs et svper hanc petram aedificabo ecclesiam meam et tibi dabo claves regni caelorvm，這是取自《馬太福音》，意思是「你是彼得(磐石之意)，我在此磐石上建立我的教會，並將天國之鑰交給你。」

圓頂底端的一圈鍍金拉丁字

四根螺旋形柱的青銅華蓋

❸ 在祭壇四周牆壁上，有4個高10公尺的壁龕，內有4座分別代表耶穌苦難時刻的雕像，除了聖龍吉諾是貝尼尼在1638年雕塑的外，其他3尊都是屬貝尼尼派的後學雕刻家作品。

◀拿長矛刺耶穌胸肋的是當時羅馬總督派去行刑的士兵，後來悔過自新、皈依基督的聖龍吉諾(San Longino)，這尊雕像呈現出他懊悔的神情

◀手握十字架和鐵釘的是君士坦丁大帝的母親聖海倫納(Sant'Elena)。這是傳說在西元326年海倫納到耶路撒冷朝聖時，找到釘死耶穌的十字架，最後把它帶回羅馬獻給教廷的故事

聖女維洛尼卡(Santa ▶ Veronica)手拿著面紗擦拭耶穌背著十字架上加爾瓦略山流血汗的聖容，而布裡也奇蹟的印上耶穌面容(請注意，雕像裡的布也刻出耶穌的臉)

聖彼得的弟弟聖安德烈 ▶ (Sant'Andrea) 為了避免殉道方式與耶穌和哥哥雷同，以表達對前賢的尊重，在希臘選擇被交叉釘在十字架

有中文告解的右翼耳殿

克萊孟十三世紀念碑

聖彼得古銅寶座祭臺鍍金的雲朵被透光襯托得栩栩如生

亞歷山大七世教宗紀念碑

✷右(北)翼耳殿

參觀動線：從教宗祭壇往右側走，即為右翼耳殿。

在教宗祭壇的右邊又延伸出幾座祭臺，就好像人的右耳突出位置，因方位朝北，所以稱為右或北翼耳殿；這裡是各國語文的告解處，也包含中文。

✷克萊孟十三世的紀念碑

參觀動線：由右翼耳殿的盡頭走，會經過克萊孟十三世紀念碑。

這是教堂裡第一座新古典風格的紀念碑，由18世紀後期的名雕刻家卡諾瓦(A.Canova)根據貝尼尼所雕石棺樣式而成的。石棺上有跪著祈禱的老教宗，左邊為扶拿著十字架的女雕像，右邊則代表了無生氣的

死神正吹熄生命的火花，而下方各有一隻用石灰岩雕的獅子蹲臥著守護棺墓。

✷聖彼得古銅寶座祭臺

參觀動線：往中殿通道的盡頭還有一座華麗的祭臺，被稱為「聖彼得寶座祭臺」。

「聖彼得寶座祭臺」(Cathedra Pietro)也是貝尼尼在17世紀中葉的傑作。寶座上方有兩位天使各持著一支天國之鑰和扶著教宗的三重冠冕，後壁上有一個透光的橢圓形玻璃窗，中央的鴿子象徵天主聖神，由此衍生出12條輻射形狀則代表耶穌的12位宗徒。

圍繞橢圓形玻璃窗的一朵朵雲彩上，有許多天神和天使遨

翔簇擁其中，這些都是以古銅鑄成再鍍以黃金，顯得金碧輝煌。

✷亞歷山大七世紀念碑

參觀動線：在聖彼得寶座祭臺朝左翼耳殿的通道走，有一座亞歷山大七世教宗紀念碑。

此紀念碑是貝尼尼在80歲接受這位教宗所託的最後作品。可以看到蓋在棺墓上的紅色布幔被骷髏無力地掀起，以及骷髏手上舉起計時沙漏，這都象徵時光不停地流逝，是任何人都必需面臨人生盡頭的一刻，特別是貝尼尼以石頭刻出布幔皺褶的功力，令人折服。

羅馬 圓形競技場區

羅馬 真理之口區

羅馬 拿佛那廣場區

羅馬 萬神殿區

羅馬 西班牙廣場區

羅馬 特米尼中央車站區

羅馬 跨臺伯河區

梵蒂岡 熱門景點

✷斯圖亞特家族紀念碑

參觀動線：由教堂左殿往回走，中間會經過左翼耳殿和往「聖彼得寶庫」的入口，再繼續往出口的方向走，左側有一座斯圖亞特家族紀念碑。

該座3個半身側面浮雕紀念碑，也是新古典風格的雕刻家

斯圖亞特家族紀念碑

卡瓦諾受英王喬治三世所託，在1819年完成的作品，以紀念當時原有權繼承王位的斯圖亞特親王，只因身為天主教徒而不被皇室(英國國教)接受，甚至被放逐到羅馬。

石碑上方刻有斯圖亞特王族的徽章，中間是父子3人和名字，而下面則有兩位天使神情悲傷的垂下雙翼，頭靠在倒放即將熄滅的火把上。附帶一提，在這家族紀念碑的對面，就是教堂圓頂出入口。

教堂圓頂出入口

♪豆知識♪

如何看懂羅馬數字

在很多雕刻作品裡都刻有羅馬數字的年代，除了我們所熟悉1～10的I II III IV V VI VII VIII IX X，還有M代表1000、D代表500、C代表100、L代表50

數字在右邊是「加」，在左邊是「減」，如斯圖亞特家族紀念碑上所刻的ANNO(年)‧M-DCCC-XIX即表示1819。

聖彼得寶庫博物館(Museo del Tesoro della Basilica di San Pietro)

Data

🕐 07:30～18:30 🚫 聖誕節、復活節 💲 €6，優待票€4，含提供英、義、法、德、西等語的語音導覽

參觀動線：進寶庫之前會先經過八角形的祭衣室(Sacrestia)，在祭衣室的右牆有一塊大石板，上面刻著由第一任教宗聖彼得，以及葬在教堂內的歷任教宗名單和年代。繼續往前直走，就是寶庫的購票入口。

寶庫裡展示教會祭袍、聖器等祭禮用品、教宗的三重冠冕以及米開朗基羅的「聖殤像」複製品(以防真品被破壞時的修復樣品)。

寶庫博物館入口

葬在教堂的歷任教宗名單

✽銅製墓柩

西斯汀小堂創建者西斯都四世教宗(Sisto IV)的銅製墓柩，是15世紀的藝術家波萊奧洛(A.Pollaiolo)的作品，墓柩上的浮雕描述當時流行的天文、音樂、幾何和繪畫等，所表現的手法令人大開眼界。

✽「聖諭」原稿

西元1300年教宗博理法裘八世在拉特朗聖約翰大教堂首次宣布該年為第一個「禧年」時，當年手抄羊皮紙上的「聖諭」原稿。

✽樂譜和大理石棺

除了各式圖案典雅的聖樂樂譜和燭臺外，還有4世紀羅馬省長巴索(G.Basso)的大理石棺，上面雕有舊約和新約的事蹟，被認為是目前天主教石棺中最完整的。在出口還語音導覽的旁邊，還有一根大理石圓柱，這是君士坦丁大帝時期蓋舊教堂的12根中的1根遺物，另外10根已經用於現在的聖彼得大教堂，剩下的1根卻遺失了。

▶ 聖殤像的複製品，以作為修復的樣品

西元1300年首次禧年的教宗「聖諭」原稿

兼具美感的聖樂譜

清理人員細心維護墓柩

羅馬｜圓形競技場區
羅馬｜真理之口區
羅馬｜拿佛那廣場區
羅馬｜萬神殿區
羅馬｜西班牙廣場區
羅馬｜特米尼中央車站區
羅馬｜跨臺伯河區
梵蒂岡｜熱門景點

述說2,000年歷史遞變的梵蒂岡地下墓穴分兩層，地下第一層是教宗墓寢，地下第二層為君士坦丁大帝前的墓地，裡面有聖彼得的墓寢。

❋教宗墓寢(Grotte Vaticane 或Tombe dei Papi)

參觀動線：進入教宗墓寢入口和到圓頂相同，有一個告示牌分兩個箭頭，一個是排隊到圓頂，另一個則是往教宗墓寢的方向。

位在聖彼得大教堂的地下、君士坦丁大帝所建舊教堂地基之上，裡面除了皇帝、皇后及100多位教宗石棺外，就屬位在大教堂教宗祭壇下方的小聖堂最神聖。

Data

ⓒ 09:00～18:00 💲 免費 ⁉️ 此層墓穴人來人往很多，整體感覺很明亮

祭壇旁指示往教宗墓寢入口

壁龕近照

在梵蒂岡出土文物辦公室集合

聖彼得墓寢旁邊的小堂

白點處即是聖彼得墓寢

❋公墓(La Necropoli)

參觀動線：由聖彼得廣場左前方的鐘樓拱門(Arco delle Campane)進入，拿預訂單給瑞士衛隊確認後進入出土文物辦公室。

如迷宮般深入地下12公尺，因此稍感悶熱、不通風，也較為陰暗。這是約在西元一世紀前後的羅馬公墓遺跡，原本不是基督徒的墓地，後來漸漸也有基督徒葬在周圍；而公墓盡頭的一個壁龕裡，根據考古學家多年的考究，依照身高推算及沒有腳掌等特徵 (因聖彼得被倒釘十字架，當被卸下來時，腳掌整個被砍斷)因此認為這是一世紀的聖彼得墓寢。

Data

✉️ 出土文物辦公室(Ufficio Scavi) 📞 06-69885318 📠 06-69873017 ⓒ 週一～五09:00～18:00，週六09:00～17:00 💲 €13(含專業導遊講解)，1.5小時 🌐 www.basilicasanpietro.va(點La Necropoli申請) @ scavi@fsp.va ⁉️ 1.申請方式：透過官網、傳真或E-Mail預約，必需注明：①人數；②參加者姓名；③導遊語言要求(義、英、西等語)；④可以安排參觀的期間，參觀時間由辦公室視情況而定；⑤聯絡方式(E-mail、傳真或郵寄地址)；2.未滿15歲不能參加，當天至少提前10分鐘報到；3.男性服裝以有袖上衣長褲、女性有袖上衣長褲，若穿裙子需在膝蓋以下；4.密閉空間，不適合幽閉恐懼症者參加

羅馬「圓形競技場區」

羅馬「真理之口區」

羅馬「豪佛那廣場區」

羅馬「萬神殿區」

羅馬「西班牙廣場區」

羅馬「特米尼中央車站區」

羅馬「跨臺伯河區」

梵蒂岡「熱門景點」

梵蒂岡博物館
Musei Vaticani

放眼全世界的博物館，很難找到由名藝術家如拉斐爾、米開朗基羅等藝術巨擘親自繪畫所裝飾的大廳和作畫牆壁，使得擁有這些裝飾的梵蒂岡博物館本身，即是一座傑出的藝術典藏品。博物館還劃分埃及、希臘、古羅馬、文藝復興等幾個重要時期的展區，讓人宛如跨越時空，穿梭在浩瀚的藝術殿堂裡。

Data

✉ Viale Vaticano, 100　☎ 06-69883145，06-69884676　➡ 搭49公車在博物館前(Musei Vaticani)下車最方便；也可搭地鐵A線到Cipro站下車，再走10分鐘；或搭19電車，23、32、81、982號公車到Piazza del Risorgimento站下車，再沿著梵蒂岡城牆走約5分鐘　⏰ 週一～六08:00～19:00(17:00前入館)，3/1起每週五、六延後1小時閉館，每月最後一個週日免費進入(09:00～14:00，12:30前入館)　休 週日(每月最後一個週日例外)、1/1、1/6、2/11、3/19、復活節(約3月下旬)、5/1、6/29、8/15、12/8、12/25、12/26　💲 €20，優待票(7～18歲、25歲學生)€8，未滿7歲免費，每月最後一個週日免費，語音導覽€7(9種語言，含中文)；官方導覽(約2小時)€40、優待票€28　🌐 www.museivaticani.va/content/museivaticani/it.html(預訂費€5)　❓ 1.出發前最好上網確認是否休館。入口分兩列隊伍，一列繞著城牆是現場購票，另一列排在門口前，是網路訂票及團體(Cassa online e Gruppi)等安檢的隊伍。旺季時隊伍滿長的，不要聽信現場拉客説你的票只能參觀局部，要加買跟團才能參觀全部，這些都是話術，在官網所訂票價已含西斯汀小堂；2.全程要上上下下爬樓梯，展示路線長達7公里，一定要穿舒適的鞋子；3.博物館內一律禁止閃光燈攝影，而西斯汀小堂則連攝影都不行；4.參觀西斯汀小堂的拱頂溼壁畫，若有望遠鏡會看得更清楚。須特別留意，館方在入口處特別立禁止攝影、錄影、請輕聲説話和小心階梯等標示，若有人違反規定，馬上有工作人員出面制止，甚至會穿插廣播請大家遵守　🗺 P.203

館方一再提醒參觀
穿著要合宜

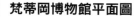

梵蒂岡博物館平面圖

① 埃及館
② 松果庭院
③ 庇護—克萊孟館
④ 八角庭院
⑤ 勞孔群雕像
⑥ 繆斯女神廳
⑦ 圓廳
⑧ 艾特魯斯哥館
⑨ 掛毯陳列廊
⑩ 古地圖陳列廊
⑪ 拉斐爾室
⑫ 西斯汀小堂
⑬ 美術館

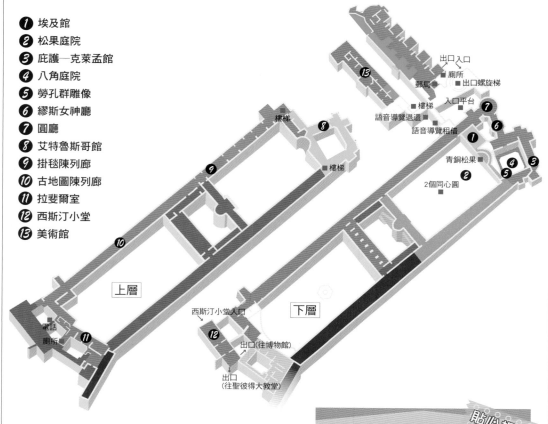

非展覽區	早期基督宗教藝術
埃及藝術	希臘與羅馬藝術
義大利古老民族文化	15～19世紀藝術
現代宗教藝術	平日不開放

進博物館步驟

　　參觀博物館若沒事先上網預訂，必需沿著圍牆排隊，有時人多時，隊伍甚至長達2公里，時間有限的人建議先上網預訂並列印，參觀當天到博物館入口直接拿預約單給人員驗證，不需排隊。

進入後→接受安檢→大包包寄物→網路預訂換門票→過卡驗票→搭電梯上樓→租語音導覽→開始參觀

貼心提醒

參觀路線的規畫

　　博物館最具人氣的參觀點「西斯汀小堂」位於參觀路線的後半段，假如參觀西斯汀小堂後覺得時間有限，也可以直接從這裡朝右出口到聖彼得大教堂參觀(若舉辦活動會關閉此出口)。若有此打算者，建議在入口看到左右兩個參觀指標時，應先到美術館(Pinacoteca)參觀，再折回到古埃及館、松果庭院等接續博物館的行程，如此走法會比較順暢，否則遺漏美術館精彩的畫作很可惜。

入口標示參觀路線指標

羅馬：圓形競技場區

羅馬：真理之口區

羅馬：拿佛那廣場區

羅馬：萬神殿區

羅馬：西班牙廣場區

羅馬：特米尼中央車站區

羅馬：跨臺伯河區

梵蒂岡：熱門景點

埃及館(Museo Gregoriano Egizio)

黑色玄武岩仿埃及造型雕刻

埃及西元前2400年古墓出土的彩色浮雕

埃及館是1839年教宗額我略十六世創設，收藏古埃及的浮雕石像、數具男女木乃伊和木棺的金色面具等出土文物，已經有5,000年悠久的歷史，具有考古價值。

▲古埃及圖雅王后雕像

還有西元前13世紀，古埃及新國王時期最後強盛年代拉美西斯二世(Ramesses II)的母親圖雅王后(Tuya)雕像，以及原是西元130～131年裝飾哈德連別墅仿埃及造型的黑色玄武岩雕刻，也值得一看。

有5,000年歷史的彩繪埃及木乃伊木棺

松果庭院(Cortile della Pigna)

庭院因為有一顆高達4公尺高的青銅松果而得名。這顆松果歷經幾次搬家，最早位於古代羅馬萬神廟附近的噴泉，所以現在那裡還有以「松果」為名的廣場和街道；到了中世紀時，被移到舊聖彼得教堂的前庭，直到1608年才又被搬到博物館的這座庭院。

往寬敞的庭院一望，正中心的「兩個同心圓」非常醒目，這是雕刻家波莫多羅(A.Pomodoro)在1990年的作品，庭院角落設有咖啡座，這也是館方含餐飲門票組合的用餐地方，可坐下來喝杯咖啡欣賞眼前美景。

松果庭院是因為這顆松果而得名

「兩個同心圓」是現代的作品

庭院角落的露天咖啡座

221

庇護─克萊孟館(Museo Pio Clementino)

這是由克萊孟十四世(1769～1774)和庇護六世(1775～1799)兩位教宗接續建成，也是梵蒂岡博物館典藏古希臘和羅馬藝術的重心。尚未進入庭院前，拱門旁有一座約於西元50年時，羅馬複製西元前320年希臘利西普斯(Λύσιππος，義文Lisippo)青銅原作《刮汗運動員》(Apoxyomenos)的大理石雕像，這座雕像表現運動員賽後用刮板刮去手臂上汗污的情形。

八角庭院 (Cortile Ottagono)

這個四長四短的不規則庭院，是1772年由教宗克萊孟十四世所建造。庭院的廊道擺放一些石雕像、石棺和浴盆，其中較著名的大理石雕像有3個。

❋觀景樓的阿波羅 (Apollo del Belvedere)

這是羅馬在130～140年間，仿自西元前4世紀希臘雕刻家萊奧哈雷斯(Λεοχάρης，義文Leocare)青銅原作的大理石雕像。這座高2.24公尺的太陽神阿波羅雕像於15世紀末發現，被視為外型比例完美的象徵。

❋勝利的柏修斯 (Perseo Trionfante)

希臘神話裡，任何人看到蛇髮女妖美杜莎(Medusa)一眼就會被化成石頭，而眾神之王宙斯的兒子柏修斯卻以勝利者之姿，高舉所砍下美杜莎的頭顱。這是義大利新古典主義雕塑家卡諾瓦(A. Canova)在1800～1801年的作品，特地在柏修斯左肩披上一件斗篷，以凸顯這位英雄年輕煥發的朝氣。

❋勞孔群雕 (Gruppo del Laocoonte)

此雕像於1506年被教宗儒略二世購入，是博物館首座收藏品的創館之寶。

運動員刮去手臂上汗污雕像

外型比例完美的「阿波羅」神像

《勝利的柏修斯》卡諾瓦19世紀初的名作

這是1世紀的群雕像作品，也是羅馬複製西元前1世紀的希臘青銅雕。雕像主要表現特洛伊祭司勞孔認為「木馬」是一場騙局，於是以長矛刺木馬而激怒雅典娜等眾神，並將他判被毒蛇纏繞致死。

剛發現雕像時，勞孔的右臂以及兩個兒子的手都有缺失，讓藝術家與鑑定師對缺失復原爭辯不休。其中米開朗基羅認為勞孔的右臂是往回折以顯痛苦，但其他人則斷定右臂應伸展向上，最後手臂向上勝出並安裝到雕像上。豈料，1957年發現勞孔所遺失的右臂，果不其然如米大師說的往回折的姿勢，於是重新安裝在雕像，而之前加上兒子的手也被移除。

▲勞孔右臂有接合痕跡

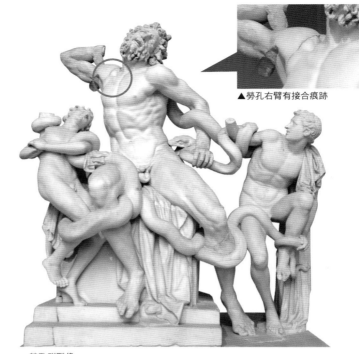

勞孔群雕像

羅馬 廳形競技場區

羅馬 真埋之口區

羅馬 拿佛那廣場區

羅馬 萬神殿廳

羅馬 西班牙廣場區

羅馬 特米尼中央車站廳

羅馬 跨臺伯河區

梵蒂岡 熱門景點

繆斯女神廳 (Sala delle Muse)

此廳四周陳列取材自希臘女神繆斯等雕像的複製品，約是羅馬2世紀的作品。

擺在廳內中央是備受注目的《英雄軀幹》(Torso del Belvedere)雕像，專家推斷這應該是西元前1世紀複製西元前2世紀青銅原作的石雕，上面有希臘雅典雕刻家阿波羅尼奧(Απολλώνιος，義文Apollonio)的刻名。

雖然這座雕像的頭顱、雙臂和小腿都缺了，但是光憑渾身強健的肌肉紋理和線條，完全符合文藝復興時期米開朗基羅對人體解剖的要求，所以這尊殘石雕像，對米大師往後的雕刻和繪畫有很大影響。

◀《英雄軀幹》是西元前1世紀的作品

圓廳(Sala Rotonda)

此廳直徑長達21.6公尺的圓頂，是仿造萬神廟的圓頂而建。而擺在中間的圓周長13公尺大浴盆，是用整塊班岩石鑿成的，原為尼祿金宮(Domus Aurea)裡的三溫暖澡堂設備；另外，地上是從義大利中部溫布利亞大區(Umbria)的歐特里科利(Otricoli)溫泉移來3世紀鑲嵌畫，非常漂亮。

圓廳的圓頂是仿自萬神廟

3世紀的地上鑲嵌畫

223

艾特魯斯哥館(Museo Gregoriano Etrusco)

珍藏西元前9世紀在義大利中部的古老民族「艾特魯斯哥」的出土文物，這也是設立埃及館的教宗額我略十六世於1837年興建。

艾特魯斯哥人是義大利中部新石器時代的主要文明民族，從地下出土文物中發現的壁畫、陶器和珠寶首飾，證明該民族已發展出高度藝術和文化。當時艾特魯斯哥人主要的敵人是位處義大利南部的希臘人，然而在生活和藝術上，卻也深受希臘人的影響。

館內細分成幾廳，例如有陵墓出土文物的杯盤、花瓶等日常用品、青銅雕像、屋瓦裝飾，以及最令人嘆為觀止的金質首飾。

西元前3世紀～1世紀的花瓶 ▶

▲西元前4世紀的屋瓦裝飾

(左)放大鏡看清美麗的金飾紋路／(中)你很難想像在西元前4～6世紀就有這麼漂亮的黃金首飾／(右)西元前8世紀的銅器

古地圖陳列廊(Galleria delle Carte Geografiche)

這座長達120公尺的40幅地圖，是教宗額我略十三世在1580年委地理學家丹提(Ignazio Danti)畫出義大利各地區及教會版圖地形草圖，共花3年時間完成這座金碧輝煌的地圖壁畫陳列廊。

將走道想像成義大利的亞平寧山，而兩邊牆上各畫20張地圖，一面是靠東邊亞得里亞(Adriatico)海各區地圖，另一面則是沿西邊利古勒(Ligure)海和第勒尼安(Tirreno)海的各區域圖，每地區也都標出主要城市的平面圖。以當時尚未發展人造衛星攝影科技而言，就有如此地圖繪製的成績，非常不簡單。

把走道想像成義大利的亞平寧山，兩側牆上分布區域圖或全圖

羅馬｜圓形競技場區

羅馬｜真理之口區

羅馬｜臺佛那廣場區

羅馬｜萬神殿區

羅馬｜西班牙廣場區

羅馬｜特米尼中央車站區

羅馬｜跨臺伯河區

梵蒂岡｜熱門景點

拉斐爾室(Stanze di Raffaello)

拉斐爾在文藝復興時期對宗教和哲學的理念，充分表現在這間牆上的溼壁畫，在當時的藝術領域裡，其重要性並不亞於正在西斯汀小堂畫拱頂溼壁畫的米開朗基羅。

當初由於新教宗儒略二世對拉斐爾頗為欣賞，所以將未來成為教宗新住所的這4間房間交給拉斐爾，要他除去舊有的壁畫，重新賦予房間新氣象。該室被分成4小間，可依以下順序參觀。

君士坦丁室(Sala di Costantino，1517～1524)

拉斐爾剛畫完這間壁畫的草圖就突然於1520年去世了，後來由他兩位弟子羅馬諾(G. Romano)和佩尼(F. Penni)接續完成。這是4間裡最大的一間，藉由君士坦丁的生平事蹟，以表達基督教征服異教信仰所獲得的最後勝利，4幅畫故事順序如下並各有其含意。

＊1.君士坦丁大帝受洗(Battesimo di Costantino)

這一幅是描繪君士坦丁大帝受洗為基督徒，背景是拉特朗聖約翰大教堂，是此室最著名的一幅畫。

＊2.十字架顯勝(Visione della croce)

戰前十字架顯現給君士坦丁，讓受洗的君士坦丁大帝對即將面對的戰役信心倍增。

＊3.大勝異教徒於密爾維歐橋戰役(Battaglia di Costantino contro Massenzio)

敘述西元312年君士坦丁大帝於此次戰勝，隔年頒布「米蘭詔書」，廢除以前一切宗教的禁令，終結近300年的教難。

＊4.羅馬的奉獻(Donazione di Roma)

君士坦丁大帝向教會獻禮，畫裡以聖彼得大教堂的內部為背景。

艾略多洛室(Stanza di Eliodoro，1511～1514)

艾略多洛室裡的畫全出自拉斐爾之手，以基督在天上保護教會為主題，房間的名稱來自入口右側《艾略多洛在聖殿被擒》這幅畫。此室主要畫作有以下4幅。

＊1.艾略多洛在聖殿被擒(Cacciata di Eliodoro dal Tempio)

這是藉由舊約裡的猶太歷史故事，以表達教會的產業不得侵犯。畫中竊賊艾略多洛到耶路撒冷聖殿偷取寶藏時，被3位偽裝成士兵的天使阻擋，贓物撒落一地，以此暗喻反抗教宗的世俗權力與教會的敵人就像小偷一樣，畫中右前方的天使向前衝，以及艾略多洛狼狽倒地很生動。

＊2.博塞納的彌撒(Messa di Bolsena)

描繪在1263年，一位懷疑麵餅和酒是基督的聖體和血的神父，當他主持彌撒時卻驚見麵餅流出血來。在畫裡，拉斐爾也將當時的教宗儒略二世畫入參加這場彌撒，旁邊還有瑞士衛隊隨侍在旁。

＊3.聖彼得獄中脫險(Liberazione di San Pietro)

拉斐爾為了克服窗戶凹入不利作畫的牆壁，特別將此面溼壁畫分成3個情節，更運用月亮、火把、天使的光輝和盔甲反光等光照亮畫中人物：中間是天使出現在聖彼得手腳被銬的獄中、右邊是天使救出聖彼得、左邊是獄卒發現犯人逃走，驚慌失措的樣子，非常傳神。

＊4.良一世與阿提拉的會議(Incontro di Leone Magno con Attila)

敘述西元452年教宗良一世和外族入侵首領阿提拉的協商會議，以阻止其繼續西進對羅馬造成傷害，拉斐爾也將教宗儒略二世的容貌入畫。

羅馬：圓形競技場區

羅馬：真理之口區

羅馬：拿佛那廣場區

羅馬：萬神殿區

羅馬：西班牙廣場區

羅馬：特米尼中央車站區

羅馬：跨臺伯河區

梵蒂岡：熱門景點

簽署室(Stanza della Segnatura,1508～1511)

　　此室原為教宗儒略二世的圖書館兼辦公室,重要的訓令和文件都在這裡簽署發布,這也是拉斐爾室裡4間壁畫最早完成的房間。這間的幾幅畫彼此有連帶關係,藉以表達神學和哲學對追求真理的共通性。

❋聖體討論(La Disputa del Sacramento)

　　這是拉斐爾室裡最早完成的溼壁畫,描繪教會、天國與人類的關係。此畫上半部的諸聖先知與聖父聖母聖子(三位一體)看著地面的人們在討論真理。下半部為供奉聖體的祭壇兩旁,教會人士針對「三位一體」發言討論。其中頭戴三重冠冕走向祭壇的是教宗,他身後低頭是《神曲》的作者但丁(Dante Alighieri)。

❋雅典學院(Scuola di Atene)

　　這幅畫是拉斐爾的代表作之一,以古希臘哲學家柏拉圖所建的雅典學院為題,讚頌人類對哲學和真理的追求。這幅圖拉斐爾不但畫出遠近的空間立體感,同時把許多當代名人的面貌代替古代哲學家入圖,主要有:

① 中間手指天空的柏拉圖以達文西代替。

② 中間掌心朝下的亞里斯多德正專心和柏拉圖探尋真理。

③ 還有位在前面的6世紀古希臘哲學家埃拉克里托則(Eraclito)由米開朗基羅代之。

④ 右前方以圓規在木板畫圖形的古希臘數學家歐幾里德(Euclide,幾何學之父)以布拉曼帖外貌代替(D.Bramante是文藝復興著名的建築師,比拉斐爾年長39歲,兩人不但是師生關係,也都是來自Urbino同鄉)。

⑤ 拉斐爾自畫像則謙虛地只露出帶黑帽的頭部,放在右側邊緣第二位,不太醒目。

波哥區火災室(Stanza dell'Incendio di Borgo,1514～1517)

　　由於拉斐爾畫這間房間時,原來的教宗儒略二世過世,由良十世繼任,因此繪畫的主題也被要求需與歷任教宗名號為「良」(Leone)有關的事件。

　　這幅由拉斐爾設計構圖,由他的助手執行完成,而房間則是以這幅主要的壁畫命名。「波哥」是9世紀梵蒂岡附近的居民住宅區,畫裡描繪西元847年在聖彼得大教堂前所發生的一場大火,經由當時教宗良四世舉手以十字聖號降福,大火最後奇蹟般的被撲滅。壁畫的上方是教宗在涼廊舉手祝福,

「波哥區火災」畫中居民倉皇逃命

下方則是居民倉皇逃命的景象,左邊還把特洛伊英雄埃涅阿斯(Aineías)扛著老父、帶著幼子逃離被木馬屠城的情節加進去。

進小堂前，階梯走道的壁畫也設計非常漂亮，入口館方還特別立禁止攝影、錄影、請輕聲說話和小心階梯等標示。

西斯汀小堂內禁止的標示

該小堂是教宗西斯都四世聘請工程師杜爾奇(Giovanni dei Dolci)在1475～1483興建完工，因而得名。一進入小堂，頓時被炫麗的巨幅溼壁畫懾住，只見人人抬頭看米開朗基羅的《創世紀》拱頂溼壁畫，若頭抬酸了，趕緊到兩旁找位置坐下來再慢慢欣賞。

我們現在光是抬頭賞畫，都會覺得累，更遑論當時米氏是躺在架高的鷹架上畫了4年。據說，當他躺著作畫時，因為要在尚未乾的泥灰上快速作畫，以致水溶性顏料不時滴下來沾到眼睛，還差點因此導致失明呢！

西斯汀小堂的溼壁畫大致可分成3大部分來看：兩側牆壁各6幅的聖經故事、拱頂的《創世紀》和其他宗教故事，以及祭臺後邊牆壁的《最後審判》。

三角拱和弦月窗溼壁畫

先知和預言家溼壁畫

創世紀溼壁畫

左右各6幅聖經故事溼壁畫

最後審判

左右牆各6幅聖經故事

這些畫由15、16世紀的多位頂尖畫家完成，而且兩面牆之間畫的隱喻互為呼應。以面對祭臺的《最後審判》方向來說，左邊牆壁是6幅有關舊約記載猶太人救星摩西(Mosè)的故事；右邊牆壁則是六幅關於新約紀錄主耶穌基督的事蹟。

附帶一提，原先在《最後審判》溼壁畫的位置，有《在水畔尋回摩西》和《耶穌誕生》兩幅畫，分別為左右牆兩系列溼壁畫的開端，後因米開朗基羅要畫《最後審判》而被抹掉。因西斯汀小堂禁止攝影，故本頁4幅圖，皆是翻攝自梵蒂岡博物館設立的解說圖。

左牆其中一幅聖經故事《渡過紅海》

右牆其中一幅聖經故事《最後晚餐》

創世紀(Volta della Cappella Sistina)

西斯汀小堂之所以吸引全世界這麼多人來一睹風采，主要是米開朗基羅在這裡所畫的《創世紀》(Volta della Cappella Sistina)和《最後審判》(Il Giudizio universale)。由於米大師原專於雕刻，

當初深恐不能勝任邀他前來作畫的儒略二世教宗託付，因此婉拒。

然而教宗依然要他負責，他只好從故鄉翡冷翠聘請幾位畫家作畫，結果都無法令他滿意。不過在這段時間，米開朗基羅也從那些畫家學到一些繪畫技巧，於是親自擔起這項偉大的工程，從1508～1512年共花4年多的時間完成。畫中多達300多位人物，宛如立體雕塑呈現。當我們站在地面抬頭欣賞時，即能感受畫面所帶來的震撼力。此畫作可分成3個層面欣賞。

✽1.三角拱和弦月窗溼壁畫

上面主要畫聖經所列出基督的先祖，這些人物看起來或靜或動，似乎在等待某個重要的時刻來臨。

✽2.先知和預言家

這部分是位在三角拱兩旁的畫作，共有聖經上的7位先知和5位女預言家。這些人物有的專心閱讀書籍、有的低頭沉思、也有的聚精會神看著羊皮紙。

羅馬．圓形競技場區

羅馬．真理之口區

羅馬．拿佛那廣場區

羅馬．萬神殿區

羅馬．西班牙廣場區

羅馬．特米尼中央車站區

羅馬．跨臺伯河區

梵蒂岡．熱門景點

✳3.創世紀

　　這中間的部分共分成9個情節，都是出自聖經「創世紀」的記載。在這9幅畫中，5幅較小、4幅較大，每幅畫的4個角落，都畫有身體健碩的裸像坐在石磴上，這樣不但可以清楚將每幅畫劃分開來，而且也和敘述造物主造人的「創世紀」內容接連起來。由祭臺方向開始，依序情節如下。

⑤夏娃誕生

　　這幅和《聖經》所載的內容略有出入。《聖經》上說，夏娃是從亞當的肋骨生出來；而米開朗基羅則畫夏娃是由活石迸出來的。

④創造亞當

　　按造「創世紀」的記載，造物主先以泥土塑造亞當的身體，之後朝他的鼻孔吹氣賦予生命。而米開朗基羅這幅畫則著重在兩位主角緊握雙手後鬆開的那一刻；請留意，米氏把造物主和亞當的模樣畫得幾乎相同，以符合聖經上所說的「造物主是依自己的形象造人」。

③區分海陸

　　這幅利用透視畫法，由遠到近的表現造物主衝出大地的感覺，十分逼真。

②創造天體

　　這幅被分兩個不對稱處理，右邊畫的是造物主的正面，正兩手分開創造太陽和月亮；左邊則顯現造物主的背後，正在創造世界的花草樹木。

①劃分晝夜

　　「創世紀」由造物劃分白天和黑夜拉開序幕。根據專家清洗壁畫的分析顯示，此幅畫似乎是米大師一氣呵成所完成的作品。

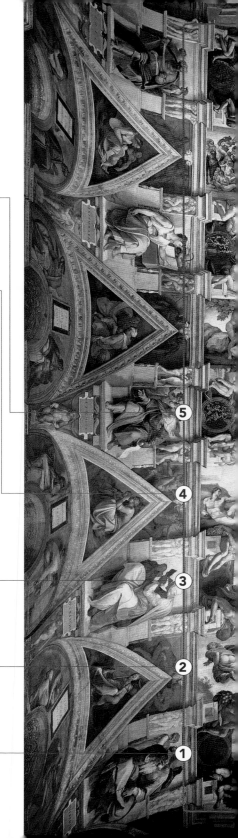

羅馬｜圓形競技場區｜

羅馬｜真理之口區｜

羅馬｜拿佛那廣場區｜

羅馬｜萬神殿區｜

羅馬｜西班牙廣場區｜

羅馬｜特米尼中央車站｜

羅馬｜跨臺伯河區｜

梵蒂岡｜熱門景點

《創世紀》（圖片提供／《西方美術簡史》）

⑨諾亞醉酒

洪水退了之後，諾亞回到陸地重新他原來農夫的工作。有一天他喝醉了，脫掉身上的衣服睡著了，兩個兒子發現，趕緊拿件衣服幫父親蓋上。

⑧大洪水

這幅畫分成兩個對角圖，右上方主要敘述諾亞在洪水中將解救的人送往象徵教會的方舟(畫成長方形)；左下圖則描繪洪水退了之後，生還者帶著身邊僅有的財物上岸。此幅畫的右上角，因1797年聖天使古堡的火藥庫爆炸而受損。

⑦諾亞獻祭

這幅主要描繪諾亞和家人在洪水退了之後，向天主獻上祭禮感謝。

⑥原罪，被逐出伊甸園

這兩個情節以「善惡樹」分開，而引誘夏娃的蛇則纏在樹上。請比較一下，左邊尚未偷嘗禁果時，樹葉茂密，亞當、夏娃也顯得年輕；右邊兩人被逐時，可能因心境的關係，大地變荒涼了，而人也顯得蒼老許多。

♪豆知識♪

什麼是「溼壁畫」？

溼壁畫的義大利文「Fresco」原意為新鮮，也就是指利用剛塗在牆壁還未乾的一層薄灰泥上，快速的以水溶性顏料在上面作畫，如此顏料就容易附著在灰泥上。一旦灰泥乾了，畫在上面的壁畫不但耐水性佳，而且色澤更能持久。

拉斐爾著名的溼壁畫《雅典學院》局部

最後審判(Il Giudizio universale)

教宗保祿三世在1536年又聘請米開朗基羅接下祭臺後面的這幅《最後審判》，米氏前後共花6年的時間獨力完成。

這幅高20公尺、寬10公尺的《最後審判》，畫裡多達390多人像，主要題材取自聖經裡的「默示錄」和但丁神曲的「地獄篇」，以傳達對生命省思的意義。米氏藉由畫表現出基督宛如法官嚴格審判人類，善人死而復活上天堂，而惡人終將下地獄，是文藝復興後期藝術史的曠世鉅作。

這幅畫由上而下，大致可分成四個層次欣賞。

①最上層

左右兩邊各有一簇天神擁抱基督受難的象徵，如十字架、鐵釘、刺冠、受鞭打的柱子、蘸醋給耶穌喝的海綿等。

②第二層

位在中央的基督背後顯現光芒，正秉持正義審判生者、死者，聖母則坐在基督的右邊。基督和聖母四周圍繞12位宗徒和聖人，除了聖彼得拿兩支金、銀鑰匙外(以時任教宗保祿三世的面貌代之)，其他則手持殉道受難的刑具。其中使徒巴多羅梅歐(S. Bartolomeo)手中拿著的一張殉道時所被割下的人皮，米開朗基羅把自己的臉畫入。

③第三層

中間有一群天神吹號角，召喚死者復活接受最後審判。這裡有一個地方很有意思：米開朗基羅把左邊代表善人的名錄畫得小小一本，而右邊代表惡人的名冊卻厚厚的一大本，這正反映出米氏對人性悲觀的哲學態度。

米開朗基羅在人皮上畫上自己的臉

善人名冊　惡人名冊

《最後審判》(圖片提供／《聖經的故事》)

④最底層

左邊描繪善人死而復活的情形，右邊則是惡人下地獄的悲慘命運。其中，取自但丁《神曲》題材的冥河擺渡人卡隆(Caronte)，將惡人的靈魂從船上趕下地獄。而位在最右下角落長著一對驢耳、身上被蛇纏繞，是希臘羅馬神話中的地府判官米諾斯(Minos)，米氏以當時批評他的畫裡人物都是裸體，只配放在浴室和酒館裡展示的教廷禮儀官切塞納(Biagio da Cesena)為作畫樣本，一吐心中的怨氣。

美術館(Pinacoteca)

該館按照年代先後展示從12～19世紀的畫作，其中以15世紀文藝復興蓬勃發展時期最傑出。這時期的繪畫著重景物透視和人體結構的新畫風，產生達文西、拉斐爾等巨匠。

第一室

展示12～13世紀燙金木板畫，畫面以燙金為底色，人物表現輪廓清晰、色澤單調、沒立體感，背景也無深淺明暗變化。

第二室

以中世紀義大利最著名畫家喬托(Giotto)在1320～1325年間的代表作《斯特凡內斯基三摺畫像》(Trittico Stefaneschi，以聘喬托作畫的樞機名為畫作名稱)中框畫基督正坐中央，而左下方合掌跪下者是這位樞機。左右兩框畫，則敘述聖彼得和聖保羅的殉道情形。

第四室

以15世紀畫家梅洛佐(Melozzo da Forli)的《奏樂天使》(Angeli Musicanti)和《西斯都四世和普拉蒂納》(Sisto IV nomina Bartolomeo Platina)，尤其後者將人物放在以遠近透視法表現出空間層次的景物，在當時是十分創新的畫法。這幅畫的題材，主要描述教宗西斯都四世在1475年任命普拉蒂納為宗座圖書館首任館長的情形。

第四室展示一系列的《奏樂天使》

第一室裡沒有遠近和立體感的木版畫

第二室中喬托的三摺畫像

此畫開啟15世紀梅洛佐的遠近透視畫法

233

第八室

很受矚目的油畫《耶穌顯聖容》(Trasfigurazione)，是拉斐爾的最後力作，但只完成上半部的基督和聖人，下半部被惡魔附身的兒童與周圍的人群則由弟子接續完成。由拉斐爾這幅油畫中耶穌在空中手勢的畫法，看得出受米開朗基羅的影響。

第九室

展出曾經遺失的達文西(Leonardo da Vinci)大約28歲時未完成畫作《聖傑羅拉莫》(S.Girolamo)。畫中人物雖只是單以褐色表現，卻能看出達文西不但精通人體結構，且更能凸顯聖人苦修犧牲的情操。

另外，15世紀威尼斯畫家貝利尼(G.Bellini)在1471～1474年的《哀悼基督之死》(Il Compianto sul Cristo morto)也很傑出。

第十二室

不要錯此展覽室裡卡拉瓦喬(Caravaggio)在17世紀初的傑作《卸下聖體》(Deposizione)，畫中還是以他一貫運用明暗強烈對比來凸顯主題的畫風。

體力充電站

參觀美術館之後，右邊有樓梯通往地下層所設的簡餐、披薩餐廳、咖啡館、洗手間，以及到美術館戶外庭園，從庭園還可以到「宗座馬車及汽車展示廳」參觀。

博物館附設簡餐的選擇性不少

《耶穌顯聖容》是拉斐爾的最後力作

《耶穌顯聖容》上半部的基督和聖人是拉斐爾所畫

曾遺失的達文西未完成畫作《聖傑羅拉莫》

威尼斯畫家貝利尼的《哀悼基督之死》

卡拉瓦喬的畫作《卸下聖體》

梵蒂岡花園
Giardini Vaticani

羅馬｜圓形競技場區
羅馬｜真理之口區
羅馬｜拿佛那廣場區
羅馬｜萬神殿區
羅馬｜西班牙廣場區
羅馬｜特米尼中央車站區
羅馬｜跨臺伯河區
梵蒂岡｜熱門景點

占整個梵蒂岡城國面積一半以上的梵蒂岡花園，被聖彼得大教堂、博物館和梵蒂岡城牆包圍在內，從外面是看不到的，但若到聖彼得大教堂的圓頂或參觀梵蒂岡博物館時，就可以看到部分綠意盎然的花園景致。

花園已經有800多年的歷史，庭園裡綠意盎然、古樹參天，各種花草維護得相當用心。如種有一排世界各品種的仙人掌、深具靈氣的古老橄欖樹園、雕飾現任教宗牧徽圖案的草坪、栽培亞熱帶生長的珍稀植物，以及坐落在一片青蔥翠綠的噴泉……(特別感謝邱琮傑神父的帶領解說)

▲花園綠意盎然的美景

一排世界各品種的仙人掌▶

梵蒂岡花園平面圖

1 保祿六世大廳
2 馬賽克工作室
3 主教招待所
4 總司鐸樓
5 聖赦院
6 米開朗基羅的工作室
7 行政大樓
8 聖彼得火車站
9 聖若望塔
10 露德聖母山洞
11 老鷹噴泉
12 庇護四世別墅
13 美術館前方形庭院
14 梵蒂岡內部機構

梵蒂岡花園

聖彼得大教堂

梵蒂岡博物館

主要建築

梵蒂岡花園若以順時鐘的順序來逛，依序有以下建築。

保祿六世大廳

保祿六世大廳(Aula Paolo VI)在西元1966～1971由乃爾維(P.L.Nerve)工程師設計建築完成，主要是供教宗天候不佳時接見群眾或舉辦音樂會的場地。廳內約可以容納10,000人左右，舞臺上有一尊由名雕刻家法則尼(P. Fazzini)設計的耶穌復活的銅鑄像特別顯眼。

米開朗基羅工作室

面對聖彼得大教堂圓頂左後方有個八角形紅磚屋，仍保留米開朗基羅當時的工作室，只可惜

從廣場這邊看不到。但是，若由梵蒂岡花園望向聖彼得大教堂圓頂的右邊，就看得十分清楚。

行政大樓

這棟大樓主要管理梵蒂岡城國內部的行政事務，大樓前庭更是匠心獨具地修剪現任教宗徽章的草坪。

聖若望塔

聖若望塔(Torre di San Giovanni) 原屬於九世紀舊城牆的一部分，之後教宗若望二十三世重新改建，從塔前可以清楚看出大門和城牆的兩層樓窗戶。由塔旁再朝高處(西邊)走的空地，是教宗專屬的直昇機坪。

聖彼得火車站

火車站原先是專供教宗搭車出入用途，但教宗很少機會用到，現在為參加岡道爾夫堡教宗夏宮火車之旅的起迄站，而前面的大樓為專供教廷相關人員的免稅商店。

露德聖母山洞

沿著舊城牆走，就可以到露德聖母山洞(Grotta di Lourdes)。這個聖母山洞是依照在1858年法國西南部露德鎮的一座岩洞，相傳當時聖母在該處向聖女貝娜德特(Santa Bernadette)顯現所建造的。

1.保祿六世大廳耶穌復活的銅鑄像／2.保祿六世大廳局部／3.聖彼得火車站／4.火車站大樓／5～6.米開朗基羅的工作室／7.聖若望塔／8.露德聖母山洞／9.梵蒂岡電臺總部

羅馬｜圓形競技場區

羅馬｜真理之口區

羅馬｜拿佛那廣場區

羅馬｜萬神殿區

羅馬｜西班牙廣場區

羅馬｜特米尼中央車站區

羅馬｜跨臺伯河區

梵蒂岡｜熱門景點

鏡頭特寫

一塊柏林圍牆的力量

在花園小角落矗立著一大塊的柏林圍牆，旁邊刻有第264任教宗若望保祿二世(Giovanni Paolo II)寫的「不要怕(Non abbiate paura)」字跡。

矗立一大塊柏林圍牆

若望保祿二世在圍牆旁寫著「不要怕」

聽神父描述，教宗若望保祿二世過去經常在週末來此向聖母念《玫瑰經》，有時也到旁邊的梵蒂岡電臺總部向世界傳播福音，目前梵蒂岡電臺每天以40種語言向全球廣播。

老鷹噴泉

這座噴泉是為了慶祝教宗保祿五世遠從羅馬西北邊的布拉恰諾火山湖(Lago di Bracciano)所做的引水道到梵蒂岡而建，甚至現在分布在羅馬的300多座噴泉也是取自這個水道。老鷹噴泉(Fontana dell'Aquilone)裡的雕飾多取自希臘神話裡面的故事。

值得一提的是，面向噴泉的右邊，有座中國式的八角亭，這是專門為對中國藝術特別欣賞的教宗良十三世(Leo XIII)所建的。

庇護四世別墅

這棟極具藝術價值的庇護四世別墅(Casina di Pio IV)，是建築師皮羅(P. Ligorio)在1558年為教宗庇護四世所設計的。別墅的建築結構非常精美別緻，牆壁上繪有漂亮的彩雕，而前院流水淙淙，是避暑的好去處。

現在別墅已改為宗座科學院(Pontificia Accademia delle Scienze)，以供每年在梵蒂岡舉辦科學會議之用，只可惜目前院內並不對外開放。而在別墅

對面的建築，就是梵蒂岡博物館內的「古地圖陳列廊」。

美術館前方形庭園

沿著面對別墅的右前方爬坡而上，可以看到方正格局的大草坪，據說這也是平時瑞士衛隊操練的地方。

庭院前的建築物就是梵蒂岡博物館裡的美術館，外牆由右至左分別寫著Leonardo(達芬奇)－Tiziano(蒂齊亞諾)－Melozzo(梅洛佐)－Giotto(喬托)－Perugino(佩魯吉諾)－Raffaello(拉斐爾)等六個斗大的鑲金字體，表示此處館內有這幾位名畫家的代表作，例如最左邊的拉斐爾，這裡的室內是最後力作《耶穌顯聖容》展出的位置。

聖若望塔

梵蒂岡電臺

行政大樓

聖彼得火車站

現任教宗牧徽草坪

羅馬｜圓形競技場區

羅馬｜真理之口區

羅馬｜拿佛那廣場區

羅馬｜萬神殿區

羅馬｜西班牙廣場區

羅馬｜特米尼中央車站區

羅馬｜跨臺伯河區

梵蒂岡｜熱門景點

玩·家·帶·路

參觀套票新玩法：梵蒂岡花園＋梵蒂岡博物館套票

$ 1.搭環保開敞巴士(Open Bus)遊園45分鐘全票€40，7～18歲、25歲以下學生(參觀時需檢查國際學生證)€28；2.跟導覽步行3小時全票€45，7～18歲、25歲以下學生€33

http tickets.museivaticani.va(點Giardini Vaticani，再選搭Open Bus或跟導覽走的Visite Guidate Singoli - Giardini e Sistina)

@ visiteguidate.musei@scv.va

⁉ 1.由梵蒂岡博物館遊客導覽辦公室進入，請穿戴整齊

2.搭巴士票價含英、義、德、西、法、俄、葡語音導覽，以及包括當天參觀花園之前或之後的梵蒂岡博物館(不含語音導覽)

3.網路預訂必需填基本資料，確認付款後，申請人將收到一封預訂代碼和旅遊信息確認單的電子郵件，請列印或存在手機上顯示，以便旅遊當天出示檢查。如果憑證丟失，請洽詢服務臺的客服人員

4.在72小時前可更改時間，但不能更動人數、不退款

5.不適用未滿6歲兒童和使用輪椅者

1.梵蒂岡花園全景／**2.**宗座科學院／**3.**宗座科學院的對面是梵蒂岡博物館／**4.**美術館方形庭園／**5.**老鷹噴泉

梵蒂岡博物館內的美術館

老鷹噴泉

庇護四世別墅

·梵蒂岡·

L'isola della Pizza
炭烤牛排是店裡的招牌

炭烤披薩很受歡迎

經營近40年的「比薩島」餐廳，店裡不只賣炭烤披薩、燒烤牛排、各式前菜和當季菜入味的義大利麵都很受歡迎，尤其現烤牛排的配菜量不少，適合2人合點一份，老闆夫婦Adele和Vito表示，菜色新鮮是披薩島受歡迎的主因，晚上經常滿座，最好先預訂。

夏季也有露天餐座

現烤牛排的配菜量不少

✉ Via degli Scipioni, 45 📞 06-39733483 ➡ 搭地鐵A線Ottaviano-San Pietro下車後走約4分鐘 ⏰ 12:30～15:00、19:30～00:00 休 週三 💲 一人平均約€30 http www.isoladellapizza.com MAP P.203

Alice
餡料多的平價披薩

這家名為鰻魚(Alice)的切片秤重披薩店，自1989年在此成立創始店，由於經過低溫長時間酵母發麵皮，再加上食材貨真價實，傳出口碑，至今在羅馬已經擴展近50家連鎖店，甚至擴及美國、法國，是義大利最大的披薩連鎖店。你可以用英文選定披薩種類和大小後，店員會幫你加熱，再點個飲料，經濟實惠，甚至現在也推出義大利麵，光看門口階梯經常坐滿大啖美食的遊客，就能想像多美味。

店門口經常坐滿享受披薩的客人

每天提供10來種口味的薄皮披薩

✉ Via delle Grazie 7～9(郵局旁) ☎ 06-6875746 ➡ 從聖彼得廣場步行約3分鐘；或搭地鐵A線Ottaviano-San Pietro下車後走約8分鐘；也可搭23、32、81、982號公車到Piazza del Risorgimento站，再走約3分鐘 🕐 08:00～21:00 💲 切片稱重，平均一人約€5 🌐 www.alicepizza.it 🗺 P.203

Da Benito e Gilberto al Falco
新鮮食材看得見

從1976年開始經營，如今已傳到第三代，保持一貫的新鮮食材料理，進口法國和愛爾蘭牡蠣，沒有花俏的裝飾，直接呈現食物的鮮美。

我們點2人份的烤海鮮拼盤和第一道的龍蝦海鮮麵分食，再加上燒烤海鹽鱸魚與加上豆類的海鮮湯，非常美味。親切的老闆Valentina女士提醒，每天幾乎客滿，最好先預訂。

經營快50年的海鮮餐廳

用餐環境舒適，也有露天用餐區

店裡準備的新鮮食材

✉ Via del Falco, 19 ☎ 06-6867769，338-1527892 ➡ 從聖彼得廣場步行約3分鐘 🕐 週二～六12:30～15:00、19:30～23:00 休 週日、一 💲 平均€50 🌐 www.benitoegilberto.it 🗺 P.203

羅馬：圓形競技場區
羅馬：真理之口區
羅馬：豪佛那廣場區
羅馬：萬神殿區
羅馬：西班牙廣場區
羅馬：特米尼中央車站區
羅馬：跨臺伯河區
梵蒂岡：美食推薦

HEDERA

以傳統手法現場製作

因為房子外觀一年有10個月長滿綠意的長春藤，因此作為店名。一入店，我請店員推薦口

店員親切地解說冰淇淋特色

味，他說每個人喜好的口感不同，便挖了一勺店裡最神祕的招牌口味，味道果然特別。他告訴我，HEDERA以傳統方式生產健康美味的冰淇淋，只用新鮮的鮮牛奶、鮮奶油、糖、蛋和水果等材料，不加色素、防腐劑、增稠劑等人工添加物，每天約提供10種奶油和水果等口味冰淇淋。

長滿長春藤的外觀

除了冰淇淋，還有義大利南部西西里的香酥奶酪煎餅捲(Cannoli)甜點，喜愛糕點的朋友可以試試。

光是冰淇淋杯就有多種選擇

✉ Borgo Pio, 179 ☎ 06-6832971 ➡ 從聖彼得廣場步行約4分鐘 🕐 11:00～23:00 💲 依杯大小€3～6.5 http www.hederaroma.it MAP P.203

La Vittoria

經營百年的好口碑

餐廳從1919年營業至今，用料實在且價格合理，頗贏得當地居民、神職人員的青睞，有時人多還訂不到位子。夏天的戶外用餐區常客滿，從這裡還可以看到梵蒂岡宗座大樓的教宗書房喔！

認識超過20年的現任餐廳老闆Claudio，建議要嘗嘗海鮮或火腿拼盤，還有濃郁的龍蝦燉飯，鐵定讓你口齒留香。餐後甜點，假如喜歡義大利咖啡和冰淇淋，個人特別推薦一道把濃縮咖啡淋上冰淇淋的Affogato(字意為「淹水」)，入口即化的綿密冰淇淋中帶著微苦的咖啡，非常特別。

經營超過百年的La Vittoria

▲龍蝦燉飯

▲火腿拼盤

◀帶著微苦的咖啡冰淇淋

✉ Via delle Fornaci, 15 ☎ 06-631858 ➡ 從聖彼得廣場步行約4分鐘 🕐 11:30～23:00 💲 €3～6.5 MAP P.203

羅馬｜圓形競技場區

羅馬｜真理之口區

羅馬｜拿佛那廣場區

羅馬｜萬神殿區

羅馬｜西班牙廣場區

羅馬｜特米尼中央車站區

羅馬｜跨臺伯河區

梵蒂岡｜購物推薦

購物推薦

˙梵蒂岡˙

到梵蒂岡怎能不帶點跟天主教相關的禮品呢？在羅馬的宗教禮品店主要分布在兩個地方，一個靠近梵蒂岡聖安娜大門(Porta di S.Anna)前的Borgo Pio附近，另一個則在面對萬神廟左後方的Via dei Cestari附近，尤其以前者的選擇樣式最齊全。

宗教禮品店所賣的東西樣式不少，價位也差很多，特別請神父推薦在梵蒂岡附近物美價廉的兩家店供參考。

Soprani

物美價廉的宗教禮品

店內分兩層，樓下有各式精美的鍍金銀浮雕聖像、祭袍、雕像、念珠等，樓上多為仿古聖像、拉丁十字架和祭典用品，應有盡有。

◀三摺聖像畫

不少教友到店購買

Comandini

廣受神職人員喜愛

自1962年創店至今已超過50年，店內擺飾寬敞，種類不少。成排各式念珠、鍍金銀飾十字架、聖杯、浮雕聖像和各種禮器，品質受肯定且價格合理。

銀飾拉丁十字架▶

Comandini在當地是宗教禮品的老字號

✉ Via del Mascherino, 29 ☎ 06-68801404 ➡ 從聖彼得廣場步行約3分鐘 ◷ 週一～週六09:00～13:30、14:30～18:30，週日10:00～14:00 http www.sopraniarticolireligiosi.com MAP P.203

✉ Borgo Pio, 151 ☎ 06-6875079 ➡ 從聖彼得廣場步行約4分鐘 ◷ 週一～六10:00～18:30 休 週日 http www.comandiniarticolireligiosi.it MAP P.203

羅馬・梵蒂岡旅遊黃頁簿
Travel Information

基本生活資訊

氣候

夏季乾燥炎熱，7、8月平均溫約攝氏30～35度左右，不過有時北非的熱浪來襲，氣溫也會飆到攝氏40度以上，最好準備墨鏡、遮陽帽與防曬品。冬季有時滿冷的，12、1月也將有機會降到0度以下，但平地下雪的機率比較少。羅馬雨季多在春秋之際，尤其春天下冰雹的情況不少。

時差

每年3月和10月的最後一個週日調撥時間快、慢各一個小時，所以夏、秋兩季比臺灣晚6個小時，冬、春兩季則為7個小時。例如在夏、秋天(4月～10月的最後一個週日)，臺灣下午3點，義大利則是早上9點；冬、春天(11月～3月的最後一個週日)臺灣下午3點，義大利則為早上8點。

語言

以義大利文為主，觀光地區英文也可以溝通。

電壓

和歐洲其他國家一樣是220伏特，而且插頭也多為2或3孔圓形插頭(義大利多為4.0mm歐規小圓)。現在很多小電器也設計成適用110－240V的萬國通用電壓，例如電腦、手機和吹風機等，只要加帶轉換插頭就能使用。使用前，一定要看清電器的標示，否則電器品很容易爆掉。

另外，羅馬多數3星級以上的旅館都有吹風機和電鬍刀的插座(有些設備較新的旅館甚至備有110－220V的通用插座)；不過，為了保險起見，使用前最好確認一下電壓。

2或3圓孔的插座

出國前要備妥圓頭轉換插頭

網路

隨著網路的日漸普遍，在義大利的火車站、大景點附近和3星以上的旅館，多有免費的Wi-Fi提供，不過品質有時不好，可以帶護照到電信公司(常見有TIM、WIND、Vodafone)辦行動上網比較方便，或是事先下載免費離線APP。

郵政

義大利的郵政(Poste Italiane)效率最受當地人詬病，服務時間也不長，通常週一～五8:00～14:00，週六8:00～中午，有些大城市會延長營業時間到19:30。紅色郵筒有左右兩邊入口，左邊 Per La Citta是寄市內郵件，右邊 Per Tutte Le Altre Destinazioni為其他所有郵件(包括國外)；一般的郵票(Francobolli)也可以在T字招牌的菸草店(Tabacchi)買。至於梵蒂岡城國發行自己的郵票，也有專屬自己的郵筒。

🔗 義大利郵政網址：www.poste.it
🔗 梵蒂岡郵政網址：www.vaticanstate.va/content/vaticanstate/it/servizi/poste-vaticane.html

義大利郵局的郵筒是紅色

若貼梵蒂岡郵票，只能投入梵蒂岡的郵筒

國定假日

日期	節慶名稱	說明
1月1日	新年(Capodanno)	大城市放煙火慶祝
1月6日	主顯節(Epifania)	也是義大利的兒童節，吃木炭糖(Carbone)過節
2月11日	拉特朗條約簽訂日(festa dei Patti Lateranensi)	梵蒂岡節日
3月19日	聖若瑟節(Festa di San Giuseppe)	梵蒂岡節日
3～4月	復活節(Pasqua)和節後的週一(Pasquetta)	吃復活蛋和Colombo蛋糕
4月21日	羅馬建城紀念日(Natale di Roma)	羅馬節日
4月25日	解放紀念日(Festa della Liberazione)	1945年4月25日，義大利北方人民起義驅逐德軍，解放了米蘭、熱那亞等城市的獨立紀念日
5月1日	勞動節(Festa dei Lavoratori)	國際假日
5月	耶穌升天節(Ascensione di Gesù)	復活節後的40天，梵蒂岡節日
6月2日	國慶日(Festa della Repubblica)	慶祝1946年成立義大利共和國，會舉行閱兵儀式
6月	聖體節(Corpus Domini)	「聖三一主日」後的第一個週四，梵蒂岡節日
6月29日	羅馬主保節(Festa di San Pietro e Paolo)	紀念聖彼得和聖保羅為羅馬的主保聖人，6月29日是兩位聖人的殉道紀念日
8月15日	聖母升天節(Ferragosto)	各地教堂會舉辦彌撒活動
11月1日	諸聖節(Ognissanti /Tutti i santi)	諸聖是指所有忠誠的聖者和殉道者
12月8日	聖母無染原罪節(Immacolata Concezione)	慶祝聖母獲得無原罪的恩賜瞻禮，梵蒂岡和各教堂舉辦彌撒慶典
12月25日	聖誕節(Natale)	梵蒂岡在前一天舉辦盛大的子夜彌撒。一般人吃Pandoro或Panettone蛋糕和到廣場看馬槽模型
12月26日	聖斯德望日(Giorno di Santo Stefano)	紀念基督教會首位殉道的聖斯德望

聖誕節處處可見的聖誕馬槽

主顯節大遊行

入境準備文件

自2011年1月11日起，歐盟給予包含台灣等超過60個國家及地區的公民免簽證待遇，持護照即可免簽證入境申根成員國，於180天內最多可停留90天，無需申請申根簽證。後因犯罪事件與恐怖攻擊頻傳，歐盟為了加強安全檢查，決定自2025年1月1日起，需在出發前申請電子旅行許可（European Travel Information and Authorisation System，簡稱ETIAS）。這是一種電子旅行許可，國人仍可以免申根簽證方式進入申根成員國，但需在出發前上網登記獲得電子許可手續，以對免申根簽證旅客進行加強安全檢查的措施。

雖然可以免簽證進入，隨身最好備有相關證明文件，以供海關人員查驗。

http www.boca.gov.tw

觀光旅遊

1.住宿證明：旅館訂房記錄與付款證明，或借住親友的邀請函。

2.旅遊行程表：簡單列出旅程計畫，如時間、停留城市等資料。
3.回程機票。
4.足夠維持旅歐期間生活費的英文財力證明(銀行開立的存款證明)。

商務或參展

除了上述文件及證明外，還須備有當地公司或商展主辦單位核發的邀請函、參展註冊證明等文件。

短期進修及訓練

除了上述文件及證明外，還須備有入學（進修）許可證明、學生證或相關證件。

其他

參加科學、文化、體育等競賽或出席會議等交流活動，除了上述文件外，須備邀請函、報名確認證明等文件。

未滿14歲的兒童

依據歐盟規定，民眾若攜未滿14歲的兒童同行進入申根區時，須提供能證明彼此關係的文件或父母(監護人)的同意書，且所有相關文件均應譯成英文或前往國家的官方語言，相關細節請向擬前往國家的駐臺機構詢問。

航空交通

抵達羅馬

羅馬的菲米其諾機場(Aeroporto di Roma-Fiumicino)，也稱為李奧納多・達文西國際機場Aeroporto Internazionale Leonardo da Vinci)，分T1、T2、T3、T5航廈，其中T1航廈是歐洲線、T2航廈目前關閉，T3、T5航廈是國際線；另外還有錢皮諾機場(Aeroporto G.B.Pastine Ciampino)，供往返國內和歐洲線航班起降。

從臺灣出發的班機，通常在菲米其諾機場的T5航廈抵達，再搭接駁車到T3航廈出關。抵達T3航廈依Uscita指標走便抵達出境櫃檯，非歐盟國家公民請排在「No EU Nationals」窗口。

臺灣自2019年6月開始，年齡14歲以上到義大利旅遊，只要在機場閘門前掃描護照照片頁、臉部和指紋掃描辨識，就可以自動出入境，成為全球第八個可以使用義大利自動通關(e-Gate)的非歐盟國家，十分便利。

證照查驗完，依提領行李(Ritiro bagagli)指標到行李區提領，行李區旁也提供免費上網查

臺灣成為全球第8個可以使用義大利自動通關的非歐盟國家

若無物品申報，直接走綠色通道

詢旅遊資訊。通過海關，若無物品申報，直接走綠色通道；有物品要申報，則需走紅色通道出境。

從機場到市區

火車

1.Leonardo Express直達火車

依指標出關後，在羅馬的菲米其諾機場到市區，以搭「Leonardo Express直達火車」最快。從T3航廈循著「Treni」所指的方向，經過電扶梯通道即可到達搭Leonardo Express火車前往羅馬的特米尼(Termini)中央火車站，而返程則從特米尼中央車站的23或24號月臺搭到機場。

- 車程：15～20分鐘一班，約需32分鐘
- 票價：單程€14，未滿4歲免費，

4～12歲隨行可免費1人(網路訂購，www.trenitalia.com)，限當天使用

- 營運時間：從Fiumicino機場發車06:23～23:23，從Termini火車站發車05:35～22:35

機場購買火車票櫃檯

搭車前須打票

機場搭往羅馬中央車站的直達火車月台

特米尼中央車站的23或24號月臺往返機場

2.區域火車、國鐵

若因住宿、轉搭到其他地方、經濟等考量，也可搭區域火車(FR1)或國鐵(FS)到羅馬Tiburuina站，轉搭地鐵即可到市區。

- 車程：約50分鐘
- 費用：約€8
- 營運時間：05:57～23:27

巴士

假如不趕時間，搭巴士是最經濟的交通工具。從T3出境，出關後右轉，依著巴士指標約走3分鐘到巴士站。這裡有Terravision、RomeAirportBus、T.A.M.等3家巴士公司經營。

機場巴士站購票機(照片提供／Lillian Chen)

機場搭巴士到羅馬中央車站

羅馬中央車站搭往機場

- 車程：到達中央火車站約需50分鐘～1小時
- 票價：從Fiumicino機場到市區中央車站單程€6，來回€10～11。由於這3家業者競爭激烈，時有特惠價，可事先參考各家網站比較：
- RomeAirportBus：romeairportbus.it
- Terravision：www.terravision.eu/airport_transfer/bus-fiumicino-airport-rome
- T.A.M.：www.tambus.it

租車

義大利多為手排車，若只會開自排車，最好出發前在臺灣先上網預約，且最好能保全險。羅馬菲米諾機場的租車公司櫃檯，位於靠近搭Leonardo Express直達火車的地方。

通常租車的油費由租車者負擔，當租車時油是加滿的，那麼還車時也要加滿油，否則還車要付加成的油費。義大利的加油站通

機場的租車櫃檯

常分自助式(Selfservice、Serviti da solo或Fai da Te)和有人服務，費用有一點差別。

計程車

若人數多且想先到旅館卸下行李，搭計程車也可以考慮。這裡由羅馬市政府發牌照的計程車為白色車身，車門印有羅馬市政府的標示，在機場出口有排班。

羅馬市政府規定從羅馬Fiumicino機場到市中心(返程也是)固定車資€50，若從另一個錢皮諾機場到市中心(返程也是)，則固定收費€31；不過，夜間行車和行李必需加價。

羅馬登記有案的計程車行號，車身都會印上羅馬市政府市徽和

車行4碼電話號碼。在市區主要的點設有計程車招呼站，若請旅館叫車，司機從出發就開始計費，所以盡量不要在上下班時間叫車。

市政府固定車費告示牌(照片提供／Lillian Chen)

在機場排班的的計程車

在市區設有計程車招呼站

旅行小抄

遊客服務站(Tourist Infopoint)

羅馬市政府為了服務廣大的遊客，在機場、中央車站和主要的景點設立有「i」標誌的免費旅遊服務站，你可以英文諮詢有關旅遊上的問題，舉凡代為訂房、購買羅馬通行卡，非常方便。

http www.turismoroma.it/it/pagina/tourist-infopoint

綠色六角亭的遊客服務站

羅馬特米尼中央車站內遊客服務點

1. 特米尼中央火車站(Stazione Termini)
✉ 位於車站內中間通道兩處流動點，只提供旅遊資訊
🕐 10:00～18:00

2. 菲米其諾機場(Aeroporto di Roma-Fiumicino, Aeroporto Leonardo Da Vinci) T3航廈
🕐 08:00～20:45

3. 錢皮諾機場(Aeroporto G.B.Pastine) 出關區
🕐 08:30～18:00

4. 帝國廣場(Fori Imperiali)
✉ Via dei Fori Imperiali，設有書店、露天咖啡座和洗手間
🕐 09:30～19:00(夏季～20:00)

5. 特雷維噴泉附近(Minghetti)
✉ Via Marco Minghetti和 Via del Corso交叉口
🕐 09:30～19:00

6. 聖天使古堡(Castel Sant'Angelo)
✉ Piazza Pia　🕐 夏季09:30～19:00，冬季08:30～18:00

鏡頭特寫

環城道路(G.R.A.)是什麼？

「G.R.A.」是Grande Raccordo Anulale的縮寫，意即羅馬城外圍的快速道路，類似高速公路沒有紅綠燈卻不收費。你只要知道要進羅馬市區的點是靠近G.R.A.的幾號出口(目前G.R.A.一圈共有33個出入口)，由此號入口進入，是最節省開車時間。例如，要進梵蒂岡由1號入口，是最方便又省時的。相同的，若要由羅馬城到郊區，也是只要確認出城的目的地由G.R.A.幾號出口最節省時間，如從梵蒂岡到菲米其諾機場，先由1號進入G.R.A.，再從G.R.A.的30號出去開往機場，就是最省時的開車路線。

環城道路 ← → 高速公路

到梵蒂岡由G.R.A.的1號出口最近

G.R.A.是環城道路指標

市區交通

地鐵

市區地鐵為紅色「M」標誌，目前有A、B、C三線。

有M標誌就是地鐵入口

進地鐵站要打票

公車

羅馬一張公車票(Biglietto del'Autobus)€1.5，可搭100分鐘的公車、電車和地鐵(地鐵限一次，但在票效時間內只要不出票口，可多次轉乘各地鐵)，還有24小時票€7、48小時票€12.5、72小時票€18和週票€24，可針對自己的需求而定。首次搭乘時要在車上的驗票機打票，記得取回車票，才能轉搭其他巴士或地鐵。車票可在地鐵站櫃檯或自動售票機、觀光景點的六角亭書報攤購買。

自2023年開始，羅馬公共運輸已安裝tap&go感應式付款機，只

有些書報攤也販售公車票

要支持感應付款的信用卡或Apple Pay、Google Pay都可以付款。

現在公車、電車和地鐵都可用信用卡或智慧型手機感應付款

首次搭乘時在車上的驗票機打票

看懂市區公車站牌

X：表示這是快速「espressa」公車，只停主要的站。

U：是指主跑市區(urbana)的公車。

e：行經市區和郊區(esatta)的公車。

n：表示夜間(notturna)公車，從凌晨0時～清晨5點左右。

Linea sospesa：停開路線

綠色Feriale：平日(週一～六)才開

紅色Festiva：週假日才開

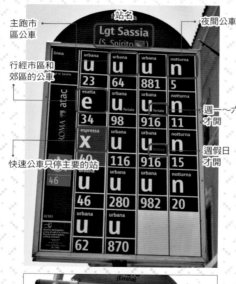

主跑市區公車 / 站名 / 夜間公車

行經市區和郊區的公車

週一～六才開

快速公車只停主要的站

週假日才開

此路線停開

旅行小抄

羅馬通行卡(Roma Pass)

羅馬市政府為遊客推出通行卡Roma Pass，以節省遊客在景點和交通購票的時間。此卡分有效期48小時和72小時：

48小時

· 每張€32。

· 可以任選1座國立博物館免費進入(有特別通道驗票)，建議選入場票價高，如圓形競技場(包括古羅馬廣場和巴拉丁諾山丘)、卡比托博物館或波各澤美術館(但需去電預約)等；其餘的國立博物館可以以優待票價進入。

· 免費48小時搭乘公共交通運輸，如公車、地鐵和電車。

72小時

· 每張€52。

· 可以任選2座國立博物館免費進入，其餘規定和48小時一樣。

· 免費72小時搭乘公共交通運輸，如公車、地鐵和電車。

📞 相關訊息電話：06-0608

http www.romapass.it

❓ 1.兩種卡只能在羅馬使用，梵蒂岡並不適用；都附羅馬觀光地圖、導覽及羅馬最新訊息

2.購買地點：參與的博物館、部分地鐵售票處、市政府設立的旅遊服務站和遊客中心

訂房與住宿

羅馬觀光業發達，大飯店、平價旅館、Airbnb、青旅等可滿足各消費群旅客，在特米尼中央車站因交通便利，分布各星級的旅館最密集。每年依季節不同調整房價，若已經確定旅遊時間，最好提早幾個月訂好旅館，尤其是旅遊旺季。

一般辦理入住時間在14:00後，若有空房可提前入住；退房於12:00前，若想利用時間繼續觀光，通常可寄放行李。

實用訂房網站

- [http] Booking.com www.booking.com
- [http] agoda.com www.agoda.com
- [http] Airbnb www.airbnb.com
- [http] Trivago www.trivago.com.tw

看清旅館設備和細目

若上網訂房要看清楚旅館所提供的設備，例如是否提供網路、寄放行李、冷氣(夏季)、停車是否另外收費等等，否則若再加上這些額外的開銷，有時未必划算。

上網訂房要看清楚旅館所提供的設備

除此之外，通常除了1～2顆星的旅館不含早餐之外，一般房價即已包含早餐、服務費和加值稅等在內。

自備盥洗用品與室內拖鞋

大部分的旅館只提供沐浴乳、肥皂與浴巾，尤其近年環保風氣日盛，部分旅館不再提供牙刷、牙膏、刮鬍刀和室內拖鞋等一次性用品。若行李空間允許，建議攜帶一支小型的旅行用摺疊吹風機，以備不時之需。

城市觀光稅

義大利多數觀光城市旅館對住客徵收觀光稅(Tassa di Soggiorno，即City Tax)，這是給地方政府用來促進旅遊業和城市發展。觀光稅的稅額是依住宿等級而定，等級越高要繳得越多，基本上，羅馬從€2.5～7，未滿10歲免付此稅。稅額時有更動，可參考各城市市政府官網。

各城市對入住日數的徵收上限與項目也有不同規定，例如威尼斯自2024年4月25日起，於特定日期對08:30～16:00入城且不過夜的旅客加收「入城費Venice Access Fee」(CDA)，詳情請參官網(cda.ve.it/en)。

大部分的旅館提供浴巾

在義大利的衛浴都有馬桶和下身洗淨盆

羅馬觀光業發達，各等級旅館齊全

消費購物

貨幣

　　義大利為歐盟成員國，目前使用的貨幣是歐元(代碼為EUR，符號為€)，歐元紙幣有€5、€10、€20、€50、€100、€200、€500等7種面值，其中€500因面額太大，歐洲央行已經停止印製，一般市面也不流通了；硬幣有€0.01、€0.02、€0.05、€0.10、€0.20、€0.50、€1、€2等8種面值。大體來說，紙鈔以€50、€20、€10、€5方便使用，而硬幣中€0.05以下已經多四捨五入，店家不找零了。目前1歐元≒34.89台幣(2024年6月的匯率)，詳見匯率查詢網址www.taiwanrate.org。

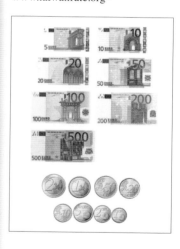

小費

　　在義大利，一般餐廳的帳單多已收桌布費(Coperto)，但未加服務費(有些高級和觀光區餐廳除外)。通常當地人在餐廳用餐後會給服務生小費，你可以依該餐廳的等級和服務品質來決定小費多寡，若覺得服務不佳，也可以不給，約以用餐一人約€1～2的範圍來付即可；當然，這個標準並非一成不變，越是高級餐廳，小費的數額就會多一些。

退稅

　　居住在歐盟的居民必需依不同商品支付15～20％的增值稅(IVA)，而居住在歐盟以外的觀光客，只要在貼有「Tax Free」標示的同一家商店購買€70以上，且將這些物品攜帶離開歐盟，就可以申請退稅，一般扣除手續費，實際退稅的金額約9～13%左右。

　　辦理退稅的申請地點，可分市區退稅和機場退稅2種方式。

1.市區退稅

　　結帳時告訴店員要申請退稅，店員會先幫你填寫購買貨品，然後交給你填上你的英文姓名、護照號碼、地址及簽名，最後店員蓋上店章或簽名，再連同收據放入信封交給你。之後到市區該退稅公司所設服務站領取退稅金，同時必需準備一張有效的信用卡號作為抵押，待出境時將退稅單經海關蓋章退後寄回所屬退稅公司的郵筒，假如退稅單位沒收到寄回的退稅單，會再從你的信用卡扣回，而且還加收手續費。

2.機場退稅

退稅物品隨行李走

　　假如事先在線上check in有電子機票 (或登機證)和護照、退稅單、退稅商品直接到退稅公司或海關辦退稅；否則先到機場航空

在羅馬主要購物街各退稅公司設有服務站

公司櫃檯check in，要辦退稅的物品是隨行李託運的話，要跟櫃檯人員說這件行李要辦「Tax refund」，待櫃檯人員掛完行李條後會退還，之後你需備妥登機證、護照、退稅單和要辦退稅的行李，到退稅公司或海關辦理退稅單蓋章。退稅單蓋完章後，將已掛有行李條的行李拿回航空公司櫃檯運走。

　　義大利執行退稅服務主要有Tax refund、Planet、Global Blue等3家公司，疫情後的退稅模式簡化很多，其中Global Blue已經使用自助機器退稅到信用卡，完成後會印出一張Custom stamp receipt approved單據，就完成退稅手續。

退稅物品隨身手提

　　可向航空公司櫃檯辦完登機手續並入關後，直接拿到裡面的退稅公司或出境海關辦理。

退稅物品隨身手提於入關後在所屬退稅櫃檯或海關辦理

緊急救助

緊急電話

報警：113、112(憲兵隊)

消防：115

財稅警察：117

救護車：118

羅馬交警：06-67691

羅馬警察總局：06-4686

公車失物招領 ：06-5816040

羅馬境內失物招領：
06-67693214、06-67693217

旅遊訊息查詢電話：06-0608

救護車

政府單位

駐教廷大使館

Ambasciata della Repubblica di Cina(Taiwan) Presso la Santa Sede

✉ Via della Conciliazione 4d,00193 Roma

☎ 06-68136206(即使在市內，區域號碼也要撥)

☎ 假日緊急行動電話：347 174 8814

➡ 搭地鐵A線Ottaviano-San Pietro下車後走約8分鐘，或從聖彼得廣場沿著Via della Conciliaione走約4分鐘

駐義大利代表處

Ufficio di Rappresentanza di Taipei in Italia

✉ Viale Liegi 17 ,00198 Roma

☎ 06-98262800(即使在市內，區域號碼也要撥)

☎ 假日緊急行動電話：366 806 6434、340 386 8580

FAX +39(06) 9826 2806

🕐 上班時間：週一～五09:00~16:00。領務對外開放時間：週一～五09:00~13:00

➡ 3、19號電車(有時以公車代替，號碼不變)或53、360號公車到Viale Liegi站下車

@ ita@mofa.gov.tw(代表處信箱)
ita@boca.gov.tw(領務專用)

駐義大利代表處

外交部海外急難救助全球免付費電話：

☎ 00 800 0885 0885(你幫幫我，你幫幫我)

實用網站

旅遊官方網站

http 義大利文化部：cultura.gov.it
http 義大利旅遊官網：www.enit.it
http 羅馬旅遊官網：www.turismoroma.it/en
http 梵蒂岡官網：www.vatican.va

交通網站

http 羅馬公共運輸：www.atac.roma.it
http 義大利國鐵：www.trenitalia.com
http 羅馬交通網：viaggiacon.atac.roma.it
http 羅馬地鐵網：www.metropolitanadiroma.it

生活網站

http 羅馬綜合資訊網站：www.romexplorer.com
http 義大利電子地圖網站：www.tuttocitta.it

實用APP

Google Maps地圖
方便查詢路線及交通方式。

City Maps 2Go離線定位
提供全世界主要城市離線模式的地圖。

XONE免費打當地電話
免費打當地市話和手機，方便餐廳訂位和聯繫當地博物館。

WiFi Finder快速找出附近網路
可以找出附近免費無線網路的地方，並告訴你如何前往。

xe XE Currency匯率APP
容易操作的匯率APP。

tripadvisor
全世界最大旅遊社群平臺。

Google Translate離線翻譯APP
快速翻譯90種語言，還能語音翻譯，甚至拍照直接翻譯。

Evernote行程筆記APP
在旅程方便隨時紀錄旅遊心情、備忘提醒和儲存照片，即使沒有網路也可離線閱讀。

實用義大利語

基本會話

Si/No	是/不是	Ciao	嗨/你好/再見
Buongiorno	早安(下午4點前)/你好	Buona sera	晚安
Buona notte	晚安(睡覺前)	Arrivederci/Ciao	再見
Si,prego/ per favore	是，麻煩你，不客氣/請	Grazie	謝謝
Mi scusi	對不起/請再說一遍	Senta	提醒對方聽你說
Come va? tutto bene?	一切都好嗎	Parla inglese?	你會說英語嗎？

用餐、消費用語

Quando costa?	多少錢？
Basta cosi, grazie.	這樣就夠了，謝謝。
Puoi fare caldo?	能幫我加熱嗎？
Vorrei portare via.	我要帶走。
Possiamo ordinare?	我們可以點菜嗎？
Vorrei ordinare come loro.	我想點和他們一樣的菜。
Può portare ancora un piatto/coltello/forchetta/cucchiaio?	可以再給我一個盤子/刀子/叉子/湯匙嗎？
Mi porta il conto, per favore?	請幫我結帳。
Posso toccare?	可以拿起來看看嗎？
Posso provare?	我可以試穿嗎？
C'e' lo sconto?	有折扣嗎？
Può farmi un pò di sconto?	可以便宜一點嗎？
Ci sono altri colori?	有沒有別的顏色？
Me lo incarta come un regalo.	請幫我包裝。
Accetate la carte di credito?	你們接受信用卡嗎？
Si può fare tax free?	可以退稅嗎？

緊急用語

Aiuto!	救命！
Al ladro!	抓小偷！
Dov'e' la stazione di Polizia piu' vicina?	最近的警察局在哪裡？
Vorrei fare una denuncia.	請給我一份失竊證明。
Mi hanno rubato il passaporto/ biglietto aereo/ travel cheque/ portafoglio	我的護照/機票/旅行支票/錢包被偷了。
Mi può aiutare?	你能幫我嗎？
Chiamate un medico/la polizia/un'ambulanza.	請幫我叫醫生/警察/救護車。
Mi sento male.	我的身體不舒服。
Vorrei andare al pronto soccorso.	我要掛急診。
Dov'è la farmacia?	哪裡有藥局？
Dov'è il bagno/la toilet?	哪裡有廁所？
Posso usare la toilet?	我可以使用廁所嗎？

羅馬、梵蒂岡深度之旅
Roma e Vaticano

世界主題之旅 109

作　　者　潘錫鳳
總 編 輯　張芳玲
發想企劃　taiya旅遊研究室
編輯主任　張焙宜
企劃編輯　張焙宜
主責編輯　翁湘惟
修訂主編　鄧鈺澐
美術設計　林惠群
地圖繪製　林惠群

太雅出版社
TEL：(02)2368-7911　　FAX：(02)2368-1531
E-mail：taiya@morningstar.com.tw
太雅網址：http://taiya.morningstar.com.tw
購書網址：http://www.morningstar.com.tw
讀者專線：(02)2367-2044、(02)2367-2047

出 版 者　太雅出版有限公司
　　　　　106020臺北市辛亥路一段30號9樓
　　　　　行政院新聞局局版台業字第五〇〇四號

讀者服務專線：(02)2367-2044／(04)2359-5819#230
讀者傳真專線：(02)2363-5741／(04)2359-5493
讀者專用信箱：service@morningstar.com.tw
網路書店：http://www.morningstar.com.tw
郵政劃撥：15060393(知己圖書股份有限公司)

法律顧問　陳思成律師

印　　刷　上好印刷股份有限公司　TEL：(04)2315-0280
裝　　訂　大和精緻製訂股份有限公司　TEL：(04)2311-0221
二　　版　西元2024年08月01日
定　　價　520元

ISBN 978-986-336-519-8
Published by TAIYA Publishing Co.,Ltd.
Printed in Taiwan

羅馬梵蒂岡深度之旅
(最新版)

https:reurl.cc/ZeM08p

國家圖書館出版品預行編目(CIP)資料

羅馬、梵蒂岡深度之旅 / 潘錫鳳作. -- 二版.
-- 臺北市：太雅，2024.08
面；　公分. -- (世界主題之旅；109)
ISBN 978-986-336-519-8(平裝)

1.旅遊 2.義大利羅馬 3.梵蒂岡

745.719　　　　　　　　113007651